BIBLIOTHÈQUE DU CULTIVATEUR

PUBLIÉE AVEC LE CONCOURS

DU MINISTRE DE L'AGRICULTURE

ÉCONOMIE
DOMESTIQUE

PAR

Mme MILLET-ROBINET

Auteur de la *Maison Rustique des Dames*, de l'*Éleveur d'Oiseaux de basse cour*, de la *Conservation des fruits*, des *Conseils aux Jeunes Femmes sur l'Éducation de la première enfance*.

Bibliothèque du cultivateur
Millet-Robinet, Cora-Elisabeth
Economie domestique

28197

PARIS

DUSACQ, LIBRAIRIE AGRICOLE DE LA MAISON RUSTIQUE

RUE JACOB, N° 26

Et chez tous les Libraires de la France et de l'Étranger.

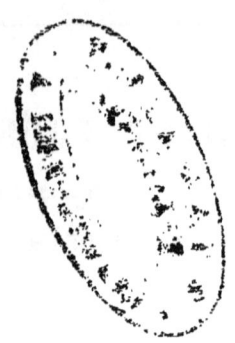

BIBLIOTHÈQUE DU CULTIVATEUR

PUBLIÉE AVEC LE CONCOURS

DU MINISTRE DE L'AGRICULTURE

ÉCONOMIE DOMESTIQUE

PARIS. — IMPRIMERIE D'E. DUVERGER,

RUE DE VERNEUIL, 6.

BIBLIOTHÈQUE DU CULTIVATEUR

PUBLIÉE AVEC LE CONCOURS

DU MINISTRE DE L'AGRICULTURE

ÉCONOMIE
DOMESTIQUE

PAR

Mme MILLET-ROBINET,

Auteur de la Maison Rustique des Dames, de l'Éleveur d'Oiseaux de basse-cour,
de la Conservation des fruits,
des Conseils aux Jeunes Femmes sur l'Éducation de la première enfance.

PARIS

DUSACQ, LIBRAIRIE AGRICOLE DE LA MAISON RUSTIQUE

RUE JACOB, N° 26

Et chez tous les Libraires de la France et de l'étranger

INTRODUCTION

DES DEVOIRS, DES TRAVAUX ET DES PLAISIRS DES FEMMES QUI HABITENT LA CAMPAGNE.

Les devoirs d'une femme qui doit habiter la campagne, et qui est destinée à y jouer un rôle actif, sont bien autrement importants et plus étendus que ceux d'une femme qui habite la ville ; celle-ci n'a que son ménage à diriger et peut éviter de se charger de l'éducation de ses enfants, parce qu'à la ville on a mille moyens de pourvoir à leur instruction ; à la campagne, une femme ne doit pas seulement être mère et ménagère, il faut qu'elle joigne à ces titres celui d'institutrice primaire de ses enfants, et qu'elle ajoute à ces devoirs la part qu'une femme doit prendre à la direction et aux travaux d'une ferme : cette part est loin d'être sans importance ; elle est indispensable à la prospérité d'une exploitation agricole. Notre ménagère ne doit point se plaindre de ce surcroît d'occupations ; il lui procurera de doux plaisirs et ne peut paraître fastidieux qu'aux personnes qui, ne s'y étant livrées que par moments, n'ont pu y prendre l'intérêt qu'offrent toujours les choses que l'on a créées, que l'on fait avec suite, qui offrent d'intéressants résultats et ont un but bien déterminé et éminemment utile.

Que l'exigence et la multiplicité de ces occupations n'effraient pas les femmes. Je vais leur prouver qu'elles s'effraieraient à tort : une vie bien remplie suffit à tout et coule avec une rapidité qui lui donne un charme inexprimable. Comme je l'ai déjà dit, on trouvera de plus en plus à la campagne d'aimables et bons voisins, et si les délassements qu'on goûtera près d'eux ne sont pas tout-à-fait semblables à ceux de la ville, ils auront d'autres attraits qui leur sont propres ; les talents y trouveront même à se produire ; sera-t-il moins agréable de les faire briller devant des personnes avides d'en jouir que de les étaler aux yeux de ceux qui, rassasiés de ce genre de plaisir, seront peu disposés à les apprécier? Dans ce dernier cas, les talents donnent tout au plus le plaisir d'une vanité satisfaite, tandis que, dans le premier, ils font goûter le bonheur d'avoir été réellement agréable à ses amis. Dans les réunions de campagne il s'établit une sorte d'aisance, une intimité qui ne peut exister dans celles des villes et qui leur donnent un charme particulier. Tous les assistants se connaissent et chacun a le même besoin de se voir. L'inégalité des fortunes s'y fait moins sentir et celle des rangs s'efface. Là, le talent seul fait distinguer les hommes et l'émulation qu'il établit entre eux, loin d'être préjudiciable à quelques-uns, est profitable à tous. Il en est autrement dans l'industrie, où la prospérité d'une entreprise peut causer la ruine de l'autre; on ne produit jamais trop en agriculture et les succès que nous obtenons encouragent nos voisins.

L'été offre des délassements charmants; la promenade, les repas pris sous un bel ombrage, les courses à cheval, en voiture, même à âne; la pêche, la chasse, sont des plaisirs qu'on peut se procurer à la campagne à peu de frais et que les habitants des villes achètent au poids de l'or; les fêtes de village, où l'on se réunit pour former des quadrilles; les bruyantes noces villageoises, célébrées au milieu de l'abondance de la campagne, sont de douces distractions que l'on goûte en commun avec sa famille et ses voisins. Si ces réunions n'offrent pas l'éclat de celles des villes, elles n'en ont pas la raideur et la sécheresse. Les longues veillées d'hiver sont loin d'être à charge; elles sont consacrées aux travaux d'aiguille, aux lectures, que les nombreuses occupations de l'été ne permettent pas. Une femme habile à manier l'aiguille, comme doit l'être une bonne ménagère, prépare dans cette saison les ajustements qui serviront à la parer, ainsi que ses enfants, pendant les beaux jours et les fêtes de l'été. Comme je suis loin, en outre, de penser que l'habitation de la campagne doive empêcher de se tenir au courant des productions de la littérature, des arts, et en général du mouvement des connaissances humaines, on est heureux de trouver alors du temps à y consacrer. Enfin, lorsqu'on vit à la campagne, on s'habitue bientôt aux rigueurs de l'hiver et on est rarement privé de la promenade et du plaisir de visiter ses voisins. Quelques mauvais chemins ne sont pas un obstacle insurmontable au plaisir de fêter le joyeux temps du carnaval; alors les veillées, égayées par un bon feu et par le plaisir de se voir, plaisir d'autant plus vif qu'il est devenu plus rare, sont animées par de modestes galas offerts avec joie et sans cette arrière pensée, souvent si pénible, d'une augmentation considérable de dépense. La bonne ménagère saura employer toutes les ressources qu'offre la campagne, et se procurer cette abondance qu'on ne trouve à peu de frais que là et qui est une des jouissances de la vie. C'est dans ces réunions d'hiver qu'on sent le prix d'un talent en musique et d'un esprit orné et aimable; c'est alors, si le cercle est peu nombreux, que s'établissent de délicieuses causeries sur les occupations auxquelles l'hiver permet de se livrer, sur les travaux de l'année qui finit, sur ceux de l'année suivante, sur les plaisirs qu'on a goûtés et ceux qu'on espère goûter encore. Chacun prend part à la conversation, car chacun y a un intérêt particulier, et la petite société forme une sorte de famille préoccupée des mêmes soins et des mêmes besoins. Si la réunion est nombreuse, le savoir-faire de chacun mis à contribution la transforme bientôt en un joyeux bal, où chacun prend la part qui lui convient, sans distinction d'âge et sans crainte d'être exposé à la critique des oisifs et des fats. Enfin, les jeux d'échecs, de cartes, de dames, peuvent offrir une distraction, sans que le besoin d'intéresser, par un prix élevé, une partie dont on n'est pas rebattu, vienne troubler, par des pertes préjudiciables, le plaisir qu'on y prend. L'étiquette étant bannie des réunions à la campagne, où l'on ne fait rien sans but, au lieu d'aller à dix heures chez les voisins, on y va à six heures, et la veillée ne se prolongeant pas dans la nuit, n'empêche pas de se livrer au travail du lendemain; car, à la campagne, les journées ont toujours un emploi qui ne permet pas d'en diminuer la durée : les heures de plaisir n'y perdent rien.

D'autres jouissances attendent encore les habitants des campagnes, jouissances qui ne laissent jamais de regrets et dont la source est intarissable. La bienfaisance, mille fois plus douce à exercer lorsqu'on en voit les résultats, se présente à la campagne sous bien des formes. Les travaux qu'une fermière peut déterminer son mari à donner aux pauvres, les conseils dont elle peut les aider dans la conduite de leur famille, dont trop souvent le désordre cause la misère ; les secours et les consolations à leur prodiguer dans leurs maladies ; la résignation à leur inspirer dans les revers ; les soins à donner à une multitude de petits maux, d'indispositions légères, qui, bien conduits, se réduisent à peu de chose, et qui, livrés à l'ignorance, deviennent graves et quelquefois mortels ; les améliorations à apporter dans la manière dont les enfants sont élevés, la nécessité de combattre les préjugés dont on assiége la mère pendant ses couches, et dont les suites peuvent être préjudiciables à l'enfant ; quelques aumônes distribuées à propos, voilà des sources de plaisirs durables et que la plus médiocre fortune permet de trouver à la campagne. Il faut y ajouter encore les succès de l'exploitation à laquelle on consacre son temps, les exemples d'améliorations que l'on donne et que l'on voit se propager, en répandant l'aisance autour de soi, les progrès que l'on fait faire par son propre travail à l'intelligence et à l'instruction de ses enfants, et le développement bien dirigé de leurs forces physiques. Enfin, n'est-il pas vrai de dire que la célébrité dont on sera parvenu à doter une exploitation agricole, qui peut devenir le modèle de toute une contrée, apporte avec elle la satisfaction qui accompagne toute entreprise menée à bonne fin. La gloire qui résulte d'un grand succès agricole est même plus pure et plus solide. Depuis Sully jusqu'à nos jours, les meilleurs esprits ont placé au premier rang les travaux de l'agriculture, parce qu'ils ont un rapport immédiat avec le bien-être et le bonheur de l'humanité.

ÉCONOMIE
DOMESTIQUE

TENUE DU MÉNAGE DE MAÎTRE

CHAPITRE Ier.

Des devoirs d'une femme appelée à vivre à la campagne.

Les devoirs d'une bonne fermière sont nombreux et dignes de considération ; l'ordre et la perfection qu'elle apportera dans leur accomplissement contribueront puissamment à la prospérité d'une exploitation à laquelle elle consacrera son temps. Elle doit se bien pénétrer de leur importance et ne pas craindre d'aborder franchement sa tâche; avec une bonne direction, elle y trouvera des jouissances pures, et le sentiment intérieur de son utilité ne sera pas la moindre. L'ennui ne l'atteindra jamais, car l'ennui naît de l'oisiveté ou de l'inutilité des choses qui nous occupent ; et lorsqu'on a pu parvenir à bannir l'ennui de son existence, le bonheur est bien près d'y venir prendre place. La plus petite circonstance fait naître et renouvelle les jouissances au milieu desquelles la vie coule rapidement et avec ce charme qui accompagne toujours le vrai et l'utile.

Une jeune personne à laquelle on veut donner une éducation qui la rende propre à diriger l'économie domestique d'une exploitation agricole, ne doit néanmoins rien négliger de tout ce qui peut orner son esprit et le parer de quelques talents agréables. Elle recueillera à la campagne les mêmes avantages de son mérite qu'à la ville, et même, comme il ne sera pas confondu au milieu de la foule, il sera plus remarqué; elle doit se livrer à quelques études sérieuses, ce qui lui donnera de l'aplomb et lui permettra de causer avec son mari des choses qui intéressent les hommes; elle doit être souvent son unique société et doit se placer, autant que possible, à sa hauteur, si elle veut lui être agréable. Comme elle doit charmer leurs loisirs communs, afin de pouvoir se livrer aux études qu'exige sa position, elle pourra négliger la connaissance d'une multitude de petits travaux d'aiguille insignifiants et apporter moins de perfection dans l'art de la danse et surtout dans celui de la parure.

On pensera peut-être que l'étude de l'agriculture et les soins qu'exige une ferme sont des objets bien sérieux pour une jeune fille; mais l'étude de la grammaire, de l'arithmétique, de l'histoire et de la géographie est-elle moins sérieuse? Si l'on considérait l'instruction agricole comme aussi importante, on l'aborderait sans plus de crainte et on la poursuivrait avec la même persévérance. Je crois que les résultats de ce genre d'instruction l'emporteraient de beaucoup dans la balance des jouissances réelles de la vie.

Une femme mariée qui se trouvera appelée par une circonstance quelconque à prendre part aux occupations dont nous venons de parler trouvera, en se livrant aux études agricoles, de puissants attraits; d'abord celui de la nouveauté, puis celui de jouer un rôle actif et profitable au bien de sa famille et à celui de la société. Le rôle à peu près nul que les mœurs actuelles ont laissé aux femmes, en général, les empêche d'acquérir dans la société l'importance dont elles pourraient jouir en devenant plus positives et plus actives. Leurs maris pourraient alors trouver en elles une concordance d'idées et d'occupations qui leur permettrait d'en faire leur associé et leur conseiller; elles acquerraient aussi un titre de plus à leur tendresse, et comme un chef de famille ne peut avoir de meilleur conseiller qu'une personne dont tous les intérêts sont aussi intimement liés aux siens, la communauté y gagnerait à tous égards.

Une ménagère de campagne a deux ménages à diriger: celui de sa famille et celui de la ferme; ils ne peuvent être communs; tous deux demandent les mêmes soins et une égale surveillance. Si la direction est quelquefois modifiée par les exigences de l'exécution, l'économie et l'ordre doivent présider à tout dans les deux cas.

La basse-cour doit être entièrement sous la direction immédiate de la maîtresse de la maison, et cette basse-cour comprend la vacherie, la porcherie, l'éducation des volailles; les jardins et les vergers, ainsi que le troupeau, feront aussi partie de ses attributions. Elle doit être au courant de tous les travaux qui s'exécutent dans la ferme, afin de pouvoir les faire continuer en cas d'absence ou de maladie de son mari et pour le seconder dans sa surveillance. Il est donc indispensable qu'elle connaisse toutes les pièces de terre de l'exploitation et l'assolement auquel elles sont soumises. Les femmes de la ferme seront sous sa dépendance. Elle doit tenir un compte exact des dépenses et des recettes de tout ce qu'elle dirige, afin de pouvoir facilement juger des pertes et des profits de la basse-cour, et se rendre compte de la dépense du ménage de la ferme et de celui de sa maison.

Notre ménagère sera aussi chargée des soins qu'exige la santé de toutes les personnes qui composent la maison; de leur faire la distribution des médicaments qu'ordonne le médecin et de veiller à ce que ses prescriptions soient bien exécutées. Il sera donc absolument nécessaire qu'elle acquière quelques connaissances en médecine domestique, pour les cas simples qui, bien dirigés au début, ne s'aggravent pas, et afin de juger du moment où il devient nécessaire d'appeler les secours de l'art.

La distribution des aumônes est de son domaine; c'est la plus douce récompense des peines qu'elle se donne.

Elle doit veiller avec soin au maintien des bonnes mœurs de tous les gens de sa maison et rappeler doucement au devoir, par le raisonnement, ceux qui pourraient s'en écarter, et provoquer leur renvoi s'ils n'écoutent pas ses observations. Elle tiendra la main à ce que tous remplissent les devoirs de la religion.

Une femme qui sera à la fois maîtresse de maison et fermière, doit exercer une surveillance active sur ce qui se passe dans sa maison et dans la ferme; elle ne doit rien ignorer de ce qui s'y fait, et après avoir donné ses ordres pour les objets de sa compétence, en exiger l'exécution. En vue de faciliter le travail, il convient que les ordres soient donnés, autant que possible, la veille au soir pour le lendemain. Par des visites inattendues, la maîtresse tiendra tout son monde en haleine; il vaut mieux prévenir le mal qu'avoir à le réprimer.

CHAPITRE II.

Manière de conduire et de traiter les domestiques.

Je dois parler, avant tout, des qualités à rechercher dans les domestiques: la probité, l'activité, la bonne volonté, l'ordre et la propreté. La première de ces qualités est essentielle, quant aux autres on ne doit épargner aucun effort pour les développer et en donner l'habitude aux gens. Il faut faire connaître aux domestiques, dès les premiers jours de leur entrée chez vous, la place de tous les objets dont ils auront à faire usage, et exiger qu'ils les y remettent lorsqu'ils ont cessé de s'en servir.

La propreté doit régner sur eux et dans tous les lieux confiés à leurs soins; leurs vêtements et leur linge doivent être maintenus en bon état.

Une maîtresse de maison doit traiter ses domestiques avec douceur, mais sans faiblesse; elle doit chercher à gagner leur confiance et leur attachement et devenir leur conseiller, sans pour cela se familiariser avec eux, ni surtout les initier dans les affaires intérieures de la famille ; elle fera bien de leur donner ses avis sur l'emploi de leurs économies, et de les engager à les placer dans les caisses d'épargne. Généralement les gens de la campagne emploient le peu d'argent qu'ils ont à acheter un petit morceau de terre qu'ils paient deux ou trois fois sa valeur, et dont ils ne retirent qu'un bien médiocre revenu tant qu'ils sont en service. Il faut leur faire sentir l'avantage qu'ils auraient à accumuler leurs épargnes jusqu'au moment de leur mariage ; c'est la crainte de les mal employer qui les détermine à les placer en terre, les caisses d'épargne les délivrent de cette inquiétude.

La maîtresse doit veiller à ce que les domestiques ne se laissent pas aller au goût de la toilette et aux folles dépenses qu'elle entraîne ; elle doit exiger qu'ils soient propres et bien tenus. Lorsqu'elle sera parvenue à leur faire placer quelques fonds à la caisse d'épargne, le désir et la possibilité de les augmenter les exciteront à de nouvelles économies, et leur donneront la force de résister à la tentation de faire des dépenses inutiles.

Pour éviter que les domestiques aillent chercher des divertissements dans des lieux peu convenables, où ils perdraient leur temps et se créeraient de fâcheuses habitudes, notre ménagère fera sagement de s'occuper de leurs plaisirs, et de saisir de temps à autre les occasions de leur en procurer d'honnêtes qui ne puissent pas nuire aux devoirs de leur service.

Pour règle générale, il sera bien convenu, en gageant les domestiques, que nul d'entre eux ne pourra s'absenter de la maison, même les jours non ouvrables, sans la permission de ses maîtres. Il pourra leur être permis d'aller aux noces et aux fêtes des villages voisins, où leurs maîtres se rendraient aussi ; la crainte de les y voir arriver les empêchera de se livrer à des jeux interdits, ou à des excès de boisson dont ils rougiraient devant eux. Lorsqu'on est content des domestiques, il est bon de leur donner de petites fêtes dans certaines occasions ; le plaisir qu'ils y prennent, et surtout celui qu'ils trouvent à y convier leurs amis, les attachent à la maison. Ces divertissements seront peu coûteux : un violon, quelques galettes et quelques verres de vin en feront les frais. Les maîtres et leurs enfants y prendront part ; leur présence ajoutera beaucoup à la joie commune et maintiendra l'ordre.

De temps en temps, notre ménagère pourra régaler ses gens. La sobriété de leur vie leur fait trouver un grand plaisir à un repas un peu plus succulent qu'à l'ordinaire. Ainsi, lorsqu'on tuera un cochon, comme une bonne ménagère saura tirer tout le parti possible de cet utile animal, elle profitera de cette occasion. Les domestiques y trouveront un double plaisir, puisqu'ils le devront au talent et à la bonté de leur maîtresse. Au carnaval quelques pièces de volaille leur seront infiniment agréables : c'est la viande des riches, disent-ils, et par ce motif ils la préfèrent à tout ce qu'on peut leur offrir. Un verre de vin, distribué à propos de temps en temps dans le moment des forts travaux, leur fait le plus grand bien et beaucoup de plaisir.

Ne pensez pas que tous ces soins soient perdus : il faudrait que les domestiques fussent bien ingrats pour ne pas répondre, par un zèle soutenu et un véritable intérêt, à la bienveillance de maîtres aussi soigneux de leur bonheur ; ce serait une erreur de croire que l'on obtiendrait les mêmes résultats en élevant le gage des domestiques. Il faut chercher à engager les hommes par le cœur si l'on veut obtenir du dévouement ; c'est seulement du cœur qu'il peut venir. Le dévouement qui naît de l'argent n'est pas véritable, il disparaît aussitôt que les dons qui l'ont causé cessent ou même n'augmentent pas ; le dévouement qui vient du cœur est vrai et durable.

Une maîtresse de maison doit mettre tous ses soins à établir la bonne intelligence parmi son monde, et, pour cela, s'observer beaucoup, afin d'être juste et de ne point montrer de partialité lors même qu'il en existerait. Si quelque différend s'élève entre deux domestiques, elle doit écouter leurs raisons et conserver un calme parfait pendant qu'eux-mêmes ont perdu leur sang-froid, c'est le seul moyen de maintenir sa dignité ; bien réfléchir avant de condamner l'un ou l'autre, et, lorsqu'elle l'a fait, employer toute son influence et sa raison pour calmer celui qui se trouve offensé, et engager l'autre à faire le premier les avances de la réconciliation. S'il s'y refusait, il faudrait le prendre en particulier, obtenir cette réconciliation et effacer les dernières traces de la rancune qui pourrait exister encore. De la bonne intelligence qui règne entre les domestiques dépend, en partie, la bonne exécution des travaux auxquels ils doivent se livrer en commun.

Une maîtresse de maison doit exiger que tous les domestiques lui parlent avec déférence, et que les hommes n'entrent jamais dans la maison du maître sans se découvrir ; en retour, elle conservera avec eux une bienveillante politesse, et lorsqu'elle se trouvera présente à leurs repas et qu'ils se lèveront par respect, elle les fera se rasseoir. Si quelques-uns d'entre eux ne conservaient pas cette déférence, absolument nécessaire au maintien de l'ordre, elle devra les reprendre doucement, et si la réprimande était inutile, en parler à son mari, qui alors emploierait son autorité. Si elle était sans effet, il deviendrait indispensable de renvoyer le délinquant. Cela arrivera bien rarement si la maîtresse a su conserver sa dignité.

Mais si quelque domestique avait encouru la rigueur du maître par quelque faute grave, mais excusable, c'est à elle de jouer le rôle de conciliatrice, et à obtenir un pardon qui peut porter d'heureux fruits ; elle doit être l'ange tutélaire de tout ce qui l'entoure.

Si, à l'époque du jour de l'an, elle juge à propos de donner quelques récompenses, elle les distribuera avec discernement de manière à ne pas exciter de jalousie.

Un des meilleurs moyens de maintenir le zèle des domestiques, et de les attacher aux intérêts de la maison, est de leur donner une faible part dans les résultats obtenus par leur travail. On demande que les domestiques prennent intérêt aux affaires de leurs maîtres, sans songer qu'ils y sont étrangers, et qu'il leur faudrait les plus rares vertus pour satisfaire à de telles exigences.

Comme on ne doit jamais compter sur l'exception, et que d'ailleurs on ne peut espérer de la rencontrer dans tous les gens à son service, on fera beaucoup plus sagement d'employer le plus puissant moteur des actions humaines, l'*intérêt personnel*.

Je crois que les domestiques, dans une exploitation agricole bien conduite, doivent avoir une prime légère sur tous les produits dus à leurs travaux et à leurs soins ; cette indemnité sera payée au centuple par l'ardeur et par le zèle qu'ils mettront à en augmenter les produits.

Ainsi, la bergère aura tant par tête d'agneaux arrivés à une époque déterminée ; tant par mouton gras vendu.

La vachère recevra également une prime sur les veaux et sur le beurre.

La fille de basse-cour la recevra sur les volailles, les jeunes porcs, et sur ceux engraissés, vendus ou consommés dans la maison.

Les laboureurs auront également leur prime sur les céréales, les plantes oléagineuses et les bestiaux engraissés. Le chef laboureur aura en sus tant pour cent sur les bestiaux trafiqués par lui avec profit.

Cette modique somme, variable selon le succès des récoltes, augmentera le salaire des domestiques sans avoir le désavantage d'élever le prix des gages (ce qu'on doit éviter avec soin), et entretiendra leur ardeur. Ils défendront les récoltes de leurs maîtres comme la leur propre, et feront tout ce qui dépendra d'eux pour l'augmenter.

On doit chercher à conserver les domestiques le plus longtemps possible ; pour cela, il faut les prendre jeunes et les habituer à la maison, de manière qu'elle leur semble en quelque sorte *leur chez eux*.

On doit, en les prenant, leur donner le plus faible gage auquel on pourra les obtenir, avec la promesse d'une augmentation graduelle jusqu'à ce qu'ils soient arrivés à un taux fixé, qui ne peut être dépassé autrement que par des gratifications facultatives qui ne pourront être obtenues que par une continuité de zèle et un attachement que tout maître doit apprécier et récompenser.

Un petit présent fait avec discernement et justice, dans une occasion qui a pu le motiver, attache beaucoup les domestiques et les dispose au dévouement. Les soins qu'on a de leur santé, de leurs intérêts, de leurs plaisirs, la prime établie sur les produits de l'exploitation, la régularité qu'on exige dans leur service, la fermeté sans dureté avec laquelle on les tient, et l'impartialité, la justice avec lesquelles on les traite, sont de vrais et puissants moyens à employer pour avoir de bons serviteurs. Ceux qui n'apprécieront pas cet état de choses ne resteront pas chez vous, et ne seront pas à regretter. Ceux qui y resteront s'attacheront fortement à vous et à votre maison, parce qu'ils y trouveront tout ce qui peut fixer l'affection et l'estime des hommes. Vous concevrez aussi de l'attachement pour eux, et de cet accord résultera un ensemble parfait qui contribuera à la prospérité de l'entreprise.

Dans le pays que nous habitons, les salaires sont assez modiques ; voici comment nous avons fixé les indemnités accordées aux domestiques sur les produits de l'exploitation.

Le chef laboureur reçoit ce qu'on appelle *la pièce*, dans la vente qu'il fait des bêtes de travail. Il partage avec tous les laboureurs une prime de 5 c. par double décalitre de froment, de colza, ou autre récolte d'une valeur à peu près égale, et 2 c. et demi sur les seigles, les blés de printemps et autres récoltes équivalentes.

Un petit valet, chargé du soin des ânes, de la garde des vaches et de l'entretien de leur écurie, reçoit toutes *les pièces* obtenues des acheteurs sur la vente de ces animaux.

Le berger reçoit 25 c. par chaque agneau qui atteint la Saint-Jean, époque à laquelle on les sèvre, et la même somme par mouton gras vendu à la boucherie.

La femme de ménage de la ferme, qui a soin des cochons et des volailles, a 25 c. par tête à la vente des cochons de lait, et 1 fr. 50 c. par cochon gras, 10 c. par tête de volaille tuée pour le service de la maison, ou vendue au marché. On trouvera cette indemnité un peu forte; mais si l'on considère les soins minutieux qu'exige une volaille avant d'être bonne à manger, et la fragilité de son existence, on ne la trouvera plus trop élevée.

La femme de ménage, ou toute autre chargée de la confection du beurre et de la traite des vaches, reçoit 5 c. par demi-kilogramme de beurre.

Les domestiques qui sont sous la direction de notre ménagère doivent être gagés par elle, avec l'assentiment de son mari, et recevoir les ordres d'elle. A ce propos, je ferai ressortir l'importance d'un parfait accord entre le maître et la maîtresse de la maison pour tout ce qui a rapport à l'exploitation et la tenue de la maison. Les ordres donnés par l'un ne doivent jamais être révoqués par l'autre, sauf à s'expliquer entre eux, lorsqu'ils seront seuls, s'il y a quelque méprise; mais jamais en présence des domestiques. Il convient donc que le maître de la maison communique à la maîtresse certains ordres qu'il aura donnés, pour les travaux à exécuter, afin qu'elle puisse au besoin le remplacer dans la surveillance, comme nous l'avons déjà dit.

Il est bon quelquefois de consulter les domestiques sur l'exécution de certaines choses qui sont à leur portée; cette confiance les flatte et les dispose à bien faire; d'ailleurs, ils peuvent donner de bons avis sur les détails qui échappent aux maîtres.

Le succès d'une exploitation agricole dépend en grande partie de la bonne direction donnée aux domestiques et des moyens employés pour les engager à bien remplir leurs devoirs. On ne peut donc être trop circonspect dans son choix, et l'on ne doit jamais oublier que presque toujours les bons maîtres font les bons valets.

Si vous parvenez à donner à votre maison, par votre conduite envers vos serviteurs, la réputation *d'une bonne maison*, vous aurez toujours les meilleurs sujets du pays, et cette espèce de libéralité qui semblera régner dans vos récompenses et dans votre manière de les intéresser aux affaires de la maison sera bien plus profitable à votre bourse qu'à la leur; cependant elle placera ceux qui en profiteront dans une condition plus avantageuse que celle de tous les autres serviteurs du voisinage. Vous sèmerez pour recueillir.

CHAPITRE III.

Distribution du temps.

Section Ire. — *Occupations de la ménagère.*

Une maîtresse de maison doit faire, comme je l'ai déjà dit, une distribution régulière de son temps et chercher à la maintenir, sans cependant y apporter la rigueur qu'on pourrait exiger des enfants ou des domestiques.

Elle doit se lever de grand matin : du bon emploi de la matinée dépend presque tout le travail et l'ordre de sa journée. On va me trouver bien exigeante lorsque je dirai qu'une ménagère de campagne doit être levée à quatre heures et demie environ en été, et à six heures et demie, sept heures au plus tard en hiver, en variant l'heure à mesure que les jours grandissent ou diminuent ; je crois cependant qu'on aura tort.

Lorsqu'on est habitué à se lever de grand matin, et que la journée est bien employée au travail et à la surveillance, le sommeil ne se fait point attendre, et, comme on se couche de bonne heure en été, on trouve encore assez de temps pour se reposer. Six à sept heures de sommeil dans cette saison, où la nature en demande moins que dans les longues nuits d'hiver, sont bien suffisantes.

A ce propos je dirai que j'ai observé qu'en été, malgré les travaux pénibles de la saison, le sommeil est moins nécessaire qu'en hiver. Les enfants, qui sont moins éloignés de l'état de nature que les adultes, en fournissent la preuve. Comment la prévoyante nature, qui n'a rien oublié et qui a créé l'homme pour le travail des champs n'aurait-elle pas prévu que leurs forces devaient se réparer en moins de temps dans une saison où leurs travaux sont si multipliés? Admirons toujours cette divine Providence dont les immuables décrets sont si parfaitement conformes au bien de l'homme, quoique la folie de l'esprit humain les méprise souvent ; et cherchons à nous en rapprocher, nous qui voulons retourner vers la destination naturelle de l'homme, avec tous les avantages que les progrès des lumières ont pu nous faire acquérir.

Le premier talent d'une maîtresse de maison est de savoir bien employer son temps. Si elle parvient à acquérir ce talent trop rare, elle sera étonnée elle-même des résultats qu'elle obtiendra.

S'étant levée de grand matin, notre ménagère aura beaucoup de temps à elle avant le déjeuner. Aussitôt qu'elle sera levée, elle doit faire un tour à la ferme, donner les ordres de la journée, s'assurer que ceux de la veille ont été bien exécutés. Elle en fera autant à la cuisine et à l'office. Elle peut ensuite faire sa toilette, donner ses soins à ses enfants, les habiller, leur distribuer les petits devoirs qu'ils peuvent remplir sans elle, pendant qu'elle vaquera aux soins du ménage. S'ils sont trop jeunes pour qu'elle s'occupe de leur éducation, il lui restera du temps qu'elle pourra consacrer au travail, à la lecture, à l'étude des arts, ou à la surveillance des travaux de la ferme ou du jardin.

Après le déjeuner, elle s'occupera des devoirs et des leçons de ses enfants, ou d'autres travaux de femme, et emploiera ses heures de récréation à visiter, avec sa famille, les différents travaux en exécution, ce qui sera une intéressante promenade. Nous avons dit qu'il est important qu'elle soit au courant de tout ce qui se fait. Elle pourra aussi, à ce moment, visiter les pauvres et les malades dont elle prend soin.

Notre ménagère devra calculer l'emploi de son temps de manière à être libre vers trois heures de l'après-midi. Alors elle pourra s'occuper des choses qui lui seront agréables, recevoir les gens auxquels elle a besoin de parler et les visites de ses amis, les visiter elle-même, aller dans les champs, exciter ou soutenir par sa présence le zèle des travailleurs, faire faire, ou faire elle-même certains petits travaux de ménage ou de ferme, qui seront pour elle une agréable distraction.

Une femme qui se détermine à habiter la campagne et à s'y occuper sérieusement des devoirs qui l'y attendent, ne doit point rougir ni même redouter de mettre *la main à l'œuvre*.

La soirée en été sera employée en partie aux soins des enfants, à la surveillance du jardin, et à ce délicieux repos qu'on goûte avec tant de charme dans une belle soirée d'été.

En hiver, comme je l'ai déjà dit, les travaux d'aiguille, la lecture, l'exercice des arts, doivent se partager le temps qui reste à notre mère de famille.

Le matin ou le soir, selon la saison, elle doit prendre, sans exception, un moment pour mettre en ordre ses comptes journaliers ; compter avec les domestiques auxquels elle aurait confié de l'argent, et inscrire les journées des gens qu'elle peut avoir employés dans les travaux placés sous sa direction.

Le dimanche, lorsqu'elle aura rempli ses devoirs religieux, et le jeudi, comme elle n'aura pas de leçons à donner à ses enfants, elle aura du temps de reste dont elle pourra disposer à sa guise ; mais je puis lui promettre qu'elle le dépensera d'une manière agréable, parce que ce sera un temps de repos, de congé, acheté par un travail assidu.

La ménagère a sous sa dépendance le jardin ; mais la surveillance du jardinage ne se borne pas au jardin seulement, car c'est à elle de prévoir les besoins de la ferme, et de faire semer et cultiver dans les champs, en temps utile, tous les légumes qui sont nécessaires au nombreux personnel qui compose l'exploitation. Elle trouvera une immense économie à bien approvisionner la cuisine de ses gens de bons et nourrissants légumes, qui, après le pain, doivent former leur principal aliment ; et elle les obtiendra facilement dans les champs, par les soins des laboureurs et des femmes de la ferme, sans que le jardinier, qui est spécialement chargé du jardinage de la maison, soit obligé de s'en occuper.

Si notre ménagère n'a pas de jardinier, elle sera forcée de diriger le jardin dans tous ses détails; il deviendra donc nécessaire qu'elle étudie le jardinage pour pouvoir faire exécuter, par des journaliers ou des domestiques peu expérimentés, les travaux journaliers du jardin. Cette surveillance lui prendra beaucoup de temps, mais elle ajoutera un nouveau prix à chaque objet produit par ses soins. Avec quel plaisir la famille entière se régalera des bons légumes et des délicieux fruits obtenus par sa prévoyance, et quelle douce jouissance ne trouvera-t-elle pas elle-même à en faire les honneurs ?

Pendant les forts travaux de l'été, la présence de notre ménagère sera souvent nécessaire dans les lieux où ils s'exécuteront, car son mari ne pourra être partout, et rien ne peut remplacer l'œil du maître.

L'économie est la première source de la richesse agricole, et l'emploi exact du temps des travailleurs une des bases essentielles de l'économie. Les travaux d'été absorbent une grande partie des frais d'exploitation d'une ferme, leur surveillance est donc de la première importance.

L'opportunité de la rentrée des récoltes n'est pas moins importante; une personne qui n'est pas occupée elle-même du travail manuel peut penser à beaucoup de choses qui seraient oubliées ou non prévues même par de bons domestiques. Une maîtresse peut aussi prendre des déterminations dans les moments difficiles, ce que ne pourraient faire des ouvriers, et sauver une récolte exposée. Dans cette saison, notre ménagère devra négliger un peu certaines occupations intérieures, pour prendre une plus grande part aux travaux des champs : elle regagnera ce temps dans la saison morte. Il faudra donc qu'elle sache comment chaque besogne doit être exécutée pour être bien faite, et être familière avec le langage approprié aux divers travaux ; elle devra connaître le degré de dessiccation nécessaire aux foins et aux blés, la perfection d'un labour, d'un binage, le degré de maturité convenable des légumes et des fruits; leur conservation doit être aussi l'objet de ses soins.

La conduite du troupeau et la surveillance de sa nourriture lui appartiennent, dans les exploitations où le troupeau n'est pas l'un des principaux produits; elle doit donc étudier tout ce qui s'y rattache.

C'est au choix des vaches et à la nourriture qu'on leur donne qu'on doit les bons produits qu'on peut en attendre. C'est encore à notre ménagère à se pourvoir de bonnes vaches et à rappeler à son mari la culture des plantes qui conviennent à leur nourriture, car la vacherie doit être entièrement dirigée par elle. L'élève et l'engraissement des porcs est aussi dans son domaine. Bien conduits, ils peuvent donner des bénéfices et procurer une grande ressource au ménage. La ménagère doit mettre tous ses soins à bien approvisionner sa basse-cour de volailles de toutes espèces de manière à satisfaire aux besoins de sa maison, et à en vendre pour couvrir les dépenses de celles consommées chez elle.

Le choix des races et leur perfectionnement doit appeler son attention, de là dépendent en partie la beauté et la bonté des produits.

Le soin des ruches lui appartient aussi, et, comme dans une agriculture perfectionnée on cultive une multitude de plantes qui fleurissent et fournissent du miel, les ruches bien dirigées peuvent donner un assez bon revenu.

Une bonne ménagère enfin doit connaître une multitude de procédés et de recettes qui augmentent l'aisance et le bien-être de toute la famille sans en accroître la dépense. Je vais essayer de l'initier à la connaissance de tous ces travaux, dans le courant de cet ouvrage, dont c'est le seul but.

Section II. — *Toilette de la ménagère.*

Je ne dois pas omettre de parler de la toilette de notre ménagère. *Cet important objet*, qui remplit souvent une grande partie de la vie des femmes dans les villes, ne doit occuper que bien peu de ses précieux instants. Cependant elle doit y apporter ce bon goût et conserver cette tenue qui conviennent en tout temps et en tous lieux à une femme bien élevée.

La simplicité doit toujours présider à sa toilette, ce qui n'exclut pas, si elle est riche, les belles et bonnes choses.

Une maîtresse de maison, à la campagne, doit s'habiller pour toute la journée aussitôt qu'elle a terminé le petit service intérieur de sa chambre pour elle et pour ses enfants, et fait sa visite du matin à la ferme et à la cuisine. Vers le milieu du jour elle remettra un peu d'ordre dans sa coiffure et dans sa toilette.

Je l'engage à ne pas suivre exactement la mode et les fantaisies qu'elle entraîne. Elle pourra choisir, pour la forme des vêtements, celle qui s'accommodera le plus facilement aux changements que cette reine des salons pourrait leur faire subir, afin qu'ils ne deviennent pas ridicules, et, pour cela, elle ne devra jamais adopter les modes exagérées, qui sont très souvent de mauvais goût et ne durent pas.

Si notre ménagère est riche, je l'engagerai à acheter de ces choses toujours belles, qui peuvent être employées dans presque tous les temps, sans rien perdre, pour ainsi dire, de leur mérite, plutôt que ces charmants objets qui n'ont plus de valeur en perdant leur premier lustre. Si elle n'est pas riche, elle fera néanmoins sagement de n'employer que des étoffes de première qualité, mais d'un prix moins élevé. Les colifichets ne doivent jamais paraître dans la toilette d'une ménagère de campagne.

Je pense que pour l'hiver une robe d'étoffe de laine, qui puisse se brosser et même se laver, unie ou à carreaux, et bien doublée, est juste ce qu'il faut. Le drap me paraît trop sec et le mérinos pas assez solide; on trouve partout des étoffes de laine croisées, qui conviennent très bien ; une robe de ces étoffes, faite avec goût et d'une jolie couleur, mise avec soin, sera fort convenable, et toujours préférable à une vieille robe de ville fanée. Le jupon de dessous ouaté ou doublé, pourra être d'une étoffe de laine noire qui puisse se brosser et se laver. Les jupons blancs sont trop salissants pour l'hiver; ceux de couleur sont bien laids. Un tablier garni de poches, en filoselle ou en étoffe de laine croisée, noir ou de couleur variée, ou même un bon foulard, qui se lave fort b en quand il est de belle qualité et dure beaucoup, ira très bien sur la bonne robe de laine. Toujours un fichu plissé ou brodé simplement, et plutôt de jaconas que de mousseline, qui demande de l'empois et se chiffonne vite, à col rabattant, garni d'une petite dentelle et d'une parfaite blancheur, accompagné d'une petite cravate noire, ordinairement, est le seul convenable pour l'hiver ; cela va fort bien. Si notre ménagère a l'habitude de porter un bonnet, il sera mieux en jaconas uni, ou orné d'une petite broderie et garni d'une mousseline claire bordée d'une petite dentelle, ou d'une valenciennes basse, que d'être en tulle garni de tulle de coton brodé et même orné de rubans. C'est une mesquine élégance qui ne convient nullement à la vie des champs, et est, en définitive, plus coûteuse que le bonnet que j'indique, qui sera de bien meilleur goût.

La chaussure devra se composer de bas de laine noire, si on a l'habitude d'en porter, ou de gros bas en coton blanc; ceux en soie noire ou même en filoselle sont fort chers et durent peu, et le blanchissage des bas blancs est facile et peu coûteux à la campagne. Les bas de coton gris ne sont pas beaucoup moins salissants que les blancs lorsqu'ils commencent à vieillir et vont mal à une femme. On peut les remplacer par des bas chinés. Les guêtres, dont le sous-pied n'occupe que la portion de la plante du pied qui ne porte pas à terre, sont un excellent moyen de préserver les bas, de tenir chaud aux pieds et au bas de la jambe, et de contenir le soulier.

Les souliers doivent être en peau de cheval, couverts et lacés ; à fortes semelles garnies de quelques petits clous, et un peu contournés comme les souliers d'homme. Le pied est plus d'aplomb et plus à l'aise dans les souliers de cette forme: ce serait une erreur de croire qu'ils font plus de mal aux pieds que les souliers minces et découverts que portent ordinairement les femmes ; c'est le contraire lorsqu'ils ne serrent pas trop le pied, et ils le conservent mieux, le déforment moins et résistent davantage à l'exercice que doit prendre notre ménagère. Enfin, une chaussure un peu forte permet d'aller dans une cour ou des chemins assez sales sans craindre l'humidité et le froid aux pieds. Si les souliers sont bien faits, cette chaussure n'aura point mauvaise grâce; d'ailleurs, je suis convaincue qu'elle est la seule qui puisse convenir l'hiver. Un de ses avantages aussi est d'empêcher que les cailloux et l'inégalité du terrain ne blessent les pieds, ce qui rend la promenade quelquefois très pénible à la campagne aux femmes chaussées en souliers minces. Lorsqu'il fait beaucoup de boue, il faut avoir recours à des sabots légers, qui puissent se mettre par-dessus les souliers : cette chaussure est indispensable à la campagne. La force des souliers permettra de porter des sabots plus découverts, et par conséquent moins lourds, sans être incommodée de quelques gouttes d'eau ou d'un peu de boue qui passerait par-dessus le bord, tandis qu'avec des souliers minces ou des chaussons le pied serait mouillé à l'instant.

La coiffure, pour sortir, peut se composer du petit bonnet indiqué et d'un chapeau noir tout uni fermant bien sur les oreilles, et d'une étoffe qui ne puisse être gâtée par un peu de pluie. Un chapeau de castor noir conviendrait parfaitement, mais il est parfois si éloigné de la mode qu'il serait ridicule, même à la campagne; on peut le remplacer par un capuchon en mérinos noir, doublé de mousseline de laine.

Notre ménagère ne doit jamais oublier d'avoir des gants dans sa poche, et de les mettre aussitôt qu'elle sort de la maison, car s'il n'est pas nécessaire qu'elle ait les mains aussi blanches que les femmes qui vivent dans leur boudoir, au moins faut-il qu'elle leur conserve cette apparence qui annonce toujours une femme bien élevée. Dans sa maison, elle pourra porter des mitaines. Je l'engage donc à ménager ses mains, sans affectation, et à éviter ce qui pourrait les gâter inutilement; une jolie main, ou, au moins, une main un peu soignée, est un charmant ornement pour une femme.

Un manteau en laine, de couleur solide, d'étoffe chaude et bien doublé, est indispensable; il peut avoir un capuchon qui se rabatte sur la tête dans les cas où l'on se trouve surprise par la pluie, et des manches comme on les fait aujourd'hui. Ce manteau ne doit pas être assez long pour entraver la marche. L'usage des caracos ou casaques, nouvellement introduit par la mode, semble avoir été inventé pour les femmes qui habitent la campagne, et notre ménagère devra en avoir plusieurs, plus ou moins chauds selon la saison, et lors même que la mode s'en passerait à la ville, elle devrait en conserver l'usage. C'est un des vêtements les plus commodes qu'on eût exécutés pour les femmes dont les occupations demandent du mouvement.

Ce costume sera parfaitement commode et chaud, et aura une sorte de rusticité qui prouvera que la femme sensée qui l'aura choisi se sera, avant tout, occupée du confortable; mais elle aurait tort de croire qu'il ne sied pas bien, au contraire il aura ce qu'on appelle *bonne façon*, parce qu'il sera bien approprié à la position de notre ménagère.

Les dimanches et les jours de fête, qui sont les seuls où notre fermière peut disposer de son temps à son gré, elle pourra quitter son costume journalier pour en prendre un plus élégant, plus conforme à la mode, et qui puisse satisfaire un peu son amour-propre; mais je ne puis assez l'engager à conserver cette excessive simplicité, qui est le type du bon goût et que ne doit jamais exclure la richesse même.

En été elle pourra porter des robes fond blanc, bon teint, qui puissent se laver, décolletées si notre ménagère est jeune, avec un fichu très simple, en mousseline ou en jaconas pour le printemps; l'automne, des robes un peu plus foncées, mais toujours bon teint. Pour les jours de fête, les robes blanches sont le plus joli costume à la campagne. La soie ou les étoffes qui ne se lavent pas ne conviennent nullement à notre ménagère pour les jours ouvrables où elle est obligée de vaquer à tous les travaux dont nous avons parlé.

La chaussure d'été doit se composer de bas blancs et de souliers de la même forme que ceux d'hiver, mais en peau non cirée et d'une couleur jaunâtre naturelle à la peau, et qui n'est point désagréable[1]. Cette peau est souple, la poussière y paraît peu, et elle est très solide. Le castor gris convient aussi. Les souliers cirés salissent les robes claires et les bas blancs, et paraissent toujours malpropres en été ; la semelle ne sera pas moins forte que celle des souliers d'hiver, mais moins garnie de clous. Je le répète, les souliers minces découverts et en peau de chevre sont une mauvaise chaussure aux champs. On peut ajouter aux souliers d'été des guêtres de toile grise qui empêchent la poussière de pénétrer dans les souliers.

La coiffure d'été est une chose assez difficile à trouver, car il faut qu'elle remplisse plusieurs conditions : celles d'abriter parfaitement le visage et les épaules du soleil et de ces pluies qui surprennent si souvent à la campagne ; de ne pas échauffer, de ne pas voler à tous les vents, ce qui est insupportable et empêche le chapeau de remplir son but ; d'être assez solide pour ne pas demander des ménagements ennuyeux ; enfin de coûter peu d'argent. On a adopté nouvellement pour la campagne, et j'ai été une des premières à le faire, l'usage des capuches ou kissnots, ce qui forme une excellente coiffure de campagne fort peu coûteuse ; cette coiffure s'est répandue avec une grande rapidité, preuve de sa commodité ; elle est aujourd'hui tellement connue qu'il serait inutile de la décrire. J'engage notre ménagère à les garnir de baleines plutôt que de carton qui est trop lourd, et à les faire blanches, ce qui n'est guère plus coûteux et de meilleur goût. On place les baleines dans les coulisses en les faisant entrer par une espèce de boutonnière pratiquée sur la coulisse en dessus, de manière à pouvoir ôter les baleines pour serrer le kissnot sans avoir rien à découdre, et on passe

---

(1) Ce qu'on appelle en veau retourné.

de petits lacets dans les coulisses afin de les ouvrir pour faciliter le repassage.

Il est indispensable que notre ménagère ait pour l'hiver une robe de chambre bien doublée et même ouatée, et une autre plus légère pour l'été. Une femme qui habite la campagne et qui est appelée à sortir de chez elle en se levant, ne saurait s'en passer ; d'ailleurs, elle lui sera parfaitement commode pour le petit service intérieur de la chambre.

Si j'engage les femmes qui aiment la toilette à modifier ce penchant, je dois exhorter celles qui se négligent trop à conserver habituellement une bonne tenue. Une femme qui se laisserait aller jusqu'au désordre et à la malpropreté, ferait une grande faute ; je le répète, la bonne tenue chez une femme est indispensable. La plus grande propreté doit constamment régner dans tous ses ajustements, comme dans sa personne ; sa chevelure, surtout, doit être toujours parfaitement propre et en ordre ; si elle boucle ses cheveux, elle emploiera du papier brouillard pour les mettre en papillotes, ce qui lui coûtera 2 fr. par an tout au plus. Des papillotes de papier blanc ou de vieux journaux, sont hideuses à voir et vont fort mal. Sa taille doit toujours être soutenue par un corset approprié à ses besoins, mais point serré ni baleiné, comme celui dont certaines femmes ont le ridicule de s'affubler et qui, détruisant toute la grâce et la souplesse de leur taille, peut nuire à leur santé sans rapprocher la femme qui le porte de ces modèles purs qui sont le type de la beauté. Ce genre de corset est surtout nuisible à une campagnarde, qui peut à chaque instant avoir besoin de faire un usage actif de ses membres. La chaussure, quoique modeste et même un peu grossière, doit toujours être en bon état ; les pantoufles ne doivent jamais quitter la chambre et ne pas consister en vieux souliers à demi usés. Enfin, une femme bien élevée cherchera toujours à prévenir en sa faveur, même au premier aspect, par sa bonne tenue, sa propreté et l'ordre de ses ajustements. Je crois donc que dans son intérêt, comme dans celui de tous les gens de sa maison, auxquels elle servira de modèle, elle écoutera mes conseils. A tous les âges, dans toutes les conditions de la vie, une femme doit avoir une tenue qui lui permette de se présenter devant des étrangers sans avoir à rougir de sa négligence. Y a-t-il rien de plus ridicule qu'une femme qui se sauve lorsqu'elle aperçoit un étranger qui demande à lui parler? Elle aurait tort de croire que son désordre est moins désagréable à son mari qu'à d'autres personnes; elle doit au contraire mettre tous ses soins à lui plaire, et ne pas s'oublier un instant. Le soin que je l'engage à prendre d'elle-même est un des moyens d'y arriver; cependant, elle ne doit point, je le répète, faire une occupation sérieuse de sa toilette : je suis loin de lui donner un aussi mauvais conseil.

Je prie les femmes qui auraient des penchants à se laisser aller à la négligence, comme celles qui ont un goût trop prononcé pour la toilette, de relire ce chapitre avec soin; elles verront que c'est la saine raison qui me l'a dicté.

CHAPITRE IV.

De la maison de maître.

Section Ire. — *Distribution et mobilier.*

Je ne donnerai point un plan pour construire une maison de campagne; si on en était là, ce n'est pas moi qu'il faudrait consulter, mais bien un bon architecte. La direction de cette construction ne serait pas non plus confiée à notre ménagère; elle pourrait tout au plus donner des avis et demander ce qui lui conviendrait. Voici les pièces que je crois nécessaires.

Au rez-de-chaussée, une cuisine avec son office; une salle à manger; un salon ou plutôt une pièce toujours libre, où notre ménagère puisse se tenir habituellement; une petite pièce à côté, servant de bibliothèque et de cabinet de travail; c'est là que se trouveraient les livres de comptabilité; qu'on pourrait travailler en repos et qu'on recevrait les gens qui viendraient parler d'affaire ; si on pouvait mettre un lit dans cette pièce, ce serait fort commode en cas d'indisposition ou de convalescence. Enfin une lingerie avec de grandes armoires.

Le premier étage serait composé des chambres à coucher, qui seraient accompagnées chacune d'un cabinet de toilette garni d'armoires ou placards, et d'une petite pièce servant de magasin pour serrer les provisions de ménage et fermant à clef; au-dessus, pourraient se trouver des chambres de domestique et des greniers.

Pour obtenir facilement cette distribution, il faut que la maison soit double, c'est-à-dire qu'il y ait des pièces éclairées sur les deux façades. Si elle est entre cour et jardin, on disposera toutes les principales pièces sur le jardin; la cuisine, l'office, le cabinet, se prendraient sur la cour. Ce côté pourrait avoir moins de largeur que celui du jardin. On peut mettre l'escalier au milieu de la maison, formant un vestibule à l'entrée du salon et de la salle à manger ou à une des extrémités du bâtiment et donnant entrée à la salle à manger. Si l'on ne pouvait pas réunir toutes ces pièces au rez-de-chaussée, je supprimerais plus volontiers le salon que les autres; alors je donnerais à la salle à manger un air plus propre; je n'y mettrais pas de poêle, je la meublerais de quelques fauteuils et j'habiterais cette pièce de préférence à un salon placé à l'étage supérieur. Il est moins gênant, moins désagréable d'être interrompu par les domestiques pour le service de la table, que de ne pouvoir sortir à chaque instant pour surveiller activement les détails de sa maison, et il est fatigant et ennuyeux de descendre et monter continuellement; on s'y décide difficilement, et la surveillance en souffre.

Il est indispensable d'avoir dans sa cour une boulangerie, contenant un grand four pour la ferme et un petit pour les maîtres; on y réunit la buanderie.

Le salon doit, autant que possible, être spacieux. Si l'on a beaucoup d'enfants, cette vaste pièce leur est bien commode pendant les mauvais temps, et comme le bois n'est jamais une chose très dispendieuse à la campagne, où l'on a tant de ressources pour s'en procurer, où l'échauffera à peu de frais. Puis, en été, une grande pièce est plus fraîche et d'ailleurs toujours plus agréable qu'une petite. Il n'en est pas de même des chambres à coucher, qui ne sont habitées à la campagne à peu près que la nuit; elles sont plus commodes et plus chaudes lorsqu'elles sont petites. La salle à manger doit être assez grande aussi; car, à la campagne, on est exposé à recevoir à la fois un grand nombre de convives.

I. — Salon.

Le salon est le point de réunion à la campagne; il doit offrir toutes les commodités désirables, sans luxe ni élégance. La propreté et l'ordre doivent être sa première parure; une glace sur la cheminée, deux vases sur les coins du chambranle, pouvant contenir des fleurs en pots ou des bouquets; une pendule modeste et deux flambeaux simples, toujours garnis proprement de bougies, voilà à peu près les seuls ornements du salon; cependant, quelques tableaux ou gravures, ou de belles lithographies comme on en fait aujourd'hui, donnent à cette pièce un air habité et la meublent très bien. J'en bannirais sans pitié ces mauvaises caricatures ou ces gravures médiocres qu'on voit trop souvent figurer même dans les salons des villes : rien, à mon avis, n'est de plus mauvais goût. Si on avait une console, on la placerait en face de la cheminée; on pourrait y mettre la pendule et les flambeaux; alors la glace de la cheminée se trouverait entièrement libre, ce qui donne de la gaîté à l'appartement.

II. — Moyen d'empêcher les cheminées de fumer.

Le foyer de la cheminée doit être large, parce qu'à la campagne on est souvent dans le cas de brûler des souches ou autres bois très difformes. Le foyer sera garni d'une assez grande quantité de cendres; c'est un moyen de procurer une plus grande quantité de chaleur, tout en consommant moins de bois. L'intérieur d'une cheminée garnie de faïence est fort propre et contribue à renvoyer une plus grande quantité de calorique dans l'appartement; mais ce qu'il faut éviter surtout, c'est la fumée, ce qui offre souvent de grandes difficultés.

Il y a des cheminées qui résistent aux moyens employés par les fumistes; quelques-uns de ces procédés ne sont pas sans inconvénients, comme d'amener une assez grande quantité d'air froid en avant du foyer, ou de le rétrécir e' de lui donner une telle profondeur qu'on perd une grand partie de la chaleur. D'autres procédés sont fort coûteux. Voici un moyen qui n'a pas les inconvénients que je viens de citer, qui exige peu de dépense et réussit presque toujours.

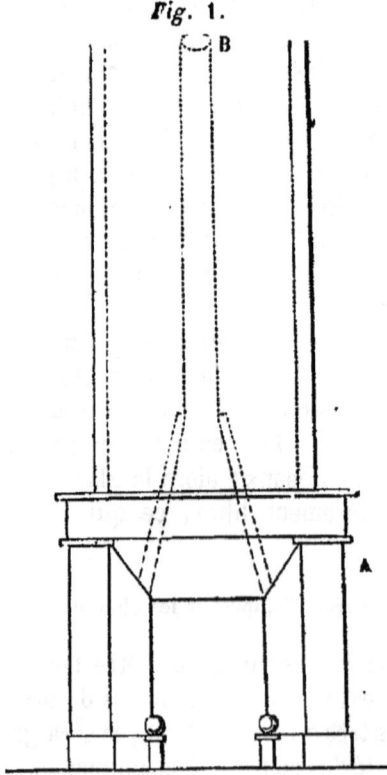

Fig. 1.

L'intérieur de la cheminée (fig. 1) ne doit pas rester carré; il faut remplir les angles du fond par une construction en briques couvertes de plâtre ou avec des pierres de taille. Il suffit que cette construction monte à la hauteur du chambranle A dans l'intérieur de la cheminée. On élève sur cette construction une espèce de voûte en dôme, ou en pyramide creuse B, construite également en briques et plâtre, qui ferme presque tout le tuyau de la cheminée, et ne laisse qu'une ouverture suffisante pour recevoir un tuyau en tôle semblable à celui d'un poêle, et ayant deux à trois mètres au plus de hauteur. On fixe ce tuyau sur le mur du fond de la cheminée au moyen de pattes et de fil de fer, avant de construire le dôme qui doit boucher la cheminée ; il ne faut pas laisser le moindre passage à l'air autour du tuyau de tôle ; la colonne d'air se trouve singulièrement rétrécie par là, et la cheminée tire presque comme un poêle ; il est très rare qu'elle fume.

Pour ramoner le tuyau qui s'encombre assez promptement de suie, il suffit d'y introduire une longue verge de bois, flexible, au bout de laquelle on attache quelques petits branchages. Le tuyau principal de la cheminée a rarement besoin d'être ramoné ; et lorsque cela devient nécessaire, on emploie les mêmes moyens que pour les cheminées de poêle, on démonte le briquetage de la petite voûte, et on ramone par le haut de la cheminée.

J'ai plusieurs fois fait usage de ce procédé. Il m'a toujours réussi.

Un autre moyen non moins efficace, et qui repose à peu près sur les mêmes principes, est celui employé par le célèbre Fourcroy. Il consiste dans un rétrécissement considérable de la cheminée (*fig. 2*). Pour l'obtenir on fait fermer, en avant, par un briquetage presque toute l'ouverture de la cheminée à peu près en forme de niche de poêle A, réservant seulement dans le fond un passage étroit pour la fumée ; ce rétrécissement est continué dans le tuyau même de la cheminée au moyen de deux languettes en plâtre ou en briques à la hauteur de deux mètres B. Il résulte de cette disposition que le feu se trouve presque en dehors du manteau de la cheminée ; on est obligé d'entourer le foyer, dans l'appartement,

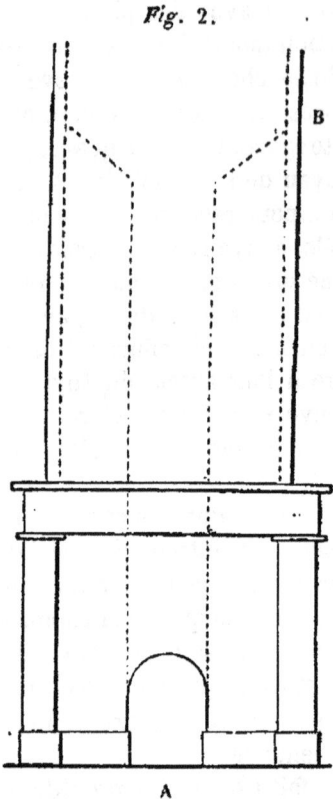

Fig. 2.

d'un garde-feu de toile métallique pour éviter les accidents avec les robes de femmes. Ces cheminées ne fument jamais et la moindre quantité de bois entretient une douce chaleur dans l'appartement. Ce procédé offre presque tous les avantages des poêles sans en avoir les inconvénients. Je l'ai vu en pratique chez la veuve du savant chimiste et chez ses amis; je l'ai moi-même employé avec un succès complet; l'économie de bois est considérable. Ces cheminées se ramonent comme celles dont j'ai parlé d'abord. On peut pratiquer dans leur conduit une ouverture dans un grenier. Le tuyau rétréci se nettoie aussi au moyen d'un balai.

Souvent il suffit, pour empêcher une cheminée de fumer, de rétrécir le tuyau et l'intérieur de l'âtre au moyen d'une construction en briques et plâtre jusqu'à la hauteur de 2 mètres, et de ne lui laisser que 34 à 35 centimètres de diamètre; l'âtre doit aller en élargissant vers le manteau de la cheminée. A d'autres cheminées, il suffit de mettre une planche de zinc ou de bois, ou un briquetage incliné à partir du chambranle en entrant dans la cheminée. Une grosse toile, placée en avant de la cheminée sur le chambranle et descendant de 10 à 15 centimètres, a souvent le même succès et convient mieux à une cheminée de cuisine dont il y a beaucoup d'inconvénients, à cause du service, à diminuer la hauteur. Cette toile cède au moindre contact, et n'est qu'un léger empêchement au service; il suffit aussi quelquefois d'exhausser l'âtre au moyen d'une petite construction d'environ 15 à 16 centimètres de hauteur. Enfin, c'est toujours la colonne d'air qu'il faut resserrer dans un plus petit espace, afin qu'elle ait plus d'action.

Un tuyau de poêle, placé sur le faîte de la cheminée, empêche la fumée de se rabattre dans les grands vents et de s'introduire de nouveau dans le tuyau pour redescendre dans l'appartement. Si c'est un vent plus qu'un autre qui cause cet inconvénient, on termine le tuyau de tôle en forme de T en travers de ce vent; mais si la fumée est due à un défaut de courant d'air, ce moyen sera tout-à-fait inutile.

Revenons à l'ameublement du salon dont nous n'avons pas complété la description.

Une table, placée au milieu d'un salon, est encore plus utile à la campagne qu'à la ville, parce qu'on est souvent dans le cas d'offrir quelques rafraîchissements à ses visiteurs. Alors, il ne faut pas la couvrir, comme on le fait à la ville, d'une multitude de jolies inutilités qui s'opposeraient au service dont je viens de parler. Il serait mieux que cette table fût garnie d'un marbre, parce qu'elle serait plus facile à nettoyer; il s'en fait à bon marché de très propres. Si cependant on ne pouvait pas mettre le prix nécessaire pour s'en procurer une qui fût solide, on la remplacerait par une table en bois propre, ou recouverte d'une jolie toile cirée, et ronde comme le sont les tables de marbre. Lorsqu'un marbre est dépoli par une cause quelconque, on peut le couvrir d'un encaustique semblable à celui qu'on met sur le bois, et le frotter. Cet encaustique est transparent, et le poli du marbre ne paraît plus altéré.

Les fauteuils en bois quelconque, plutôt en noyer qu'en merisier, et solides, devront être recouverts en étoffe de crin. Le crin à la vérité a le défaut d'être un peu sombre; on peut l'égayer au moyen d'un galon de couleur, qui s'use plus promptement que le reste du fauteuil, mais se renouvelle facilement et à peu de frais. Toutes les autres étoffes se salissent trop facilement, ou sont dévorées par les vers. Le velours d'Utrecht serait encore assez convenable; mais il est loin d'avoir la solidité du crin, et, à la campagne, les meubles d'une pièce sans cesse habitée sont exposés aux taches de fruits, à celles d'une pièce de gibier déposée par un chasseur fatigué, par un vêtement mouillé, etc., et ces taches s'enlèvent facilement sur le crin; en les essuyant ou en les lavant, elles ne laissent aucunes traces.

J'engagerai beaucoup à avoir, au nombre des meubles du salon, un grand canapé ou lit de repos. D'abord, il peut au besoin former un lit; ensuite, dans un moment d'indisposition ou de fatigue, il offre un moyen agréable et facile de prendre du repos, sans vous éloigner de votre famille et de vos domestiques, ce qui est fort à considérer pour une maîtresse de maison.

Les rideaux doivent être faits de manière à s'ouvrir et se fermer facilement; à la campagne, les fenêtres sont souvent ouvertes. Trois gros plis réunis et portant un gros anneau de cuivre, espacés de 10 centimètres entre eux et passés dans un bâton doré, me paraissent la disposition la plus convenable; les draperies ne conviennent guère à moins qu'elles ne soient très simples. Les rideaux seront mieux blancs; à la campagne, il est facile de leur conserver une grande fraîcheur, et le soleil et le grand air altéreraient ceux de couleur. De la mousseline façonnée, garnie d'une frange simple ou d'une bordure d'indienne de couleur gaie, conviendra pour l'été. L'hiver, on la remplacera par des rideaux de calicot. On fait de fort jolies indiennes imprimées qui pourraient s'employer en draperie si on en voulait absolument.

Un papier uni ou à petit dessin, de couleur claire et solide, me paraît préférable à ces tapisseries bigarrées et à grands ramages qui, perdant leurs couleurs et passant de mode promptement, doivent être renouvelées souvent ; à la campagne, on a des moyens plus agréables et plus profitables d'employer son argent.

La pierre de taille en tuf est à bon marché dans le pays que j'habite, le Poitou. J'ai fait faire, pour placer dans les angles de mon salon, deux colonnes tronquées de 1 mètre 33 centimètres de haut sur 33 centimètres de diamètre ; le socle est carré et entouré à sa base d'une plinthe pareille à celle de l'appartement, afin d'éviter le choc des balais. J'ai posé sur ces colonnes deux bustes de famille qui peuvent être remplacés par des statuettes en plâtre représentant quelques-uns de ces beaux modèles de l'antiquité qui reposent si délicieusement la vue et coûtent peu d'argent. Je ferai encore à ce sujet ressortir le mauvais goût de certaines personnes qui achètent *des bons-hommes* de plâtre, aussi monstrueux par le choix des objets qu'ils représentent que par leur exécution, et qui coûtent aussi cher que les jolies statuettes dont je viens de parler.

Quelques tabourets de paille tout simplement sont indispensables dans le salon ; il faut toujours songer aux pieds crottés à la campagne, et il est impossible de les empêcher de pénétrer dans le salon.

Il serait beaucoup mieux ou du moins plus agréable que le salon fût parqueté ; mais le parquet a ses inconvénients à la campagne dans une pièce au rez-de-chaussée, lorsque la famille est nombreuse ; d'abord, il est presque impossible de le cirer, cet entretien serait trop pénible ; il faudrait donc se résigner à l'avoir toujours sale, à moins d'avoir un domestique mâle particulièrement chargé de ce service, ce qui me paraît s'éloigner un peu de l'économie que je ne puis trop recommander à notre ménagère. On ne peut se dissimuler cependant qu'un parquet est plus sain et plus chaud que des carreaux ; mais aussi l'hiver, à la campagne, on a toujours de gros souliers ou même des sabots, et on ne sent pas le froid des carreaux ; ceux ci ont l'avantage de se laver très facilement, et d'avoir un aspect de propreté que n'a point un parquet non ciré.

L'été, les carreaux sont plus frais et permettent même d'arroser à terre dans les grandes chaleurs ; je leur donnerai donc la préférence sur le parquet. Si le salon est carrelé, il faut que les carreaux soient bien cuits, de bonne qualité et d'un beau rouge ; cela égaie beaucoup une pièce

Si l'on voulait absolument parqueter son salon, je pense qu'un plancher fait en petites douves de 2 mètres de long sur 10 à 12 centimètres de large, bien bouvetées, conviendrait mieux qu'un véritable parquet qui serait moins solide et plus coûteux.

Une ménagère envieuse de l'agrément de sa maison parera son salon et même sa salle à manger, pendant la belle saison, de bouquets de fleurs et même de feuillages frais, et les remplacera l'hiver par quelques plantes en pot conservées dans la petite serre.

Les meubles à la campagne ne doivent pas être vernis ; l'humidité de l'hiver les altère. Le poli à la cire convient mieux, parce qu'il est facile de l'entretenir.

III. — Bureau.

Le mobilier du bureau se composera de fort peu de meubles ; des rayons formant bibliothèque ; une table simple, mais solide, ayant des tiroirs fermant à clef, dont l'un servira de caisse pour l'argent courant ; sur cette table seront quelques fournitures de bureau ; les livres de comptabilité et quelques cartons renfermant les papiers et portant une étiquette indiquant l'usage de chacun d'eux. Quelques chaises, un tapis de paille sous la table et une très petite cheminée. Il conviendrait que cette pièce, communiquant avec le salon ou la salle à manger, ait une entrée par dehors, pour éviter de faire passer les allants et venants dans la maison.

Dans une maison particulière, comme on n'écrit pas continuellement, l'encre s'épuise peu et, n'étant pas renouvelée souvent, s'épaissit et se dessèche. L'encrier à siphon est à l'abri de ces inconvénients : au moyen d'une vis, on presse sur l'encre, qui paraît dans un petit godet; elle se retire lorsqu'on tourne la vis en sens contraire. Ces encriers sont à la vérité un peu chers; les plus simples coûtent 2 fr., mais ils sont bien préférables à tous les autres.

III bis. — Encre.

Si on emploie beaucoup d'encre, on peut, par économie, la préparer soi-même par le procédé suivant :

Noix de galle concassée . . . . 30 gr.
Gomme 15

Faites bouillir dans 500 grammes ou demi-litre d'eau, de manière à avoir 450 grammes de décoction; faites dissoudre la gomme; quand le tout est froid et passé, ajoutez :

Sulfate de fer cristallisé . . . . 15 gr.

que vous aurez fait dissoudre dans 30 grammes d'eau ; on peut ajouter quelques gouttes d'essence de lavande.

IV. — Salle à manger.

La salle à manger doit être grande, car à la campagne on a souvent de nombreux convives. Elle sera garnie d'une cheminée à la prussienne, qui convient mieux qu'un poêle parce qu'on a souvent besoin de se sécher les pieds et les vêtements. Cette cheminée sera munie d'un petit four, ce qui est très commode pour tenir un mets chaud et faire chauffer des assiettes. La salle à manger doit être parquetée, afin de pouvoir être lavée avec facilité. Il faut y avoir de grands placards pour serrer la vaisselle et tout ce qui a rapport au service de la table. Son ameublement doit être très simple. Voici comment je propose de le composer :

Des chaises garnies en paille, propres et solides; une table ronde à coulisses, qui puisse recevoir des allonges et permette facilement d'augmenter le nombre des couverts ; un buffet simple, en chêne jaune, comme les comptoirs des magasins, ou en beau noyer, recouvert de marbre ; son emploi est de recevoir la vaisselle qui sert le plus habituellement et la desserte de la table pendant le repas ; puis une *servante*, qu'on approche de la table pour placer le pain lorsqu'on est en famille ; enfin des rideaux en calicot montés tout simplement comme je l'ai indiqué pour le salon, et bordés d'un galon d'indienne de couleur.

L'usage admet que l'on déjeune sans nappe ; la table sera donc cirée, et si on y place des allonges, elles seront tenues parfaitement propres ; on peut aussi couvrir la table d'une toile cirée, ce qui me paraît fort commode ; il est très facile de la tenir propre en passant une éponge mouillée dessus, après le repas.

V. — Cuisine.

La cuisine doit aussi être grande et parfaitement claire. Elle doit contenir un fourneau garni de carreaux de faïence, et construit près d'une fenêtre. Le mur sur lequel il est appuyé sera pareillement garni de carreaux de faïence à partir du niveau du dessus du fourneau jusqu'à la hauteur de trente à quarante centimètres ; dans certains pays on est dans l'usage de bâtir le fourneau en briques et de le peindre de temps en temps en rouge sans jamais le laver, je trouve cette propreté apparente fort contraire à la vraie propreté.

L'âtre de la cheminée sera élevé de 10 à 15 centimètres pour éviter que la cendre ne soit entraînée par le contact des pieds. Cette petite élévation dépassera les jambages de la cheminée de 15 centimètres : elle ne gêne nullement le service, ne prive pas les domestiques de la chaleur du feu aux jambes et aux pieds, et, par conséquent, leur permet de se chauffer aussi bien qu'à une cheminée au niveau du sol. Elle n'a donc pas l'incommodité des cheminées élevées, sur lesquelles il est très difficile d'enlever une lourde marmite ou un chaudron plein d'eau ; elle n'a pas non plus l'inconvénient qui appartient aux cheminées plus élevées, de brûler le buste des domestiques qui y ont souvent à faire, en leur laissant le reste du corps glacé. Cette petite élévation peut être faite en briques avec une plaque de fonte au milieu, sous laquelle on pourrait laisser un vide, ce qui serait infiniment commode, en hiver, pour tenir un plat chaud en attendant qu'il soit servi ; alors il faudrait que cette espèce de petit four pût se fermer ; le manteau d'une cheminée de cuisine doit avoir au moins 50 centimètres de plus en hauteur que celui des autres pièces, et 30 à 35 de plus en largeur.

Il y aura dans la cuisine une grande pierre à laver ou évier, en pierre bien blanche, afin qu'on puisse s'assurer facilement de sa propreté. Elle sera placée devant une fenêtre et scellée proprement au mur pour pouvoir en tenir le pourtour propre ; la pierre doit être un peu creusée en laissant tout autour un rebord de 5 centimètres environ, et avoir un égout pour faire écouler l'eau qu'on y jette sans cesse ; elle doit pencher légèrement vers cet égout.

J'ai beaucoup d'observations à faire sur le mobilier de la cuisine ; elles ne seront peut-être pas goûtées par toutes les ménagères qui consulteront mon ouvrage ; elles en prendront ce qu'elles voudront ; mais je puis leur affirmer que tous mes conseils sont basés sur l'expérience et l'économie.

J'ai déjà parlé de la forme de la cheminée, et on trouvera à l'article qui traite des moyens d'empêcher une cheminée de fumer ceux qu'on peut employer pour corriger ce défaut dans une cheminée de cuisine. Je dirai de plus, qu'il faut placer un bon clou à crochet ou un piton sur le manteau de la cheminée, au milieu, et y attacher une forte ficelle, même une petite corde, de un mètre et demi de longueur, et portant au bout un poids de 250 grammes environ ; on en trouve de faits exprès en plomb ; ils ont une petite boucle pour passer la corde. Cette corde, au moyen de deux ou trois tours que l'on en fera autour du manche de la poêle, servira à la tenir lorsqu'elle sera posée sur le porte-poêle ou sur un trois-pieds. La cuisinière aura ainsi toute liberté d'agir pendant que sa poêle sera sur le feu, et elle évitera le danger d'une poêle appuyée sur le dos d'une chaise qu'on peut accrocher et faire tomber en circulant dans la cuisine.

Le carrelage de la cuisine doit être fait de manière à ménager une légère pente vers une petite ouverture pratiquée dans le mur à la hauteur du carrelage, de telle sorte qu'on puisse chasser l'eau par cette ouverture lorsqu'on lave la cuisine, ce qui évite l'obligation d'éponger. Cette ouverture se bouche avec un tampon de bois fait exprès, qui s'ôte et se met facilement.

La table se place ordinairement au milieu de la pièce; le bois de hêtre ou de chêne est celui qui convient le mieux pour ce meuble parce qu'il est blanc, se lave parfaitement et conserve sa blancheur qui offre le moyen facile de s'assurer de son état de propreté; elle doit former un carré long de 80 centimètres de large sur 2 mètres ou plus de long et de 7 à 8 centimètres d'épaisseur. Elle sera garnie de tiroirs qui puissent se tirer indifféremment des deux côtés de la table.

Un billot sur trois pieds sera placé au bout de la table ou dans un coin de la cuisine; il faut qu'il soit fait d'un morceau de bois *debout* de 70 à 75 centimètres de hauteur. Le bois *sur plat* ne convient pas; il s'écaille et éclate en parcelles lorsqu'on y coupe ou hache de la viande. Il peut être du même bois que la table, ou en ormeau.

Près de la pierre à laver, on placera le panier à vaisselle pour y déposer et faire égoutter la vaisselle à mesure qu'on la lave. Je ne puis trop blâmer l'habitude qu'on a dans beaucoup de localités de la poser à terre; cette habitude est dégoûtante, et de plus fort incommode.

La table de cuisine, le fourneau, la pierre à laver, le billot et le panier à vaisselle doivent être fréquemment lavés avec des brosses en chiendent, comme on le verra lorsque je parlerai de la manière de laver la vaisselle.

Pour suspendre les casseroles dans la cuisine, on fixera sur le mur à un mètre 30 centimètres de terre, dans un endroit clair et apparent, une planche à plat; elle sera peinte à l'huile, d'une couleur claire et différente de celle des murs de la cuisine. Cette planche aura 30 centimètres de largeur sur une longueur indéterminée. A six centimètres au-dessus on posera une traverse de la même longueur que la planche mais plus épaisse, sur laquelle on plantera des clous à crochet destinés à recevoir les casseroles et autres ustensiles à manche. Les extrémités de ces objets suspendus viendront ainsi reposer sur la planche. D'autres planches posées à hauteur d'homme et soutenues par des tasseaux seront destinées à recevoir les pots, la rôtissoire, les cafetières et différents objets qui ne peuvent être suspendus.

VI. — Batterie de cuisine.

On est généralement dans l'usage à Paris d'employer le cuivre pour faire la cuisine ; dans plusieurs provinces que j'ai visitées, on l'emploie peu, si ce n'est dans les grandes maisons ou dans les hôtelleries. Ordinairement c'est l'économie et la crainte des empoisonnements qui s'opposent à l'emploi du cuivre. Je crois que ces deux motifs ne sont pas fondés. Si le premier achat du cuivre est plus coûteux, sa durée est telle qu'on userait et on casserait en plats de terre plusieurs fois sa valeur dans le même temps. Quant au danger, il serait réel si les casseroles n'étaient pas parfaitement étamées ; mais une ménagère un peu soigneuse ne sera jamais exposée à ce danger, parce qu'elle visitera souvent elle-même ses casseroles.

Rien jusqu'à présent n'a pu remplacer le cuivre pour faire de bonne cuisine ; toutes les casseroles de fer préparées de différentes manières ont l'inconvénient de brûler avec la plus grande facilité, et d'ailleurs lorsqu'elles ont perdu leur premier éclat par le service, il n'est pas possible de le leur rendre au moyen du récurage. Outre les avantages du cuivre pour la cuisson des mets, il a encore celui d'un aspect agréable et propre qui fait l'ornement d'une cuisine bien tenue. Les casseroles de fer battu peuvent être employées pour les choses qui ne demandent qu'à être chauffées sans rester longtemps sur le feu.

Je préfère de beaucoup la rôtissoire au tourne broche, bien

que ce dernier soit préféré dans beaucoup de maisons ; les viandes cuisent mieux et plus vite dans la rôtissoire, puis on peut exposer plus longtemps au feu les parties charnues de la pièce de viande sans dessécher celles qui le sont moins.

J'ai vu pratiquer dans le mur des cuisines un enfoncement ayant intérieurement la même forme que la rôtissoire. Cet enfoncement est garni en avant d'une petite grille de fer qui s'élève jusqu'à moitié de sa hauteur, et qui reçoit le charbon ; on accroche la rôtissoire sur le devant. Ce mode de cuisson est commode, prompt et économique, et il débarrasse la cheminée de la rôtissoire ; mais à la campagne on a souvent le bois en abondance ou à bon marché, tandis que le charbon, au contraire, est toujours assez cher ; ce n'est plus alors une économie, d'autant plus que le rôti cuit au feu qui sert en même temps à apprêter les autres parties du dîner.

Avant d'avoir habité le Poitou, je me servais toujours de pots en terre pour faire la soupe et même pour faire cuire les légumes. J'ai trouvé dans ce pays des marmites en fonte qui sont employées à ces différents usages, et qui remplissent bien leur but par la facilité avec laquelle elles bouillent ; elles peuvent se pendre à la crémaillère et dégager ainsi le devant du feu. Je les ai employées depuis longtemps, et j'ai acquis la preuve qu'elles n'ont point de défauts. Cependant certains légumes les oxydent et y deviennent noirs ; il ne faut donc pas entièrement renoncer à l'usage des pots de terre dans certains cas. Mais la soupe grasse se fait excellente dans les marmites de fer. Leur prix est très modique, et leur durée serait pour ainsi dire éternelle si un choc violent ne parvenait à les casser ; encore trouve-t-on des ouvriers qui se chargent de les réparer. Il faut avoir un crochet ou main de fer pour mettre et surtout ôter du feu les marmites et les chaudières. Il se compose d'une barre de fer arrondie plus grosse au milieu et retournée aux deux extrémités (*fig. 2 bis*).

J'engage donc fortement notre ménagère à remplacer, à peu d'exceptions près, ses pots de terre par des marmites en fonte qui ont à peu près la même forme, mais portent une anse mobile en haut ; si le premier prix d'achat est plus élevé, leur durée aura bientôt racheté la différence. Si les pots de terre échappent au danger d'être cassés, le feu les détruit promptement, et ils prennent facilement un goût de graillon qu'ils communiquent à ce qu'on y fait cuire.

Il en est de même des cafetières de terre que j'ai toutes remplacées par des cafetières du Levant, qui leur sont bien préférables.

On pourra m'objecter que cette manière de monter une cuisine en ustensiles est coûteuse, et que toutes les bourses ne sauraient y suffire. Je répondrai que si la modicité de la somme qu'on destine à cet usage ne permet pas d'acheter toutes ces choses solides et durables, il vaut mieux en acheter une partie, se gêner et attendre de pouvoir acheter le reste. Je suis convaincue que si l'on voulait faire un calcul exact, et comparer les deux dépenses dans l'espace de dix ans seulement, terme bien court pour la durée des ustensiles de cuivre et de fonte, la balance serait en faveur des derniers, quoique le premier déboursé ait été plus considérable.

Il me paraît indispensable d'avoir un fourneau et une brûloire en tôle pour le café. Ils peuvent servir aussi à rôtir les marrons, comme on le verra dans le Manuel de cuisine. Le café brûlé de toute autre façon perd beaucoup de sa qualité ; il ne peut l'être uniformément, condition essentielle à sa bonté ; c'est une petite dépense faite pour bien des années. Il faut aussi une boîte pour serrer le café brûlé en grains, et une autre pour le café moulu : elles sont ordinairement en fer-blanc ; je crois qu'il serait préférable de conserver le café brûlé dans des vases de verre ou de porcelaine fermant bien.

Deux chaudrons de grandeur différente, sont aussi fort utiles pour faire cuire les légumes verts, faire bouillir le linge, et être employés à une foule d'autres usages ; il faut qu'ils soient en cuivre étamé, car les chaudières en fonte ne sauraient les remplacer.

Une poêlette ou bassine en cuivre, pour faire les confitures, est aussi un meuble utile. On l'emploie même à d'autres usages ; étant large et plate on peut y faire cuire de grands poissons plats, tels que turbots, barbues, etc. Cette poêlette est un objet assez cher, mais dont la durée est fort longue, parce qu'elle ne sert pas souvent.

La cuisine doit être meublée, selon le besoin, de flambeaux et de bougeoirs en cuivre et en fer, portant un crochet à la bobèche et à coulisse, ce qui permet de hausser la chandelle à mesure qu'elle brûle. Le crochet sert à suspendre le flambeau dans différents endroits où on ne peut pas le poser, ce qui est assez fréquent. Si la cuisinière est bien propre, elle les tiendra brillants, ce qui parera beaucoup sa cuisine. Si ceux en fer ne sont pas récurés, ils prendront une couleur brune qui n'est pas désagréable. Ceux en cuivre se nettoient avec du tripoli ou de la *pierre pourrie*.

Il est nécessaire d'avoir à la campagne une planche et un rouleau à pâtisserie, car j'espère bien que notre ménagère régalera souvent, et à peu de frais, sa famille et ses amis, de pâtisseries simples et excellentes de sa façon. Cette planche de bois blanc doit avoir 80 centimètres dans un sens et 60 dans l'autre, et être garnie de trois côtés d'un rebord de 5 à 6 centimètres de hauteur ; le rouleau se fait en bois dur, comme le cormier, le buis ou le frêne.

Il convient d'avoir des passoires de différentes grandeurs, et dont les unes sont percées de très petits trous, les autres de plus grands, selon leur emploi ; elles peuvent être en fer-blanc, en cuivre ou en fer étamé ; pour celles à grands trous, et qui sont destinées à passer les purées, il faut se munir

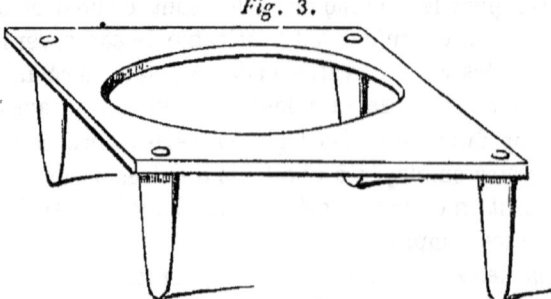

Fig. 3.

d'un trois-pieds en bois (*fig.* 3) destiné à recevoir la passoire, ce qui facilite beaucoup le travail. On place sous ce support un plat pour recevoir ce qui doit s'échapper de la passoire, qu'on pose sur l'ouverture, et qui s'y trouve soutenue par ses rebords. On passe ainsi les choses les plus épaisses avec facilité en employant un pilon en bois, fait exprès, et qui a absolument la forme d'un champignon ouvert (*fig.* 4).

Fig. 4.

On fait aujourd'hui des tamis en fer-blanc et en tissus métalliques qui sont préférables à ceux en crin, qui, je crois, durent moins ; il est indispensable d'avoir de ces derniers dans une cuisine pour passer le bouillon, certaines sauces, etc.

Une boîte en fer-blanc pour serrer le poivre est fort commode ; elle peut être ronde avec un couvercle fermant bien ; le poivre s'y conserve mieux que dans tout autre chose et ne court pas le risque d'être renversé.

J'ai aussi dans ma cuisine plusieurs boîtes en fer-blanc avec couvercle à charnières, et qui servent à conserver la farine en consommation pour la cuisine proprement dite, la chapelure, le riz, la semouille, etc. Ces boîtes sont carrées, de 15 centimètres environ de haut ; elles coûtent peu, se rangent facilement dans une armoire, ou à son défaut sur une planche, et les choses qu'on y renferme sont à l'abri de la poussière, de l'humidité et des animaux destructeurs. Elles valent donc infiniment mieux que les sacs de papier dans lesquels on conserve ordinairement les provisions dont je parle.

Les instruments tranchants de la cuisine se composent d'abord de deux couteaux, l'un petit, pointu, effilé, pour peler les légumes, vider les volailles, etc.; l'autre, long de 40 centimètres environ, portant une lame large à la base, très pointue au bout et flexible; l'usage de ce couteau est de découper les viandes, de trancher les lardons, de hacher les fines herbes; d'un hachoir; on en fait qui portent plusieurs lames circulaires, montées aux extrémités sur deux manches; d'autres sont composés simplement d'une lame fort large, et montée sur un seul manche; d'autres sur deux : je donne la préférence à ceux-ci; enfin, un couperet pour couper les gros morceaux de viande, les os, séparer les côtelettes, etc.; il doit être lourd, on est plus sûr de son coup. Il ne faut rien économiser sur l'achat de ces instruments, qui sont de longue durée, et facilitent beaucoup le travail de la cuisinière lorsqu'ils sont bons. Une paire de ciseaux est indispensable.

Il faut aussi quelques chevrettes en fer, deux grils de différente grandeur, et qu'on conserve clairs au moyen du récurage, deux ou trois couvercles en tôle bombés et garnis d'un rebord, de manière à pouvoir y mettre de la cendre chaude et de la braise; ils sont d'un usage journalier; un étouffoir en forte tôle pour éteindre le charbon qui reste souvent dans les fourneaux lorsque le dîner est servi et la braise surabondante de la cheminée. Cet étouffoir peut être remplacé avec avantage par une grande marmite de fonte fermant bien, et qui résiste longtemps à l'action du feu; il faut aussi un porte-poêle qui se suspend à la crémaillère.

Un mortier est une chose fort utile à la campagne; ceux en marbre sont préférables; mais on peut se contenter d'en avoir un en pierre ou en bois dur comme le cormier. Le pilon sera en buis ou en cormier.

On doit éviter de laver la vaisselle dans des vases de terre; outre le danger qu'offre leur dureté, ils usent beaucoup l'argenterie et la raient. On trouve presque partout de grandes sébiles en bois, qui sont fort commodes pour cet usage, et solides; mais elles demandent des soins fréquents de propreté, parce que la graisse s'y attache facilement. Cependant, on les entretient parfaitement propres avec un peu de savon noir, du grès et une brosse de chiendent.

Ces brosses sont très utiles pour laver les tables, l'évier, le fourneau, etc., etc. De petits balais, également en chiendent, servent à laver l'intérieur des casseroles, surtout lorsqu'elles sont gratinées; on évite ainsi l'emploi d'un manche de cuiller ou autre ustensile dur qui enlève l'étamage, raie le cuivre, et est loin de nettoyer aussi bien. Les brosses de crin ne sauraient remplacer celles de chiendent; elles sont d'une part trop molles, de l'autre trop serrées, la graisse et les autres choses qu'on veut enlever des vases qu'on nettoie restent dans les crins, et la brosse devient promptement infecte; celles de chiendent n'ont pas ces inconvénients.

Une planche à nettoyer les couteaux est également indispensable; c'est le seul moyen d'avoir des couteaux toujours propres. Elle se compose tout simplement d'une planche de 10 centimètres de large sur 80 de long, et sur laquelle est collé, dans la longueur de 30 à 40 centimètres, un morceau de peau de buffle. A l'une des extrémités de la planche, trois morceaux de planche forment une petite boîte en forme de poche, dans laquelle on serre la brique à nettoyer les couteaux; cette brique est de même nature que celle que les soldats emploient à nettoyer leurs armes. On en racle un peu avec le dos d'un couteau sur la peau de buffle, puis on frotte dessus la lame du couteau dans toutes ses parties, en le tenant bien carrément avec la planche. En peu de temps il est très clair, et se trouve légèrement aiguisé. Le papier verré doit être employé pour nettoyer les ustensiles de fer, de préférence au sable, souvent trop grossier.

Une horloge est un meuble fort utile; c'est un moyen puissant d'obtenir de la régularité et de l'exactitude dans le service, de plus elle évite aux domestiques la peine d'aller voir l'heure dans les appartements.

VII. — Office.

L'office doit être garni tout autour de planches et contenir un garde manger, à moins qu'on n'ait un lieu plus frais pour le placer. Ce garde-manger sera carré, forme qui est préférable à la forme ronde. Les parois seront en toile métallique, et le dessus en planche pour éviter l'introduction des ordures et de la poussière. Dans la partie supérieure, on fixe une roulette horizontale A (*fig.* 5) dont l'axe passe dans la traverse du plafond du garde-manger et est retenu par une cheville ; par ce moyen la roulette est tournante, on la garnit dans sa circonférence de clous à crochets et pointus auxquels on suspend la viande et les volailles. Il peut égale-

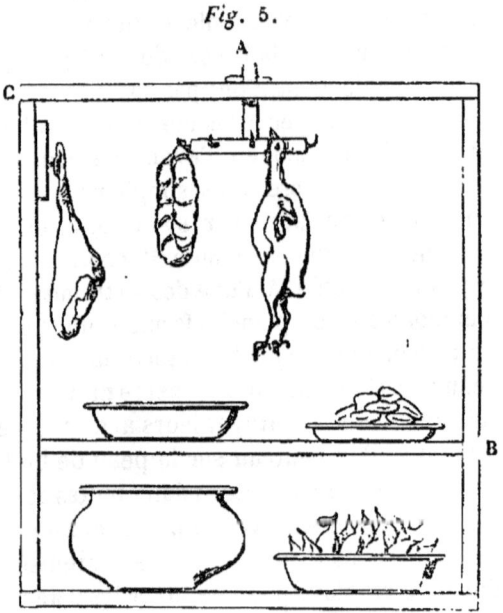

Fig. 5.

ment y avoir sur les côtés intérieurs du garde-manger une traverse C garnie aussi de clous employés au même usage. Dans la hauteur du garde-manger on peut mettre une planche B, afin d'avoir plus de place pour serrer les différents mets qu'on y renferme, et éviter leur contact avec la viande.

Il est fort commode qu'une partie des planches de l'office soient garnies de petits rebords pour retenir le fruit qu'on y dépose ; mais il ne faut pas qu'elles le soient toutes, parce qu'il est plus difficile de les laver, ce qui est indispensable pour celles destinées à recevoir la desserte de la table, et une infinité d'autres choses qu'on y dépose. Si l'office a une fenêtre, il faut la garnir d'un fort treillage en fil de fer, qu'on peut recouvrir d'une toile métallique pour éviter l'introduction des rats, des chats et même des mouches, car la fenêtre doit être presque constamment ouverte, excepté dans les grandes chaleurs, où il faut la fermer le matin et ouvrir le soir pour y conserver l'air frais de la nuit.

On peut suspendre au milieu de l'office ce que l'on nomme en certains pays un *tenailler*. Ce sont quatre montants en bois cloués aux soliveaux et qui descendent jusqu'à 2 mètres de terre; on fixe au bas de ces montants des traverses qui vont de l'un à l'autre. Ce *tenailler* est fort commode pour placer différentes choses qui sont mieux suspendues que posées sur des planches; on peut aussi y mettre le pain.

La porte de l'office doit fermer hermétiquement, afin de ne laisser passage à aucun animal ou insecte, et s'ouvrir facilement pour qu'on ne néglige pas de la fermer. Il faut visiter avec soin les issues que pourraient pratiquer les souris, et les boucher avec des morceaux de verre recouverts de plâtre, ou avec du chanvre qu'on mêle dans du plâtre délayé. Ce moyen offre un grand obstacle à une nouvelle percée de la part des petits quadrupèdes.

Une fontaine filtrante est un meuble de première nécessité à la campagne; il est important pour la santé d'avoir de bonne eau à boire. A moins d'avoir une source à sa portée dont l'eau ait les qualités nécessaires, on ne peut l'obtenir telle qu'en faisant filtrer l'eau des rivières qui est toujours préférable à celle des puits, mais elle a besoin d'être filtrée. On fait des fontaines filtrantes qui ne sont pas très chères; et si on ne pouvait pas s'en procurer, il suffirait de mettre du charbon concassé et bien lavé, mêlé avec de petits cailloux, au fond d'une fontaine de grès, et de recouvrir le tout avec le double fond qui existe ordinairement dans ces fontaines. L'eau sera promptement épurée.

VIII. — Fontaine à laver les mains.

Un meuble presque indispensable à la campagne est une

fontaine à laver les mains. On en fait en tôle, en cuivre, en zinc et en faïence, je n'ai pas d'opinion sur celles qui conviennent le mieux. Cependant, les fontaines en cuivre sont les plus durables; on peut les faire étamer en dedans et peindre en dehors pour éviter le récurage que le cuivre exigerait. On suspend l'essuie-mains à côté. La fontaine, et surtout la cuvette, doivent être tenues dans un état parfait de propreté

IX. — Vaisselle.

La vaisselle doit être comprise dans le mobilier de l'office ; c'est un objet assez important dans un ménage, et son entretien est coûteux lorsqu'on a des domestiques maladroits. Je pense donc qu'il est utile de faire un inventaire de tout ce qui compose la vaisselle et la verrerie, et de le vérifier tous les trois mois. La crainte d'être pris en défaut fera que les domestiques apporteront beaucoup plus de soin au maniement de la vaisselle. Il serait convenable alors de remplacer les objets cassés. Lorsqu'on ne fait pas ces remplacements, à mesure qu'il manque un objet, le ménage se dégarnit, et alors il faut y consacrer une certaine somme qui coûte à débourser. De plus, on peut se trouver pris au dépourvu dans un moment pressant. D'ailleurs, je le répète, cette revue trimestrielle sera un puissant stimulant pour les domestiques; ils prendront plus de ménagement, ils casseront moins, dans la pensée qu'on le saura ; mais je ne crois pas qu'il soit juste de faire payer aux domestiques la vaisselle brisée par des accidents indépendants de leur volonté et de leur soin, à moins de cas extraordinaires que je ne puis prévoir.

La porcelaine est à si bas prix aujourd'hui qu'on doit lui donner la préférence sur tous les autres genres de vaisselle. Elle supporte, sans se casser, un choc infiniment plus fort que tout autre terre ; et s'il en résulte une petite brèche, la pièce peut encore servir en famille; de plus, la porcelaine ne se raie pas, et son vernis très dur résiste à un service de longues années. Je suis donc convaincu qu'il y a économie à employer la porcelaine même dans le ménage le plus modeste. Au lieu de prendre des objets de premier choix, on se contente du troisième quand on est forcé à l'économie, et même il se trouve parmi ceux de rebut certaines pièces dont les défauts sont placés de manière à n'être pas aperçus ou peu désagréables, et qui sont très présentables en famille. La porcelaine même de rebut est plus propre que toute autre terre.

La principale fabrication de porcelaine est à Limoges. Il s'en fabrique aussi à Vierzon dans le département du Cher; elle a de l'éclat et peut-être même plus de transparence que celle de Limoges, mais elle est loin d'en avoir la solidité. L'eau bouillante la fait éclater, le moindre choc la fend, tandis que celle de Limoges résiste même au feu. J'engage beaucoup notre ménagère à payer plus cher, s'il le faut, la porcelaine de Limoges plutôt que d'acheter celle de Vierzon, elle y trouvera une grande économie.

La modicité du prix de la porcelaine permettra à notre ménagère le plaisir d'avoir quelques ornements de table: comme compotiers montés, pots à crème, corbeilles de fruits; ces objets n'emploieront pas un bien gros capital. Des pots et des cuvettes de porcelaine sont aussi bien préférables; en les choisissant dans des qualités inférieures, ils coûteront peu d'argent. Un service modeste pour le café et un pour le thé sont aussi presque indispensables, aujourd'hui que l'on fait un si grand usage de l'un et de l'autre; là, on pourra déployer un peu de luxe, et avoir un petit cabaret. Ceux qui sont blancs, avec filets d'or, sont de mode en tout temps et toujours de bon goût.

Ces objets ne devront point rester exposés dans le salon comme on le fait à la ville, c'est trop dangereux, surtout quand on a des enfants; il ne faut pas se mettre dans le cas de gronder pour une maladresse lorsqu'on peut l'éviter. A la campagne, les enfants entrent dans le salon avec leurs jouets qui sont souvent des bâtons, des cerfs-volants, etc., *et un malheur est bientôt fait.*

Pour un dîner un peu de cérémonie, on compte qu'il faut 12 assiettes par personne; on peut faire le service à moins, mais alors il faut laver la vaisselle pendant le dîner pour la servir de nouveau vers la fin du repas; c'est alors, plus que jamais, qu'il faut la passer dans l'eau froide et claire, après l'avoir lavée dans l'eau chaude, la rincer et la refroidir comme je l'indique plus loin; car à ce moment du repas une assiette chaude n'est pas présentable, il est très désagréable d'y manger certains entremets froids ou du dessert; de plus, elle décèle à l'instant le petit artifice économique de notre ménagère qu'elle ne doit point laisser apercevoir. Elle peut avoir pour le dessert des assiettes plus petites qui doivent être mises à part, et ne jamais être confondues dans les piles avec les autres parce qu'elles se casseraient très facilement, en raison de la différence de dimension.

X. — Réchauds pour la table.

Notre ménagère fera bien d'avoir aussi quelques réchauds en étain ou en plaqué. Dans l'hiver, c'est le seul moyen de conserver les mets chauds sur la table. Lorsqu'on a du monde à dîner, c'est un ornement pour la table, et ce n'est point une grande dépense. Les réchauds dans lesquels on met tout simplement un peu de cendre chaude me paraissent plus commodes que tous les autres. Ceux qui réchauffent à l'huile répandent souvent une mauvaise odeur, et font quelquefois bouillir le mets; et ceux à l'esprit-de-vin, fort propres cependant, ont le même inconvénient; les réchauds à bougie paraissent très bons.

XI. — Verrerie.

La verrerie doit être en cristal. Le verre coûte moins cher, mais il se casse avec une bien plus grande facilité; ce n'est donc pas une économie. Des verres et des carafes en cristal uni, ou légèrement taillés, coûtent aujourd'hui peu d'argent. Il y a des cristaux qui ne sont pas bien limpides, ou qui ont une teinte violacée ou verdâtre désagréable à l'œil et qui leur donne l'air malpropre. Notre ménagère devra y faire attention, et ne pas acheter de ces cristaux qui se vendent aussi cher que les autres. Le beau cristal doit être très brillant et tout-à-fait incolore. Le cristal coulé est quelquefois assez joli ; mais les moulures sont en général trop profondes, elles s'encrassent et se nettoient difficilement. Il est facile de distinguer le cristal coulé du cristal taillé : dans le premier, les angles sont toujours arrondis ; tandis que dans l'autre ils sont aigus. Bien qu'on puisse avoir, pour le même prix, des cristaux coulés beaucoup plus ornés que ceux qui sont taillés, je préfère ceux qui sont taillés simplement ou même unis; ils sont de bien meilleur goût. Si on avait des cristaux coulés qui se seraient encrassés, il faudrait nettoyer les moulures avec une brosse et du savon, c'est le seul moyen de pénétrer jusqu'au fond des moulures et de leur rendre leur éclat.

Notre ménagère pourra faire l'emplette de quelques verres à pied pour les vins fins et même pour boire le vin et l'eau ; cette forme donne de l'élégance au service ; mais qu'elle réserve cette verrerie de choix pour les jours où elle aura du monde. En famille je l'engage fort à ne se servir tout simplement que de verres ordinaires ; ils sont plus faciles à laver, et par conséquent moins sujets à être cassés. Quelques carafons, pour mettre le vin d'ordinaire, dans les jours de cérémonie, ornent aussi fort joliment la table. Quant aux vins fins, il vaut mieux ne pas les transvaser.

Il faut un huilier propre, soit en bois bien fait, soit en fer-blanc verni ; mais il vaut mieux l'avoir simple et bien fait qu'élégant et mal établi. Les objets solides et durables doivent toujours être préférés à ceux qui ne peuvent que flatter les yeux, et encore peu de temps lorsqu'ils manquent de solidité. Une chose simple et bien faite a meilleure façon que celles qui n'ont que du clinquant.

Un porte-liqueur, à pied ou dans une boîte, est un meuble d'un prix peu élevé et qui est gentil et commode.

Quelques vases en cristal taillé ou coulé sont un ornement agréable pour un appartement, surtout lorsqu'on a le soin d'y tenir des fleurs fraîches et bien rangées. On trouve aujourd'hui des vases de grès de forme charmante et à bas prix. J'engage notre ménagère à les acheter plutôt que des vases de porcelaine mal dorés, mal peints, de mauvais goût, et aussi chers.

L'usage des bouchons montés avec du plaqué est fort propre et commode ; il est souvent difficile de remettre dans une bouteille le bouchon qu'on en a retiré, alors le vin se trouve mal bouché. Il faut donc avoir de ces bouchons plaqués.

Un petit meuble très commode est un coquetier en fer blanc verni pour douze œufs à la coque. C'est le moyen le plus facile et le plus sûr de les faire cuire à point.

Un goupillon en crin, une brosse de crin, des éponges, des bouchons portant des chaînes pour laver les bouteilles, sont très commodes pour entretenir la propreté du ménage.

Si l'on fait un usage fréquent de thé, il faut se munir d'une bouilloire russe et d'une théière qui, par sa nature, conserve l'arôme de la plante. Sous ce rapport, celles en métal anglais sont préférables. Elles ont en outre l'avantage d'être solides et propres.

Pour les cafetières, celles en porcelaine ou en terre enduite d'un vernis inaltérable et garnies d'un filtre d'étain, doivent être préférées à toutes les autres.

XII. — Chambre de bains ; baignoire ; ustensiles de bain.

Il serait très commode et utile à la campagne d'avoir une chambre de bains ; si on a un local convenable, son organisation n'est pas une chose très coûteuse, et si on n'a pas la facilité de faire monter une chaudière et un réservoir à eau froide, il faudrait tâcher, au moins, d'avoir un cabinet pour y placer une baignoire avec ses accessoires. Enfin, si l'économie et la distribution de la maison forçaient à y renoncer, il est indispensable d'avoir une baignoire portative et un cylindre. Pour n'avoir pas une aussi grande quantité d'eau à échauffer et à transporter péniblement, il faut que la baignoire soit très creuse et étroite, surtout aux pieds. Dans une baignoire creuse on peut se tenir sur son séant tout en ayant assez d'eau, et la baignoire n'a pas besoin d'être aussi longue. Mais dans ce cas, il faut entretenir de l'eau chaude pour réchauffer le bain, car il se refroidit d'autant plus vite qu'il est composé d'une moindre quantité d'eau.

La baignoire peut être en cuivre étamé ou en zinc; j'engagerai à la faire encadrer dans un châssis de bois ayant des montants placés de distance en distance, un rebord et un fond plein. Ce châssis doit être garni de bonnes roulettes; il préserve beaucoup la baignoire, qui alors peut être plus mince que si elle n'était pas ainsi soutenue; elle coûtera donc moins cher. Celles en cuivre sont sans contredit les meilleures; celles en zinc sont préférables à celles en fer-blanc; d'abord, elles n'ont pas besoin d'être peintes (l'eau chaude altère promptement la peinture); puis le zinc ne s'oxyde pas comme le fer-blanc. Si on veut prendre des bains sulfureux ou de barèges, il faut avoir une baignoire en bois ou en zinc, parce que le sulfure de potasse, qui est la base de ces bains, altère les métaux, excepté le zinc.

Un cylindre est à peu près le seul moyen de chauffer un bain lorsqu'on n'a pas une chaudière montée exprès; mais il ne dispense pas d'avoir un chaudron sur le feu pour entretenir la chaleur du bain; on chauffe le cylindre avec du charbon. Chaque fois qu'on doit chauffer ainsi un bain, il faut renverser le cylindre pour en faire sortir la cendre, qui obstruerait la circulation de l'air et empêcherait le charbon de brûler. Il faut aussi avoir le soin de fermer hermétiquement le cylindre six à huit minutes avant de le retirer de l'eau, sans quoi il se dessouderait.

Le cylindre est susceptible d'un perfectionnement très important. Il consiste en un ou deux tuyaux de 4 à 6 centimètres de diamètre *a b* (*fig.* 5 *bis*) qui traversent le cylindre à quelque distance au-dessus de la grille. Ces tuyaux sont inclinés et ouverts par les deux bouts. L'eau dans laquelle le cylindre est plongé pénètre dans ces tuyaux, s'échauffe, devient plus légère et s'échappe par le bout le plus

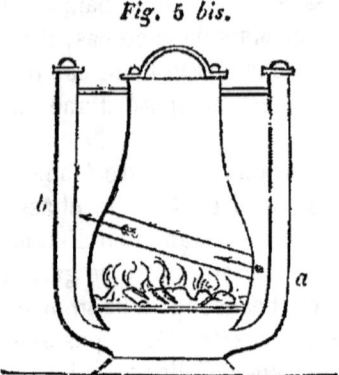

Fig. 5 bis.

élevé du tuyau b (*fig.* 5 bis). De là un courant continu qui hâte beaucoup l'échauffement du bain. On peut faire adapter deux de ces tuyaux à tous les anciens cylindres ; ils doivent être en cuivre.

Je ne puis trop recommander de prendre toutes les précautions imaginables pour éviter les accidents produits par les gaz qui se dégagent du charbon. Trop d'accidents sont venus prouver qu'on les négligeait souvent. Il faut tenir une porte ou même une fenêtre ouverte dans la pièce où se trouve placée la baignoire, et ne la fermer que lorsqu'on retire le cylindre de l'eau.

On doit aussi avoir une baignoire d'enfant ; car les bains sont plus nécessaires encore aux enfants qu'aux adultes, et une petite baignoire facilite beaucoup les moyens de leur en donner. Elle peut être simplement en zinc ou en fer-blanc et sans encadrement ; l'eau de cette petite baignoire sera tout simplement chauffée au moyen d'un chaudron.

Un thermomètre de bain est un instrument peu coûteux et très commode ; car il est fort difficile de juger la température de l'eau avec la main : lorsque la main est chaude, l'eau paraît froide ; si la main est froide, l'eau paraît chaude, et l'on est presque toujours trompé sur la température véritable, ce qui n'est pas sans inconvénients. Un thermomètre de bain (*fig.* 6) vaut 1 fr. 25 à 2 fr.

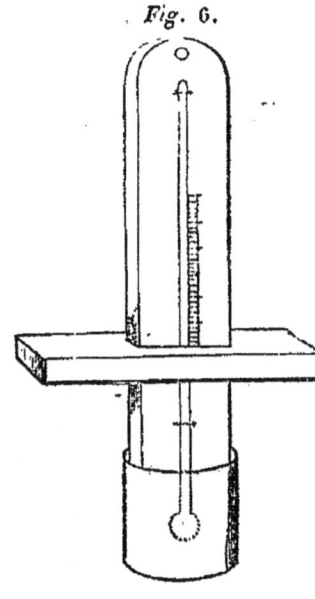

Fig. 6.

Il existe un moyen parfait de chauffer le linge pour le bain. On fait dans l'Angoumois et dans le Limousin des paniers en paille roulée et contenue par des lanières de bois de châtaignier, comme se font les ruches dans beaucoup de pays (*fig.* 7). Ces paniers sont renflés vers le haut; à leur sommet est pratiquée une ouverture fermée d'un couvercle également en paille et qui entre dans le panier; la base de celui-ci est plus étroite et il n'a pas de fond. Au milieu du renflement est placé un grillage en bois sur lequel on dépose le linge que l'on veut chauffer, et qui, lorsque le couvercle est replacé, se trouve enfermé dans le panier. On place à terre un petit fourneau avec du feu et on pose le panier par-dessus. Le fourneau placé ainsi sous le grillage chauffe le linge parfaitement et très vite; on doit poser sur le grillage et avant le linge, un mauvais morceau de toile dont le sort est de roussir. Si l'on ne pouvait se procurer de ces paniers, si commodes, on pourrait les remplacer par une boîte en bois (*fig.* 8), carrée et de forme conique, sans fond et ayant un couvercle A qui s'emboîterait bien dans la

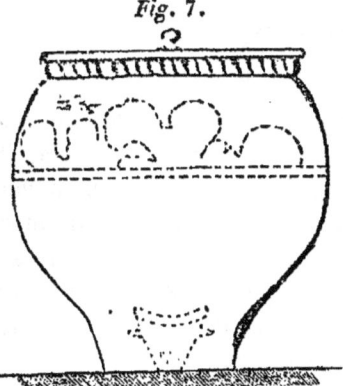

Fig. 7.

surface la plus large de la boîte, qu'on mettrait en haut. On

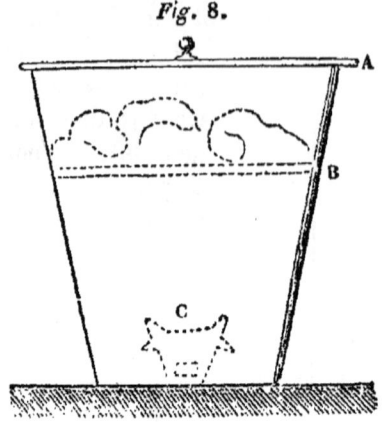

Fig. 8.

y placerait également vers le milieu un petit grillage B et dessous un fourneau C. Cette boîte n'est pas aussi commode que le panier que je viens de décrire, mais elle est préférable à tous les moyens qu'on emploie pour chauffer le linge.

Pour sortir du bain, il est indispensable d'avoir une grille en bois formant un carré de 60 à 70 centimètres de côté. On la place devant la baignoire ; l'eau qui s'écoule passe à travers les barreaux, de sorte qu'on peut laisser tomber le linge dont on se sert sans qu'il se salisse.

XIII. — Bassinoire, balais, brosses, etc.

Une bassinoire en cuivre est indispensable dans un ménage. Il faut avoir soin de mettre une assez grande quantité de braise, et surtout de la cendre rouge, lorsqu'on veut chauffer un lit, et la laisser s'échauffer avant de l'introduire, sans quoi le feu s'étoufferait promptement et le lit ne s'échaufferait pas ; il faut promener sans cesse la bassinoire pour éviter de roussir les draps. Un *moine*, ustensile bien connu et fort peu coûteux, convient également.

Un ménage doit aussi être pourvu de bons balais ; mais il faut se défier de la qualité de ceux en crin. On a trouvé le moyen de remplacer le crin par de la baleine très divisée qui l'imite parfaitement, mais qui est loin d'en avoir les qualités.

Il en est de même des autres brosses. Il est difficile de reconnaître la baleine mêlée au crin tant elle lui ressemble.

Les plumeaux en plumes de coq sont plus durables que les autres ; la flexibilité de ces plumes les empêche de se casser. Une ménagère économe pourrait s'en approvisionner à la campagne, et avec un peu d'intelligence, en examinant la manière dont les plumes sont fixées à un manche préparé pour les recevoir, elle pourrait aussi regarnir elle-même son plumeau usé. Un beau plumeau se vend assez cher pour qu'elle prenne le soin de mettre à part les plumes de tous les coqs et chapons qui se mangeront chez elle. De petits plumeaux, très commodes et fort employés dans les pays où on élève des oies, sont les deux dernières phalanges de l'aile de ces oiseaux, qu'on leur enlève avant de les plumer lorsqu'elles viennent d'être tuées. Ce petit plumeau est appelé dans certains pays *plumaille;* il s'emploie pour épousseter. Sa forme permet de l'introduire dans une foule de petit coins où un gros plumeau ne saurait pénétrer.

XIV. — Chambres à coucher.

On ne séjourne ordinairement que la nuit dans les chambres à coucher à la campagne ; aussi n'ont-elles besoin que de meubles utiles et très simples dont la propreté soit le seul ornement. Je mets de ce nombre une petite toilette. Elle peut être en noyer avec tiroir, recouverte de marbre et portant une petite glace, une cuvette et un pot, une paire de flacons et d'autres petits vases analogues. Ces toilettes ont remplacé les lavabos et leur sont bien préférables ; elles valent en ce moment 40 fr. au plus. Il faut aussi une armoire à glace ou une commode, et à leur défaut des placards ; enfin un secrétaire ou un bureau.

Des porte-manteaux placés dans les cabinets sont indispensables ; ils seront recouverts d'une planche, en avant de laquelle est placé un rideau qui tombe jusqu'à terre. Ce rideau est soutenu au moyen d'une tringle posée sous le bord extérieur de la planche ; on place un petit rebord derrière lequel se trouve la tringle : de cette manière, il ne reste aucun passage à la poussière ; le dessus de la planche sert à poser des cartons à chapeaux, des boîtes, etc.

XV. — Lits de maîtres et d'enfants.

Les lits à bateau sont les plus commodes et les plus faciles à faire. Cependant, comme on peut acheter à très bas prix d'excellents lits en fer, il faut les préférer dans la plupart des cas. S'ils sont moins élégants que les lits en acajou et en noyer, ils offrent une grande solidité et l'avantage inappréciable de n'offrir aucun asile aux punaises. Autant que possible on fera rouler le lit dans des coulisses.

Le coucher peut se composer : 1° d'une paillasse de maïs, ce qui est parfaitement propre, solide et élastique, dure un temps considérable, et n'a pas l'inconvénient de se briser et de former de la poussière comme la paille ; 2° d'un matelas, d'un lit de plume, puis d'un second matelas, d'un traversin et d'un oreiller ; au moyen de la paille de maïs, on peut supprimer le second matelas et avoir encore un excellent lit. Si l'on est très frileux, on peut se procurer un édredon à peu de frais, en le remplissant de duvet d'oie ou de canard. Si notre ménagère est soigneuse, elle aura bientôt un édredon à peu de frais, elle fera plumer ses canards sans ôter le duvet, qu'on enlèvera ensuite pour le serrer à part. Ce duvet vaut celui d'oie. On le recouvrira avec une soie légère.

Un couvre-pied piqué en coton et recouvert soit d'une indienne soit d'une soie est d'un usage fort commode parce qu'il peut se mettre et s'ôter à volonté sans défaire le lit.

Des rideaux blancs, ornés d'une petite draperie de couleur et placés sur une flèche mise dans le même sens que le lit, *et non en travers,* et soutenue par deux petites verges de fer fixées dans les soliveaux du plafond, doivent entourer le lit. Les rideaux, montés à gros plis et réunis par la tête, sont soutenus par la flèche au moyen de gros anneaux de cuivre doré que la draperie laisse apercevoir au milieu, en remontant avec aisance près des deux extrémités de la flèche. Cette draperie peut être remplacée par un lambrequin, plus à la mode aujourd'hui.

4.

Les lits d'enfants ne demandent pas autant de soins, et je pense qu'il est fort bon pour la santé des enfants et pour le développement de leur taille, de les faire coucher sur un lit dur et plat, dans lequel je n'admettrais jamais la plume que pour le traversin, qui doit être aussi presque plat. Le lit d'enfant serait très bien composé avec une paillasse de maïs et un matelas que je mettrais l'été sous la paillasse. Dans le midi, presque tout le monde couche l'été sur la paille de maïs, qui est bien plus fraîche que la laine ou la plume. Il n'est pas bon d'ailleurs d'habituer les enfants à se douilleter, et leur sommeil est si profond que tout leur est une bonne *couchette*.

XVI. — Lits des domestiques.

Les lits des domestiques doivent être maintenus, comme ceux des maîtres, dans une extrême propreté. Des rideaux sont indispensables, car les chambres qu'habitent les domestiques sont ordinairement froides. Ils seront posés sur une flèche placée en travers du lit.

Comme les lits des enfants, ceux des domestiques seront composés d'une paillasse, d'un bon matelas et d'un traversin. On voit que je plaide en faveur des domestiques; mais notre ménagère ne doit jamais oublier la dure nécessité des inégalités sociales qui forcent ses semblables à devenir ses serviteurs. Si elle veut gagner leur affection et obtenir leur dévouement, il faut qu'ils retrouvent en elle cette bienveillance maternelle, en quelque sorte, qui est le seul lien intime qui doit exister entre elle et ses serviteurs. Quelles doivent être les réflexions d'un pauvre domestique mal couché, souffrant du froid, en pensant au lit douillet qu'il a fait le matin pour sa maîtresse? Il faut éviter toutes les occasions de faire naître de ces pensées fatales au repos de la société et des familles.

XVI *bis*. — Destruction des punaises.

Il est facile ou très difficile de détruire les punaises, suivant la disposition des lieux qu'elles ont envahis. Dans une maison neuve, où les murs ne présentent aucune fissure, du soin et un peu de persévérance suffisent pour s'en débarrasser. Dans une habitation vieille, pleine de lézardes, où les boiseries sont en mauvais état et les papiers de tenture accumulés les uns sur les autres, on n'en vient pas facilement à bout. Voici le moyen le plus efficace de les détruire.

On fait préparer chez le pharmacien une bouteille d'eau dans laquelle il aura fait dissoudre, à l'aide de l'alcool, vingt grammes de sublimé corrosif; cette liqueur, soigneusement étiquetée, sera conservée dans une armoire fermant à clef, car elle est dangereuse, et l'on ne saurait prendre trop de précautions pour se mettre à l'abri d'une méprise.

Au printemps, avant la naissance des punaises, on fait enlever dans la pièce infestée tous les vieux papiers jusqu'au mur. Sur celui-ci on fait coller un papier gris; mais on a soin de mêler à la colle employée par le peintre environ une demi-bouteille de la liqueur préparée, pour un seau de colle délayée. Si le papier gris est collé avec soin, il détruit pour bien longtemps toutes les punaises qui pourraient exister encore dans les fissures ou les trous de la muraille.

Ensuite on visite avec soin toutes les boiseries et, au moyen d'un pinceau, on introduit de la liqueur pure dans toutes les fentes ou cavités quelconques qu'elles peuvent offrir.

On en fait autant pour les lits, dont toutes les mortaises ou joints doivent être soigneusement enduits avec le pinceau. La liqueur préservatrice ne gâte rien de ce qu'elle touche, à moins que ce soient des pièces matalliques; pour celles-ci il faut éviter que la liqueur les atteigne.

Je puis certifier l'efficacité de ce moyen de destruction des punaises, pourvu qu'il soit appliqué avec soin et intelligence.

XVII. — Caves.

Le sol des caves doit être propre, uni et sablé, s'il est possible. Il est important de ne pas y laisser des immondices répandant une mauvaise odeur qui peut nuire au vin.

Les caves doivent avoir des compartiments le long des murs; on les forme soit au moyen de petits murs d'appui en briques ou en pierre, soit avec des planches. Les petits murs seront espacés entre eux de la longueur d'une latte, et leur profondeur sera de la longueur d'une bouteille. Ces cases servent à ranger les bouteilles vides ou pleines au moyen de lattes, comme je vais l'indiquer ci-après, afin de ne pas les enfouir dans des montagnes de sable, comme on le fait dans beaucoup de localités, ce qui prend beaucoup trop de place, pourrit les bouchons, et ne permet pas de se rendre compte de ce qui reste de vin en bouteilles. Les caves doivent aussi être munies de planches à bouteilles percées de trous.

XVIII. — Manière de ranger les bouteilles pleines.

Pour ranger les bouteilles sur les lattes, on aplanit d'abord le sol, qui doit être garni d'une légère couche de sable, en lui donnant une petite pente du côté du mur. Puis on place deux lattes l'une sur l'autre à la distance convenable pour que les goulots des bouteilles dont on place les fonds le long du mur, les uns à côté des autres, viennent porter d'aplomb sur ces lattes, et de manière que les bouteilles soient placées bien horizontalement. Les bouteilles ne doivent pas se toucher, puisqu'il faudra qu'une bouteille puisse se placer entre les goulots de deux autres. Le premier rang de bouteilles posé, on place une latte sur le fond des bouteilles du premier rang, puis un second rang de bouteilles, dont les fonds se trouvent entre les goulots des premières et les goulots sur la latte. On s'assure que l'aplomb, si nécessaire à tout le tas que doivent former les bouteilles, est parfait. On continue ainsi. Si on craignait que les bouteilles penchassent en avant, on mettrait de temps en temps deux lattes au lieu d'une, sous les goulots de ce côté. Les bouteilles ainsi rangées doivent se tenir comme un mur, sans le secours du mur de la cave; les petits murs seulement contiennent les bouteilles, encore pourrait-on s'en passer; mais on est plus assuré de la solidité de cet édifice de verre lorsqu'il est construit entre des séparations. Les bouteilles ainsi rangées sont solides ; il est facile de les compter, l'air circule entre elles, ce qui contribue à la conservation des bouchons ; elles occupent très peu de place, enfin, c'est propre et même agréable à l'œil.

Si l'on a plusieurs cases à compartiments les unes à côté des autres, on peut fixer par-dessus une planche qui sert à déposer une foule d'objets qu'on est bien aise de mettre à la cave, aussi bien que les petits ustensiles nécessaires à son service. On donne ordinairement 1 mètre 30 centimètres de hauteur aux petits murs de séparation ; on peut aussi placer sur ces murs les planches à bouteilles vides. Lorsqu'on a un grand nombre de bouteilles vides, on peut les ranger comme les bouteilles pleines.

XIX. — Manière de ranger les barriques.

Il faut organiser dans la cave un chantier pour ranger les barriques ; il se compose de deux forts madriers posés bien d'à-plomb, à la distance de 50 centimètres l'un de l'autre. S'ils n'étaient pas assez hauts pour permettre de placer la bouteille devant la barrique lorsqu'il s'agit de tirer le vin, on exhausserait les madriers au moyen de pierres de taille ou de forts morceaux de soliveaux. Les barriques sont ainsi parfaitement disposées pour leur conservation ; il faut avoir, pour déboucher les barriques, une *tapette*, comme celle qui sert à boucher les bouteilles, mais fixée à un long manche flexible et mince ; on frappe alternativement de chaque côté de la bonde pour la faire sortir. Avec cet instrument on ne court pas le risque d'endommager les douves des barriques ; son élasticité amortit la rudesse du choc.

XX. — Pied à égoutter les bouteilles.

Je vais décrire un meuble très commode pour recevoir les bouteilles au fur et à mesure qu'on les lave, afin de les faire égoutter, et avant de les entasser ou de les remplir. Il se compose d'un bloc carré en bois dur, de 40 centimètres environ, sur 20 à 25 centimètres d'épaisseur, au milieu duquel est fixé, au moyen d'une mortaise, un gros montant rond en bois de chêne ou autre aussi solide, de 10 à 12 centimètres de diamètre et de 1 mètre 20 centimètres de hauteur (fig. 9). On perce autour de ce montant, du haut en bas, des trous avec une mèche de 1 centimètre, et espacés entre eux de 10 centimètres. Il faut qu'ils soient percés presque verticalement, inclinés seulement un peu en dehors. On place dans ces trous des chevilles de 15 à 16 centimètres de long, en bois de chêne (on peut les remplacer par des fils de fer de 5 millimètres de diamètre), ce qui forme une espèce d'arbre garni de branches du haut en bas. Lorsqu'on a lavé une bouteille, on enfile le goulot dans une de ces chevilles, et elle s'égoutte parfaitement. Lorsque les bouteilles sont suffisamment égouttées, on les remplace par d'autres.

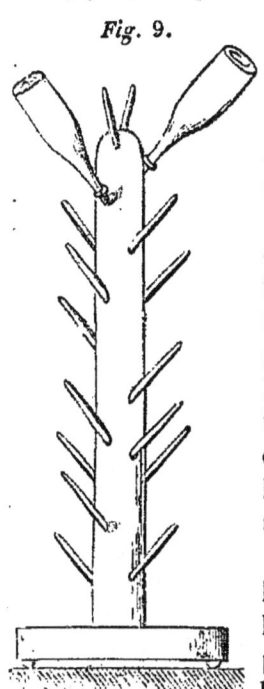

Fig. 9.

Il est bien préférable de laver les bouteilles avec une chaîne fixée à un bouchon, et faite exprès, qu'avec du plomb, qui ne les nettoie pas aussi bien et dont il reste souvent quelques grains dans le fond des bouteilles. Ces chaînes se trouvent chez tous les quincailliers et se vendent à bas prix.

Les bouteilles doivent être lavées à mesure qu'elles sortent de la table; par ce moyen elles se trouvent propres quand il s'agit de tirer une pièce de vin, et on évite qu'il se dessèche dans leur intérieur un peu de lie ou de dépôt qu'on y laisse quelquefois en les vidant à table.

XXI. — Tapette et manière de boucher les bouteilles.

Il faut aussi dans une cave une tapette de bois lourd et épais, de la forme d'une raquette; elle sert à frapper les bouchons lorsqu'on bouche les bouteilles. On tient la bouteille de la main gauche, après y avoir placé le bouchon, puis on frappe de la main droite sur le bouchon et assez fort. Si on appuyait le fond de la bouteille, elle casserait à l'instant.

Pour bien boucher il ne faut pas faire tremper les bouchons, mais les mouiller légèrement, après les avoir essayés au goulot, pour s'assurer qu'ils lui conviennent. Le bouchon doit entrer difficilement et ne s'enfoncer définitivement qu'aux deux tiers, si c'est du vin ordinaire qu'on bouche, afin qu'on puisse l'enlever sans tire-bouchon, ce qui permet de le faire servir deux fois; mais pour des vins fins qu'on doit cacheter, il ne doit dépasser le goulot que d'un centimètre au plus.

XXII. — Caves. Bouteilles vides.

On vend maintenant des espèces de casiers destinés à recevoir les bouteilles pleines ou vides et à les isoler, en sorte que leur poids ou leur position fausse n'expose pas à en briser. L'usage de ces casiers est bon pour les vins fins et dans des caves saines où le bois ne se pourrit pas trop vite.

Un panier à bouteilles, divisé en compartiments, est indispensable pour le transport des bouteilles pleines ou vides.

Il est convenable de diviser la cave en deux parties : un côté est réservé aux vins fins ; l'autre aux vins d'ordinaire.

XXIII. — Conservation des vins.

La première condition pour conserver les vins en bon état est d'avoir une cave très fraîche et d'une sécheresse permanente. Une cave tantôt sèche, tantôt humide, est très mauvaise. Les meilleures caves sont celles qui sont creusées dans le roc, profondes et cependant aérées.

Si nous écrivions pour des producteurs ou des négociants en vins, nous dirions quels vins se conservent mieux en grandes pièces qu'en petites, quels vins il faut mettre en bouteilles, additionner d'eau-de-vie, soutirer, soufrer, etc.

Cependant supposons que notre ménagère ait dans sa cave plusieurs pièces de vins blancs et rouges. On mettra les vins en bouteilles, de manière qu'il y ait toujours une provision de trois à six mois, temps nécessaire pour que le vin d'*ordi-*

naire ait gagné quelque chose. Les vins fins seront toujours mis en bouteilles.

Si on veut éviter l'achat des bouteilles et des bouchons, et tirer le vin à la barrique, il faut, autant que possible, diviser le vin en feuillettes, ou en petits tonneaux, afin qu'il reste moins longtemps en vidange.

On tient le tonneau soigneusement bondé, et l'on ne donne de l'air, au moment où l'on tire du vin, qu'au moyen d'une petite cheville qu'on enlève et qu'on replace aussitôt que la quantité de vin désirée est tirée.

Si le tonneau doit rester longtemps en vidange, on emploie, pour défendre le vin de l'action de l'air, le procédé mis en usage dans plusieurs contrées méridionales. Il consiste à répandre à la surface du vin une couche d'huile très mince.

Les vins en pièces qui ne sont pas mis en consommation exigent quelques soins.

On visite d'abord, de temps en temps, les cercles pour s'assurer qu'ils sont toujours en bon état et qu'il ne s'en est pas détaché.

Tous les mois on enlève les bondes des tonneaux, et on remplit complétement avec du vin de bonne qualité toutes les pièces dans lesquelles il s'est fait un vide quelconque; puis on remet la bonde avec le plus grand soin. Si ce sont des vins nouveaux, on donne de l'air de temps en temps au moyen de trous de fossets pratiqués sur la bonde. Sans cette précaution, il peut arriver que le gaz produit par la fermentation, se trouvant trop comprimé, fasse défoncer le tonneau.

Si l'on veut conserver des vins en pièces plusieurs années, il faut les soutirer deux fois par an, en mars ou avril et fin septembre. Si l'on n'est pas au courant de cette opération, il faut la faire exécuter en sa présence par un bon tonnelier.

Collage. — Lorsqu'on veut mettre du vin en bouteilles, on le colle huit ou dix jours à l'avance. Pour cela on commence par poser la cannelle, et on retire trois à quatre litres, afin de faire un vide dans la pièce. Ensuite on bat, dans un vase, quatre blancs d'œufs pour une feuillette, et six à huit pour une pièce, avec un verre ou deux d'eau. On verse ce mélange dans le tonneau, et on agite fortement et longtemps le vin avec un bâton en bois blanc, fendu en quatre par son extrémité. Les quatre brins s'écartent dans la barrique et facilitent l'agitation du liquide.

Le collage au blanc d'œufs est bon pour les vins rouges seulement. Les vins blancs doivent être clarifiés à la colle de poisson. Pour faire cette opération on se procure, pour une pièce de vin, 10 grammes de colle de poisson. On la bat fortement sur une pierre avec un marteau, de manière qu'elle puisse se diviser en feuillets bien minces. On met à tremper dans un verre d'eau froide. Quand la colle est bien ramollie, on la divise encore avec la main, on ajoute un litre d'eau, et on passe le liquide dans un linge. On verse dans le tonneau et on agite fortement.

Maladies des vins. La pousse. — On donne ce nom à une maladie qui attaque les vins pendant les chaleurs de l'été, avec les apparences d'une fermentation. On l'évite ordinairement en soutirant les vins au printemps, avant que la température de la cave s'élève.

Quand on s'aperçoit qu'un vin *pousse,* il faut aussitôt enlever la bonde, soufrer fortement un autre tonneau et y transvaser le vin malade. Il est également très bon d'ajouter au vin 250 grammes de graine de moutarde. Enfin on colle immédiatement après le soutirage.

Il est prudent, en tout cas, de mettre le plus promptement possible en consommation les vins qui ont commencé à pousser.

Aigreur. — Lorsqu'un vin s'aigrit, il n'y a pas autre chose à faire que de le boire le plus tôt possible.

Graisse. — On dit que les vins tournent au gras lorsqu'ils acquièrent une consistance visqueuse. Ils deviennent alors tout à fait impropres à servir de boisson.

Quand on s'aperçoit à temps qu'un vin tourne au gras, on peut encore le sauver par le procédé suivant : il faut d'abord le soutirer et mécher fortement. On prend des fruits du sorbier, un peu avant l'époque de leur maturité; 500 grammes suffisent pour une pièce ; on les écrase dans un mortier, on jette dans le tonneau, et on agite fortement. On laisse reposer un jour ou deux ; on colle par le procédé ordinaire, et on met en bouteilles. On obtiendrait probablement le même résultat avec des pepins, et surtout des rafles bien écrasées Il est bon aussi d'ajouter au vin un peu d'eau-de-vie, par exemple 8 à 10 litres pour une pièce.

Amertume. — Cet accident se présente quelquefois dans les vins trop vieux. Pour y remédier, au moins en partie, car il est impossible d'y remédier entièrement, on mêle le vin amer avec un volume égal d'un vin analogue, mais nouveau. On colle et on remet en bouteilles. Ce vin doit être mis en consommation immédiatement.

Conclusion: — En général la conservation des vins en bon état dépend beaucoup de la nature de la cave et des soins qu'on donne à ces vins. Les meilleures caves sont celles dans lesquelles la température est la plus constante. On a soin, pour empêcher les variations de température, de fermer les soupiraux des caves, soit dans les grands froids, soit dans les grandes chaleurs. Si la température de la cave s'élève en été malgré cette précaution, on peut étendre des linges mouillés sur les barriques.

La plus grande propreté doit régner à la cave. On doit éviter de répandre de l'eau sur le sol. Enfin la maîtresse de la maison doit aller souvent à la cave et examiner les barriques, goûter les vins, s'assurer si les tas de bouteilles sont solides et si les bouchons ne se pourrissent pas.

Dans une cave bien tenue, toutes les piles de bouteilles doivent être étiquetées. On le fait très facilement et sans frais avec des carreaux de terre rouge, sur lesquels on écrit à la craie. Les barriques doivent aussi être marquées, et porter surtout la date du vin qu'elles contiennent.

Lorsqu'on a des parties de vin qui ne suffisent pas pour remplir complètement un tonneau, on peut les mettre dans de grandes bouteilles en terre qu'on trouve partout à bon marché, on bouche bien et on couche Si la cruche n'est pas susceptible d'être bouchée, on met à la surface du vin une petite couche d'huile.

XXIV. — Eau gazeuse, dite eau de Seltz.

L'usage de l'eau gazeuse est devenu si général que je pourrais peut-être me dispenser d'en parler. Cependant il y a une observation qui peut être nouvelle pour quelques-unes des femmes qui liront cet ouvrage.

On fait l'eau gazeuse dans un ménage par deux procédés différents.

Le premier consiste à introduire dans une bouteille d'eau deux petits paquets d'une poudre préparée pour cet usage. L'un contient du bicarbonate de soude, l'autre de l'acide tartrique. Le mélange de ces deux matières dans l'eau produit le gaz qui rend l'eau mousseuse et acidulée. Mais il est clair que ceux qui boivent cette eau absorbent en même temps le sel qui a fourni le gaz. Ce sel est du tartrate de soude, qui est légèrement purgatif. Des personnes délicates, dont l'estomac ou les intestins sont irritables, peuvent bien ne pas supporter, sans de légers accidents, l'ingestion du sel contenu dans l'eau gazeuse ainsi préparée. En tout cas, elle a une saveur saline peu agréable.

Il y a un autre procédé pour préparer l'eau gazeuse. On se sert d'un appareil dont la forme ou la matière sont assez variables, bien qu'au fond on parte du même principe pour obtenir le même résultat.

Dans les selzogènes, gazogènes et autres appareils, le mélange des deux matières qui dévelopent le gaz se fait dans un petit réservoir séparé; de telle sorte que le gaz seul va se réunir à l'eau destinée à la boisson, tandis que le sel reste dans le réservoir spécial. On a donc, dans ce cas, une eau gazeuse entièrement exempte de sel et de propriétés purgatives. De plus, comme on n'a pas à craindre ici de faire une eau par trop purgative, on peut augmenter beaucoup les doses, de manière à obtenir une eau beaucoup plus chargée de gaz.

Je crois ne devoir entrer dans aucun détail sur la préparation de l'eau gazeuse, parce que les appareils sont toujours accompagnés d'une instruction suffisante.

Je ne donne qu'un conseil: celui de préférer les appareils dont le vase est solidement enveloppé d'un bon grillage en fil de fer étamé. Les appareils dépourvus de ce grillage font parfois explosion et occasionnent des accidents graves.

XXV. — Vins mousseux artificiels. Liqueurs gazeuses.

Quand on a un appareil à eau gazeuse, on peut, à volonté, faire du vin mousseux ou toute autre liqueur gazeuse. Il suffit de mettre dans l'appareil du vin blanc ou une limonade, une orangeade, etc. On procède ensuite comme avec l'eau.

Pour que le vin blanc mousseux ressemble au vin de Champagne, il faut le sucrer avant de l'introduire dans l'appareil. Pour deux litres de vin, que contient un appareil ordinaire de M. Fèvre (rue Saint-Honoré, n° 398, à Paris), il faut 60 grammes de sucre.

XXVI. — Des greniers.

A la campagne comme à la ville les greniers trouvent leur emploi, et il est très difficile de s'en passer. Une partie doit être employée comme garde-meuble et être fermée à clef; là, on renferme non-seulement les meubles inutiles, mais une foule de choses qui ne servent pas habituellement et qu'on est cependant bien aise de conserver. En maintenant ce garde-meuble en bon ordre, on y retrouvera facilement au besoin les objets qu'on y aura déposés. Il ne faut donc pas les y entasser pêle-mêle, comme on ne le fait que trop souvent, pour les laisser périr de vétusté; il vaudrait mieux s'en défaire sur-le-champ.

XXVII. — Du linge sale.

On disposera dans un autre grenier des traverses en bois, qu'on peut fixer à la charpente au moyen de deux montants; on peut aussi les suspendre par deux fils de fer, ou enfin les placer sur des montants encastrés dans des pieds lourds. Ces traverses serviront à déposer le linge sale. Les unes seront destinées au linge de la cuisine, les autres à celui de la table ou des lits ; car il est important de soustraire le linge à l'avidité des souris et de ne pas l'entasser dans un grenier, où, dans l'hiver surtout, il pourrait moisir et même pourrir.

On peut aussi disposer dans ce grenier, ou dans un autre lieu qui serait convenable, un coffre pour le linge sale de corps. Ce coffre sera séparé en compartiments : l'un pour le linge blanc ; l'autre pour le linge de couleur ; un troisième pour le linge fin, qui ne doit pas être mêlé avec le gros linge. Le couvercle de ce coffre aura la forme d'un cadre avec une ou deux traverses selon sa longueur; il sera garni d'une toile métallique, afin que l'air y pénètre. Le linge sale enfermé contracte une fort mauvaise odeur ; au moyen de ce couvercle on l'évitera. J'engage beaucoup notre ménagère à mettre cet ordre dans son linge ; il contribuera beaucoup à sa conservation.

On doit aussi placer dans les greniers des cordes tendues, et espacées convenablement, pour faire sécher le linge dans les temps de pluie, ou lorsqu'il fait un grand soleil, qui enlève le bleu et fait perdre au linge l'éclat que lui donne cette teinte, bien qu'on pense généralement que le soleil contribue à la blancheur du linge, ce qui n'arrive point quand le linge a été passé au bleu.

XXVIII. — Vidange des fosses d'aisances.

Lorsqu'on voudra vider une fosse d'aisance à la campagne, on parviendra sans peine à désinfecter les matières qu'elle contient par le procédé suivant : on se procurera chez un droguiste du sulfate de zinc. Ce sel est à bas prix : 1 kilogramme suffira pour une fosse contenant 8 mètres cubes de matière. On fera dissoudre le sel dans un seau d'eau ; on versera ce liquide dans la fosse et on agitera avec une perche.

Si cette dose ne paraît pas suffisante, c'est-à-dire lorsque les premières quantités de matières extraites auront encore beaucoup d'odeur, on augmentera la dose de sulfate de zinc.

Le sulfate de fer, quoique moins bon, peut cependant remplacer le sulfate de zinc ; mais il faut doubler les doses.

On doit ajouter la liqueur désinfectante douze heures au moins avant de procéder à la vidange. L'emploi de ce sel ne nuit en rien à la qualité des vidanges comme engrais.

Les matières liquides extraites d'une fosse seront répandues sur un tas de fumier, ou absorbées avec des terres sèches. On pourra ainsi les transporter sur les terres.

Les matières plus solides seront déposées dans un fossé préparé à l'avance et recouvertes de terre. Au bout de quelques mois ces matières pourront être extraites du fossé et mêlées aux fumiers ordinaires.

Dans tous les cas on s'arrangera de manière que les produits des vidanges ne soient pas lavés par les pluies; celles-ci leur enlèveraient une grande partie de leurs qualités.

Section II. — *De l'ordre dans la maison de maître.*

I. — De l'ordre à établir.

A présent que j'ai parlé de la distribution de la maison de maître et de la composition de son mobilier, je dois entrer dans quelques détails sur la manière de tenir l'une et d'entretenir l'autre; il est probable que dans ces détails, il y en a que chacune de mes lectrices s'étonnera d'y voir; mais si elle les connaît, d'autres peuvent les ignorer; quand on écrit sur un sujet connu, il est impossible de dire des choses neuves sur tous les points. J'aurai atteint mon but si je puis apprendre quelque chose à chacune de mes lectrices.

En traitant le chapitre si important de la tenue d'un ménage, je commencerai par engager notre ménagère à établir dans sa maison un ordre parfait et une extrême propreté. Si sa maison n'est pas dans cet état, lorsqu'elle lira ce chapitre, qu'elle prenne un grand parti et qu'elle rétablisse l'ordre partout. Quelque répugnance qu'elle éprouve à commencer ce grand travail, elle doit s'y résigner; lorsqu'elle l'aura achevé, elle éprouvera une satisfaction intérieure, qui la récompensera grandement de la peine qu'elle aura prise. Tout, une fois nettoyé, classé, arrangé dans un ordre parfait, il suffira que chaque chose *soit remise à sa place*, après avoir servi, pour maintenir cet ordre, et ce ne sera plus un travail. La maîtresse doit apporter la plus grande sévérité auprès de ses domestiques et de ses enfants pour leur faire contracter cette précieuse habitude ; mais pour y arriver il faut qu'elle en donne l'exemple.

Elle devra aussi prendre des précautions et exiger que tout son monde en prenne pour ne pas salir les appartements, sans toutefois se jeter dans l'excès où tombent quelques personnes qui se font, en quelque sorte, esclaves de la propreté de leur maison.

Qu'elle y conserve une grande simplicité, le luxe est une anomalie à la campagne ; il est même fort gênant, parce qu'il exige des soins minutieux qui ne sont pas, pour ainsi dire, compatibles avec la vie des champs. Que chaque objet, que chaque meuble ait une place marquée ; que l'armoire au linge ne soit pas celle des vêtements ; que celle-ci ne serve pas aux chiffons, etc. ; que des objets divers ne soient pas mêlés ou confondus dans les armoires. Que notre ménagère ne souffre jamais qu'on remette à un autre moment ce qui peut être fait à l'instant ; je ne connais pas de plus fatale habitude que celle de remettre au lendemain sans nécessité.

Qu'elle ne tolère pas la négligence ; elle conduit au désordre, à la malpropreté, à la ruine, et lorsqu'il n'est pas possible de faire sur-le-champ ce qu'on avait projeté, qu'on ne perde pas cet objet de vue, pour réparer ce retard le plus tôt possible.

Notre ménagère doit obtenir de ses domestiques que les appartements soient nettoyés et rangés avant le déjeuner, en temps ordinaire, et si cela n'est pas possible, dans les courtes matinées d'hiver, les chambres à coucher doivent seules rester à faire, et l'être aussitôt après le déjeuner.

II. — Règle pour le coucher et le lever.

L'heure du lever et du coucher des domestiques doit être réglée. Je sais qu'il est bien difficile de s'assurer que les domestiques n'enfreignent pas la règle ; mais une bonne ménagère s'assurera de temps en temps, par elle-même, qu'on ne se fait pas un jeu de ses ordres. Il vaut beaucoup mieux, pour obtenir qu'on se lève de grand matin, supprimer une partie des veillées. Ce régime, plus conforme à la nature, est aussi plus salutaire; et d'ailleurs aussitôt que les jours grandissent un peu, après l'hiver, c'est un moyen d'obtenir une économie de lumière assez importante; et enfin, si l'on a plusieurs domestiques, ils passent une bonne partie de la veillée à bavarder et rire au lieu de travailler, et si l'on n'en a qu'un seul, il s'endort.

L'heure du lever et du coucher des enfants peut être facilement fixée; car c'est à notre mère-institutrice d'éveiller ses enfants et de les faire coucher. Elle doit apporter la même régularité dans leurs petits devoirs et y tenir la main avec sévérité, ou elle ne fera rien avec suite et n'obtiendra aucun résultat. Lorsqu'on saura quelles sont les heures consacrées à ce devoir, on évitera de les déranger à ce moment. Accoutumez vos enfants, même très jeunes, à cette régularité, comme à se lever de bon matin, ce seront autant de bonnes habitudes qui influeront d'une manière heureuse sur toute leur vie.

III. — Paiement des domestiques.

Il est bon de payer régulièrement ses domestiques, et il convient de se conformer à l'usage du pays que l'on habite pour l'époque de ce paiement. Cependant, il serait préférable de le faire tous les trois mois plutôt que tous les ans, comme c'est l'usage dans beaucoup de provinces.

Les capitalistes et les négociants attaqueront peut-être cette manière de raisonner, en considérant comme un avantage de ne faire les paiements que le plus tard possible; mais dans une maison particulière où l'argent resté ordinairement en coffre, il est plus sage de l'affecter tout de suite à son emploi. Lorsqu'on a de l'argent à sa disposition, on peut se laisser aller à lui donner une autre destination que celle pour laquelle on l'avait mis en réserve, ce qui peut causer de l'embarras.

IV. — Manière d'arranger les affaires d'argent.

Il y a diverses manières de s'arranger dans un ménage pour la dépense. Le mieux, sans contredit, serait que l'argent fût entièrement commun, et que maître et maîtresse pussent en disposer, à la charge de se rendre compte mutuellement; mais outre que cela ne convient pas à tous les maris, cette communauté de dépense est quelquefois difficile lorsqu'un homme est dans les affaires, ou qu'il fait valoir son domaine, ce qui est à peu près la même chose.

Le mari peut donc donner une somme fixe pour les dépenses personnelles de sa femme et pour celles du ménage, ou lui remettre, lorsqu'elle en a besoin, de l'argent dont elle rend compte; mais alors, pour que la partie fût égale, il faudrait que le mari rendît compte aussi à sa femme de l'emploi de l'argent resté à sa disposition; mais comme il est rare qu'un homme veuille s'assujettir à cette obligation, juste cependant, je crois qu'il est plus raisonnable de fixer une somme dont une partie appartient en propre à la ménagère. Si on ne lui faisait pas cette petite concession, on lui ravirait le plaisir d'une aumône secrète, et celui d'un présent à son mari, à une amie, à un membre de sa famille.

D'ailleurs, comme une bonne ménagère contribue activement à la prospérité d'une maison, comme à celle d'une exploitation agricole, il me semble juste de lui attribuer une part sur les produits obtenus par son travail et ses soins. Cet argent sera d'une haute valeur pour elle.

La dépense du ménage est bien plus difficile à préciser à la campagne qu'à la ville. Elle varie selon la saison, les travaux, la fertilité des années et le plus ou moins d'activité des domestiques. Je pense donc qu'il serait mieux de verser en caisse l'argent destiné au ménage. La ménagère en tiendrait un compte exact; c'est en examinant ces comptes, avec son mari, que celui-ci pourrait lui faire les observations qu'il jugerait convenable sur l'emploi de l'argent. Il sera juste et raisonnable aussi que les autres dépenses de l'exploitation soient soumises à l'examen de la maîtresse qui pourrait faire aussi à leur sujet de très bonnes observations.

Les femmes, en général, possèdent un esprit de détail que n'ont pas les hommes, et, comme dans une exploitation agricole les détails sont immenses et se reproduisent dans toutes les opérations, une femme est très apte à donner son avis.

V. — Comptabilité.

Une comptabilité régulière et détaillée est indispensable à la bonne administration d'un ménage. Je ne puis donc trop engager notre ménagère à y apporter une grande régularité et une extrême exactitude.

Le matin ou le soir, elle fixera irrévocablement un instant consacré à ce petit travail qui, une fois bien organisé, ne lui demandera pas plus d'un quart d'heure ou tout au plus une demi-heure par jour. Cette comptabilité est le seul moyen qu'elle ait de régler ses dépenses, en voyant facilement celles sur lesquelles elle aurait pu faire des économies ou au moins apporter une économie plus sévère, et de se rendre un compte exact de l'emploi de son argent. Une bonne comptabilité est la base de l'ordre et de l'économie.

Voici un aperçu des livres qui doivent composer cette comptabilité et de la manière de les tenir. Ils sont au nombre de 4, dont chacun a une destination particulière :

1° Un livre de notes sur lequel on inscrit provisoirement toutes les recettes et les dépenses, et même les diverses notes étrangères à la comptabilité. Ce livre est une espèce de *memento ;* chaque article y est daté, puis biffé lorsqu'il est devenu inutile, ou qu'il est transporté sur les autres livres. Les différents articles doivent y être inscrits au moment même où ils se présentent à l'esprit, et non pas seulement à celui destiné au travail de la comptabilité. Ce dernier moment venu, on fait le dépouillement de cette espèce de journal pour en extraire tous les articles, et les transcrire sur les différents livres de comptabilité auxquels ils appartiennent.

2° Un livre de cuisine, où il ne sera porté que les objets qui servent à la nourriture. Il aura deux colonnes : dans la première seront inscrites les choses qui auront été achetées, et dans la seconde celles prises sur les propriétés auxquelles notre ménagère donnera une valeur à peu près égale à celle qu'on en aurait obtenue en les faisant vendre au marché. Chaque mois, on verra d'un coup d'œil le total de la dépense de table ; celle faite en argent, celle faite en nature. Cette dernière servira au compte général des revenus de la propriété.

3° Le troisième livre sera destiné à l'inscription des recettes et dépenses de toutes natures. Ce livre doit avoir un double emploi : l'un pour la dépense de la maison de maître, l'autre pour celle de la ferme, qui ne doivent pas être confondues.

Sur une des pages seront inscrites jour par jour les recettes, sur l'autre les dépenses placées ainsi en regard. On y portera chaque mois le total de la dépense du livre de cuisine en deux articles : l'un comprenant tous les objets payés en argent ; l'autre, ceux pris en nature sur la propriété et estimés. On fera recette, en un seul article, à l'autre page, des choses auxquelles on aura donné une valeur, comme : *reçu du jardin, pour légumes, tant ; de la basse-cour, pour volailles, tant,* etc., etc. On ajoutera à ces recettes toutes celles qui seront le produit de quelques ventes, et l'argent que notre ménagère aura reçu de son mari.

Chaque mois, pour faire la balance entre la recette et la dépense, on comptera d'abord l'argent qui restera *effectivement* en caisse ; ce restant, ajouté aux dépenses, devra donner un total égal à celui des recettes. La balance faite, le restant en caisse formera le premier article de recette du mois suivant.

Si cette balance n'est pas juste, c'est qu'il y aura une erreur, soit dans l'inscription des recettes, soit dans celle des dépenses ; il faut la chercher. Elle peut être ou causée par un double emploi, ou par un oubli. Notre ménagère vérifiera d'abord les chiffres et les additions, puis cherchera à rappeler sa mémoire; enfin, si l'erreur n'est pas retrouvée, comme elle ne peut pas être considérable, et comme ces livres de ménage n'ont pas besoin d'une aussi grande exactitude que ceux du commerce, elle passera un petit article sous le titre de recettes ou dépenses oubliées, afin de pouvoir faire exactement sa balance, et elle apportera un nouveau soin à la tenue de ses écritures.

Elle pourra prendre une partie de ce livre pour ouvrir un compte à chacun des domestiques qui seront sous sa direction; en tête de ce compte seront les conditions du service. Si le domestique est en position de fournir quelque chose à la maison, il faudra deux colonnes à son compte; sur l'une sera inscrit l'argent qu'il aura reçu; sur l'autre les gages acquis et la valeur des choses qu'il aura fournies, et chaque fois qu'on réglera son compte, on fera l'addition de ces deux colonnes pour savoir comment il se balance; il sera donc facile de voir s'il est débiteur ou créancier.

Notre ménagère pourra également tenir un état particulier des dépenses dont elle aimera à se rendre compte, comme de sa propre dépense, de celle de ses enfants, etc.

Ces petits comptes particuliers ne seront qu'un dépouillement du livre général des recettes et dépenses.

4° Un livre de journées sur lequel notre ménagère inscrira chaque soir les journées des ouvriers employés par elle. Toutes les semaines elle fera le compte de chaque journalier, elle le paiera et biffera la semaine; si elle ne paie pas, elle réglera néanmoins le compte sans le biffer.

Ce livre aura neuf colonnes sur la même page; dans la 1re, elle inscrira le nom de l'ouvrier; dans la 2e, le prix de la journée; dans les six suivantes, les noms des jours de la semaine inscrits en tête pour toute la page; dans la dernière le total, soit des journées, soit du prix. Pour inscrire la journée, elle fera une petite raie dans la colonne du jour où l'ouvrier aura travaillé; ce moyen est aussi simple que prompt.

5° Un livre sur lequel on inscrit la date du jour où l'on a fait saillir un animal et celle du jour de la mise bas, le nombre et le sexe des petits.

Cette comptabilité demandera bien peu de temps chaque jour pour être tenue dans un ordre parfait ; mais si notre ménagère y apporte la plus petite négligence, les comptes s'embrouilleront, le travail s'augmentera, le dégoût et l'ennui s'en mêleront, et la comptabilité sera abandonnée ou mal tenue, et, je ne puis assez le répéter, cette négligence entraîne après d'immenses inconvénients.

VI. — Repas.

Il convient de fixer les heures des repas. Ils peuvent être au nombre de trois par jour à la campagne, surtout si on a des enfants. Celui du milieu du jour ne doit être qu'un repas léger et sans apprêts, particulièrement pour les enfants.

Le déjeuner peut avoir lieu à huit heures et demie dans les grands jours, parce qu'on se lève de bon matin, et entre 9 et 10 heures pour le reste de l'année.

Les repas des domestiques suivront immédiatement ceux des maîtres, parce qu'on ne doit pas déranger les serviteurs pendant qu'ils mangent ; c'est pour eux un moment de repos qu'il ne faut pas troubler. Si le matin les enfants, quelque personne de la maison ou les domestiques, avaient besoin de prendre quelque chose avant le déjeuner, on ne doit permettre que du pain sec, à moins d'une circonstance particulière.

Entre une ou deux heures, selon l'heure du déjeuner, se fait *la collation* ou second déjeuner. Ce repas léger peut se composer de choses qui n'exigent pas le service d'un couvert.

Le dîner peut avoir lieu à cinq heures, en été, et une demi-heure plus tard en hiver. Celui des domestiques doit suivre ; cependant durant la saison des forts travaux, si quelques-uns d'entre eux étaient employés au jardin ou dans les champs, il vaudrait mieux retarder le dîner de la cuisine jusqu'à la nuit, afin qu'ils mangent tous ensemble. Alors la cuisinière et les autres domestiques employés dans l'intérieur de la maison devraient faire, aussitôt après le dîner des maîtres, le service du soir, comme laver la vaisselle, préparer les chambres à coucher pour la nuit, etc.

On doit tenir avec rigueur à ce que tout ce qui a été employé au service de la table des maîtres et de la cuisine, vaisselle, casseroles, etc., soit nettoyé et mis en ordre le soir même ; la matinée offre bien assez d'occupations qui lui sont particulières sans qu'on lui reporte celles du soir.

Il faut éviter avec soin, même avec sévérité, que les enfants ou les domestiques prennent l'habitude de manger entre les repas, outre que cette manie, car c'en est une, est très contraire à la santé, elle peut entraîner beaucoup d'abus et de prodigalités.

Une maîtresse de maison doit souvent paraître aux repas de ses gens, pour s'assurer que tout s'y passe bien, qu'ils sont servis proprement et qu'on n'y consomme réellement que ce qu'elle a ordonné.

VII. — Entretien et nettoyage des meubles.

Les meubles vernis ne conviennent pas aussi bien que ceux polis à la cire, parce que l'humidité de l'hiver, toujours plus sensible à la campagne qu'à la ville, altère le vernis. Lorsqu'un meuble verni est sali par une cause quelconque, il faut tout simplement laver avec une éponge fine, légèrement imbibée d'eau, puis essuyer avec un linge doux. Lorsque le vernis est altéré dans quelques-unes de ses parties, on peut frotter légèrement avec un linge imbibé de très peu d'huile ; on ne répare pas le mal, mais on rend à la partie altérée un peu de lustre. Il ne faut jamais essuyer les meubles vernis avec de la laine.

Les meubles polis à l'huile et à la cire se conservent mieux, en ce qu'on peut, avec du soin, entretenir leur poli aussi brillant que s'il était neuf ; il suffit de les frotter tous les jours avec un morceau d'étoffe de laine un peu rude, comme de la serge. Lorsqu'ils ont été négligés ou qu'ils sont tachés avec de l'eau ou même de la boue, ce qui arrive souvent aux pieds des chaises et des autres meubles, on les frotte d'abord avec un morceau de laine imprégné d'huile d'olive ou d'huile grasse, puis avec l'étoffe de laine rude ; enfin, s'il y a besoin, avec un peu de cire, puis on frotte de nouveau avec la laine. L'huile fait disparaître les taches d'eau et conserve le bois.

La table à manger mérite un soin particulier si on déjeune sans nappe. Qu'elle soit en noyer ou en acajou, on la nettoie avec un morceau d'étoffe de laine trempé dans du lait bien chaud, ce qui enlève toutes les taches résultant des repas, puis on frotte avec de la laine. Le lait lustre le bois et lui donne une teinte charmante. On emploie aussi la cire.

Il est très important, pour la conservation des meubles, de les faire réparer aussitôt qu'ils ont souffert; le plus petit dommage s'aggrave quand on ne le répare pas sur-le-champ, et au lieu d'une petite dépense ou s'en attire une grande. Il est fort ennuyeux de s'occuper souvent de ces détails, mais c'est indispensable. On pourrait, une fois par an, appeler un ouvrier et lui faire visiter et réparer tous les meubles. Il faut apporter le même soin à la garniture des fauteuils, au rempaillage des chaises, à l'entretien et au nettoyage des couvertures. Le bon ordre de la maison et l'économie qu'on y trouvera compenseront la peine qu'on se sera donnée.

VII *bis*. — Encaustique pour meubles et planchers.

J'ai conseillé d'avoir, autant que possible, des meubles polis à la cire plutôt que des meubles vernis; leur entretien est plus facile à la campagne. Voici maintenant la composition de l'encaustique au moyen duquel on pourra entretenir parfaitement le brillant de ces meubles : essence de térébenthine, 60 gr.; cire jaune ou blanche, 30 gr. Coupez la cire très menu; mettez-la sur un feu doux, avec l'essence, dans un vase; remuez. Dès que la cire est fondue, versez dans un pot que vous tiendrez couvert avec du parchemin.

On étend cette composition très légèrement sur le bois avec un tampon de laine ; on frotte avec du drap ou de la flanelle. Les marchands colorent l'encaustique en rouge, mais cette couleur est insignifiante.

VII *ter*. — Encaustique pour les parquets ou les carreaux.

Quand on veut mettre à la cire un parquet ou des carreaux mis en couleur, on fait fondre à chaud, dans 5 litres d'eau, 125 grammes de savon; on y ajoute 500 grammes de cire jaune coupée en petits morceaux; on fait chauffer. On ajoute 60 gr. de potasse blanche; on agite. On laisse refroidir en remuant de temps en temps, afin de bien diviser la cire et former une espèce de lait.

On étend cette composition sur le plancher; elle suffit pour 50 mètre carrés. Quand elle est sèche, on peut frotter.

VIII. — Nettoyage des vitres, glaces et verres de lampe.

On met du blanc de Meudon dans un petit plat creux, on le mouille assez pour qu'il baigne, bientôt il se fond et forme une espèce de lait. On y trempe du vieux linge qu'on réunit en forme de tampon, avec lequel on frotte le verre qu'on veut nettoyer; on essuie sur-le-champ avec du linge bien sec pour ôter le plus gros, puis on perfectionne le nettoyage avec un autre linge doux et également bien sec, en ne négligeant pas les coins, dans lesquels on parvient au moyen d'un petit morceau de bois qu'on entoure de linge.

La lessive et l'eau-de-vie nettoient aussi assez bien; mais il est plus difficile de sécher les verres lavés ainsi que d'essuyer le blanc de Meudon, et le nettoyage est moins complet.

Les grandes glaces se nettoient par parties, parce que si on les couvrait entièrement de blanc, il sécherait et il serait difficile de l'enlever. Il faut éviter de toucher avec le blanc la baguette dorée qui entoure la glace; elle en serait altérée. L'eau-de-vie convient mieux que le blanc, mais il faut éviter avec le même soin de toucher à la dorure; lorsqu'une dorure de ce genre a été salie par quelque cause que ce soit, il n'y a guère de remède, parce que la dorure est si légère que le plus petit frottement l'enlève. Cependant on peut y passer une éponge très fine et bien mouillée.

IX. — Composition et rebattage des matelas.

Certaines gens ne cardent pas la laine des matelas, sous prétexte qu'on la brise et qu'elle dure moins. Lorsque cette opération est mal faite ou trop souvent répétée, le *cardage* a cet inconvénient; mais si les cardes ne sont pas trop fines et qu'on ne pousse pas le *cardage* trop loin, la laine en souffre très peu, et des matelas cardés convenablement peuvent encore durer cent ans. Il est impossible d'avoir de bons matelas sans le cardage de la laine; la seule amélioration qu'on obtienne du battage, c'est d'extraire la poussière, mais les flocons de laine se défont mal, et deux ou trois jours après que les matelas ont été battus, ils sont aussi plats et aussi durs qu'auparavant. Si on ne veut pas absolument les carder, il faudrait *charpir* la laine à la main, c'est-à-dire écarter avec les doigts chaque flocon, mais ce travail, fort long, coûterait beaucoup plus cher que le mal que font les cardes, et celles-ci atteignent le même but tout en débarrassant aussi la laine de la poussière.

Il est facile de faire carder les matelas chez soi. Dans les pays où cette pratique n'est pas en usage, il suffit de se procurer deux paires de cardes faites exprès, et qui sont moins fines et moins serrées que celles destinées à carder la laine à filer; elles coûtent 7 fr. la paire achetées à Paris, et peuvent durer toute une vie d'homme dans une maison particulière, où elles servent rarement. La première femme venue peut s'en servir, il suffit de lui indiquer la manière de s'y prendre, et un peu d'habitude la mettra bientôt au courant de ce facile travail.

L'ouvrière tient une carde de la main gauche qu'elle appuie sur la cuisse du même côté, en mettant le manche de la carde en bas, de telle sorte que la carde remonte vers son buste, et s'appuie sur son bras. Elle charge cette carde de laine dans toute son étendue et dans une épaisseur d'un bon doigt, puis avec l'autre carde, qu'elle saisit de la main droite par le manche, elle en frotte la laine sans trop appuyer. Cette seconde carde se charge d'une portion de la laine posée sur l'autre, et en répétant le mouvement plusieurs fois, la laine est peignée entre les deux cardes qui s'en trouvent également couvertes. Pour l'en détacher on frotte les deux cardes alternativement l'une sur l'autre en sens inverse du mouvement qu'on vient de faire pour carder, et la laine se détache en une espèce de plaque de la forme de la carde. L'ouvrière la dépose en tas à côté d'elle jusqu'à ce que tout son travail soit achevé. Il y a quelques petits détails d'exécution difficiles à décrire, mais qui seront bientôt compris par l'ouvrière. Ce travail se fait assis, et l'ouvrière doit garantir ses vêtements au moyen d'un tablier de grosse toile, parce qu'il s'échappe de la laine beaucoup de poussière, et que le frottement du revers de la carde use beaucoup le tablier. Je dois recommander d'appuyer peu les cardes l'une sur l'autre et de tirer en enlevant plutôt qu'en baissant. On conçoit qu'il faut carder la laine plus grossièrement que si elle devait être filée.

Pour remonter les matelas, on emploie une espèce de métier (*fig.* 10), qui consiste en quatre barres de bois garnies

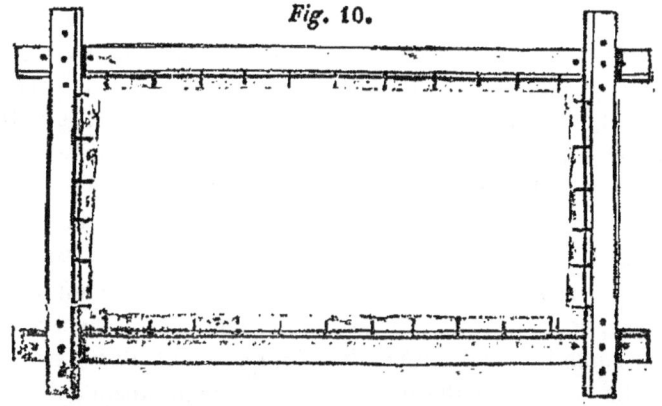

Fig. 10.

de crochets placés à 10 cent. environ les uns des autres, et dont le crochet (*fig.* 11) est recourbé comme un bec de perroquet, et arrondi, pour ne pas déchirer la toile qu'on doit y accrocher. Deux de ces barres ont 1 mètre 70 de long; les deux autres 2 mètres sur 8 à 9 cent. de large et 3 à 4 d'épaisseur. Les clous sont plantés dans une feuillure pratiquée sur l'un des bords de la barre, de manière qu'ils ne dépassent pas la feuillure. Ces quatre barres sont percées à chaque bout de quelques trous assez grands pour y passer une cheville de fer à tête. On attache fortement à plat chacune des barres les plus courtes au dos

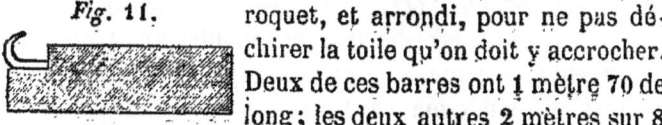

Fig. 11.

d'une chaise, de manière que les clous se regardent et soient au-dessus, puis on fixe les deux longues barres à celles attachées au dos des chaises au moyen des chevilles et des trous, les clous au dessus aussi, et se regardant, à distance de la moitié de la longueur de la toile et de toute sa largeur. On tend ensuite la toile en l'accrochant de chaque côté aux clous. Ainsi tendue, on range bien également la laine dessus en la mettant peu à peu pour l'étaler régulièrement et en ayant soin de bien garnir les coins et de forcer un peu vers le milieu du matelas. Lorsque toute la laine est placée, on relève l'autre moitié de la toile par-dessus la laine, on l'accroche aussi aux clous, la laine se trouve ainsi renfermée entre deux toiles; il s'agit de piquer le matelas, c'est-à-dire d'y mettre des *moutonnes*. Pour placer les *moutonnes*, on emploie une grande aiguille de fer ayant environ 60 cent. de long et une tête assez large pour recevoir de la petite ficelle; on fait un nœud à un bout, on passe l'aiguille verticalement à travers le matelas à l'endroit où doit se placer la *moutonne*, on tire dessous, on repique à côté et on fait sortir l'aiguille près de l'endroit où on l'avait piquée dessus; on place dessous, dans la boucle que forme la ficelle, une *moutonne*, on en fait autant dessus en nouant le bout de la ficelle qui porte le nœud autour de celui que vient d'amener l'aiguille, puis on serre en tirant sur la ficelle, jusqu'à l'épaisseur que doit avoir le matelas, et on noue, ce qui fait que les *moutonnes* forment de petites places creuses. Il faut reconnaître la place qu'ont occupée les *moutonnes* avant de défaire le matelas, afin de les remettre convenablement. On fait ordinairement trois lignes de *moutonnes*, placées en quinconces. Ensuite on coud le matelas tout autour à grands points avec de gros fil en le détachant des crochets à mesure qu'on coud. On place une ou deux chaises dessous pour le soutenir à mesure qu'on le décroche.

Un bon usage est celui de mettre une couche de crin au milieu des matelas, entre deux couches de laine; le crin s'affaisse moins que la laine et soutient le matelas. Lorsqu'on défait le matelas, le crin se sépare facilement de la laine; on ne le carde pas, mais on le démêle avec les doigts. On profite de l'occasion du *rebattage* des matelas pour faire laver les toiles. On doit les frotter dans de l'eau de lessive.

X. — Entretien de la table de cuisine. Du panier à vaisselle, du billot, de la pierre à laver, etc.

La table de cuisine doit être fréquemment lavée et non grattée, comme on le fait dans beaucoup de maisons. On la frotte à sec avec du savon blanc ou noir, on y jette un peu d'eau bouillante, puis on la frotte de nouveau avec une brosse de chiendent; si elle était fort sale, on pourrait y ajouter un peu de grès ou de sable fin. On rince ensuite avec une éponge et de l'eau claire. La table, ainsi lavée, est parfaitement propre. C'est par le même procédé qu'on entretient la propreté de l'évier, du panier à vaisselle, du billot et du fourneau. Ces meubles de cuisine doivent avoir un aspect de propreté qui engage à manger les mets préparés avec leur secours. On peut également employer de la lessive qu'on fait en mettant un peu de cendre à bouillir dans de l'eau pendant une heure; puis on laisse reposer et on décante. On fait chauffer la lessive pour l'employer. Si la table est en bois de frêne ou de hêtre, et par conséquent blanche, on entretient facilement cette blancheur, après avoir lavé la table, en y passant un peu d'eau de javelle.

XI. — Récurage du cuivre et du fer.

Pour récurer on fait une espèce de préparation qui facilite le travail et contribue à sa perfection. On mêle avec du grès ou du sable fin un dixième de farine, et on mouille avec du vinaigre. Cette préparation s'emploie avec la main; elle expédie plus vite et récure mieux que si on fait usage d'un tampon de linge, de paille, de foin ou d'oseille; puis on passe à sec un peu de terre pourrie. Aussitôt que le vase est bien brillant, on le passe dans de l'eau claire et fraîche, et on l'essuie parfaitement à l'instant; on le place ensuite près du feu ou au soleil, pour qu'il achève de sécher; sans ces soins il rougit et perd son éclat. Les casseroles de cuivre ainsi nettoyées sont brillantes comme de l'or. Lorsqu'une casserole est gratinée ou que l'étame a été noircie, on met dedans de la cendre et de l'eau, qu'on fait bouillir une couple d'heures, puis on frotte l'intérieur avec un petit balai de chiendent; par ce moyen on la nettoie parfaitement. Il ne faut pas enlever le gratin avec un instrument aigu, on gâterait l'étamage. L'intérieur des casseroles ne doit pas se récurer, on peut tout au plus les frotter avec un peu de cendre.

Le fer se récure comme du cuivre, mais il est inutile de mettre du vinaigre. On peut nettoyer ainsi les flambeaux de cuivre, mais comme ils ne sont jamais aussi ternis que les ustensiles de même métal qui vont sur le feu, il est préférable d'employer le tripoli, soit à sec, ce qui nettoie mieux, soit avec du vinaigre, ce qui nettoie plus vite. La terre pourrie, employée d'abord avec de l'huile d'olive ou grasse, puis à sec, est préférable au tripoli. Avant de faire usage du tripoli on présente le flambeau au feu pour faire fondre le suif qui pourrait s'y trouver et on l'essuie avec un vieux torchon destiné à cet usage. Lorsque le flambeau est récuré, si c'est à sec, on l'essuie avec soin : si c'est avec du vinaigre, on le rince avant de l'essuyer. On doit une fois par semaine, ou au moins tous les quinze jours, nettoyer les objets de la batterie de cuisine qui ne servent pas journellement.

XII. — **Manière de laver la vaisselle et de nettoyer les ustensiles de fer-blanc.**

La vaisselle doit être lavée à l'eau très chaude et avec le plus grand soin, car je ne connais rien qui répugne davantage que d'être servi avec des assiettes qui ne sont pas parfaitement propres et brillantes. La personne chargée de laver doit commencer par y mettre un certain ordre, c'est-à-dire réunir toutes les assiettes en une pile, après avoir enlevé et réuni dans une seule tous les débris qui peuvent se trouver sur les assiettes; sans ce soin, l'eau est sale à l'instant. Ces débris sont excellents pour la nourriture des porcs. Elle doit ranger ensuite, autour du vase dans lequel est son eau chaude, toute la vaisselle qu'elle a à laver, afin de n'en oublier aucune pièce ; puis commencer par laver les pièces qui ne sont point grasses, comme les assiettes de dessert, les bols, tasses, etc., et terminer par les casseroles, marmites, etc. Elle doit employer un morceau de grosse toile un peu serrée, appelée *lavette*, et la tenir dans sa main ; la lavette attachée à un manche de bois ne permet pas de frotter la pièce aussi bien. A côté du vase qui contient l'eau chaude, il doit y en avoir un autre rempli d'eau froide, dans laquelle on passe chaque pièce à mesure qu'elle est lavée, puis on la met à égoutter dans le panier à vaisselle pour l'essuyer ensuite fortement dessus et dessous.

Sans ces soins la vaisselle ne peut être bien nette ; le vernis conserve une légère couche de graisse qui le ternit. Après le lavage, la vaisselle doit être aussi brillante que si elle était neuve.

Il ne faut jamais souffrir, comme c'est l'usage dans beaucoup de localités, que la vaisselle soit lavée dans une chaudière de fonte destinée à cet usage ; cette chaudière s'encrasse bientôt de la manière la plus dégoûtante, il est fort difficile de la nettoyer, et elle noircit tout ce qui en approche ; on souffrira encore moins qu'on place cette chaudière à terre ainsi que la vaisselle, à mesure qu'on la lave.

On trouvera à l'article batterie de cuisine, la description de sébiles en bois, fort commodes pour laver la vaisselle, et du panier à vaisselle ; j'en ai déjà parlé.

Je le répète, une maîtresse de maison ne peut exiger trop de soins pour la vaisselle de la part de ses domestiques ; car la première condition du service de la table est une extrême propreté. Pour l'obtenir, chaque fois qu'un domestique vous présente une assiette, un verre, etc., qui ne serait pas bien propre, il faut le lui rendre et lui faire remarquer avec douceur la malpropreté de l'objet ; la honte qu'il en éprouvera, surtout s'il y a des étrangers, sera une excellente leçon. Il est convenable que ce soit le domestique qui sert à table qui essuie la vaisselle ; elle sera beaucoup plus propre si une personne l'essuie pendant que l'autre la lave.

Un très bon moyen de nettoyer une foule d'ustensiles de

cuisine, comme les cafetières, les passoires, les casseroles de fer-blanc ou battu, les flambeaux de fer, enfin toutes les choses qui ne se récurent pas (le fer blanc ne doit jamais se récurer; on enlève la couche blanche et il noircit pour toujours), c'est l'emploi de la lessive On met dans un chaudron ou une chaudière de la cendre et de l'eau en quantité suffisante pour faire de bonne lessive; lorsqu'elle bout, on y met les objets qu'on veut nettoyer; on les y laisse quelque temps bouillir, puis on les frotte, si cela est nécessaire, avec un petit balai de chiendent; on les retire et on les rince à l'eau froide, puis on les essuie et on les fait sécher : par ce moyen ils sont parfaitement nettoyés. L'opération exige peu de temps.

XIII. — Manière de laver les verres.

Les verres doivent être rincés dans un vase rempli d'eau fraîche et non en passant de l'eau de l'un dans l'autre, comme le font beaucoup de domestiques, puis parfaitement essuyés avec une serviette consacrée uniquement à cet usage; on les place ensuite, *renversés*, dans le panier aux verres. C'est un moyen de distinguer ceux qui sont propres de ceux qui ne le sont pas, si on veut boire entre les repas. La serviette aux verres doit être suspendue à une place particulière dans l'office, pour qu'elle puisse sécher après avoir servi; on ne doit pas l'employer à d'autres usages.

XIV. — Moyens de nettoyer l'argenterie et les cuivres dorés.

L'argenterie se nettoie avec du blanc de Meudon; on le délaie dans un peu d'eau; il faut qu'il forme comme une espèce de bouillie claire, dans laquelle on trempe un petit morceau de linge fin avec lequel on frotte l'argenterie; on laisse sécher un peu, puis on essuie avec un morceau de peau douce, comme de la peau de buffle très mince ou de la peau de mouton. Si l'argenterie est à filets, il faut employer une petite brosse pour nettoyer dans les filets.

Il ne faut pas revenir trop souvent à l'emploi du blanc, cela use l'argenterie; on peut la laver avec une éponge et du savon, ou la mettre sur la lessive lorsqu'on la coule pour le linge; mais elle se nettoie moins bien ainsi.

Les flambeaux et les autres petits meubles en cuivre doré se nettoient parfaitement avec une éponge, du savon et de l'eau chaude: on frotte l'éponge sur le savon, pour en frotter ensuite l'objet qu'on veut nettoyer, puis on rince et on essuie.

XIV bis. — Cirage anglais.

Voici une bonne recette pour préparer du cirage liquide:

Noir d'ivoire	350 gr.
Mélasse	350
Acide sulfurique	45
Acide hydrochlorique (esprit de sel)	45
Vinaigre	170
Gomme en poudre	20
Huile d'olives	20

Délayez dans une terrine vernissée le noir d'ivoire avec la mélasse, ajoutez la gomme et l'huile; mélangez bien. Versez lentement et en agitant avec une cuiller de bois, d'abord l'acide hydrochlorique, puis l'acide sulfurique. Enfin délayez le tout dans le vinaigre. On rend le cirage plus ou moins liquide en y ajoutant de l'eau.

XV. — Éclairage.

L'éclairage est peu coûteux à la campagne, parce qu'on veille peu. En général on emploie de la chandelle, ce qui n'est guère moins cher que l'huile, lorsqu'une lampe est bonne et que son bec est de petite dimension.

J'engage notre ménagère à faire usage, pour son service particulier, de ces nouvelles bougies qui ne coûtent que le double de la chandelle, durent beaucoup plus et sont d'un usage bien plus agréable. Elle n'y trouverait pas une grande augmentation de dépense, surtout dans l'été, époque où la chandelle est molle et coule facilement.

Quant à la saison où on veille, rien ne peut remplacer une bonne lampe.

Il y a plusieurs espèces de lampes fort bonnes. Celles où l'huile est projetée de bas en haut vers la mèche, au moyen d'un mouvement d'horlogerie, sont, sans contredit, les meilleures; mais elles coûtent fort cher et consomment beaucoup d'huile[1]. Parmi ces lampes, il y en a qui ont un petit bec et dont la consommation est bien moindre. Lorsqu'on veut éclairer tout un grand appartement et qu'on n'est pas obligé de songer à l'économie, il n'y a pas à hésiter, il faut avoir des lampes-Carcel. Mais lorsqu'au contraire on est tenu à une économie sévère, je ne puis trop recommander les lampes dites à *modérateur*, dont le système, fort ingénieux et fort simple, a tous les avantages des lampes à mouvement et coûte beaucoup moins de premier achat. Il en existe des modèles, à petit bec, qui ne consomment que pour quelques centimes d'huile par heure et éclairent parfaitement quatre à cinq personnes qui travaillent autour de la lampe, lorsque l'abat-jour est placé. Ces lampes peuvent même éclairer convenablement une table ronde, à manger, de 1 mètre 15 centimètres de diamètre. Elles sont très faciles à nettoyer et ont l'avantage de permettre de modérer si bien la lumière, qu'on peut les employer comme veilleuse, et elles ne consomment guère plus d'huile que les petites mèches qu'on place sur l'huile; enfin, si on veut instantanément avoir plus de lumière, il suffit de relever la mèche et le verre, et la lampe reprend tout son éclat. Règle générale, toutes les lampes dont le système permet d'élever la mèche sans que pour cela celle-ci brûle jusqu'au cuivre et dont on augmente et blanchit la lumière par l'exhaussement du verre, sont les meilleures. On appelle cela *brûler à blanc*. Quand une

---

[1] Ces lampes ont pris le nom de leur inventeur, *Carcel*. Il est bon de savoir que la consommation des lampes est toujours proportionnelle à la quantité de lumière qu'elles donnent. Les lampes-Carcel brûlent beaucoup, parce qu'elles donnent beaucoup de lumière; aussi on ne les emploie que dans les ménages aisés ou lorsqu'on veut éclairer avec une seule lampe une grande pièce ou une grande table.

de ces lampes est bien faite et bien disposée, il y a au moins un doigt de mèche blanche A (*fig.* 12) qui paraît entre le cuivre B et la partie de la mèche qui brûle C.

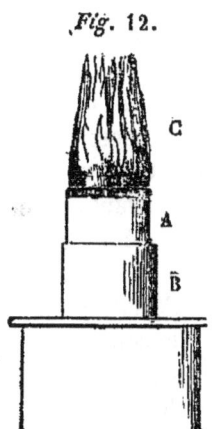

Fig. 12.

Il ne faut pas confier le soin des lampes aux domestiques ; il est excessivement rare d'en trouver d'assez soigneux et intelligents pour qu'on puisse les charger de cet entretien. C'est à la ménagère de faire ce service journalier.

Elle se munira d'une boîte renfermant tous ses ustensiles, les mèches et le linge qui sert à essuyer les lampes, puis d'un corbin ou burette à huile ; ce petit travail de ménage ne durera qu'un instant. Une des conditions essentielles pour qu'une lampe éclaire bien, c'est que la mèche soit coupée horizontalement ; pour cela, il faut avoir des ciseaux faits exprès, abaisser la mèche jusqu'à ce qu'il ne paraisse que la partie qu'on veut enlever, et couper raz l'orifice du bec. On mettra le plus grand soin à ne pas laisser tomber de mouchures dans l'intérieur de la lampe, surtout si c'est une lampe à mouvement.

Lorsque le temps de se servir des lampes est passé, il faut les faire égoutter parfaitement et y verser 125 à 150 grammes d'huile d'olive, qu'on y laisse. Cette huile ne s'épaissit pas comme l'huile à brûler, qui encrasse les conduits des lampes en y séjournant. On couvre aussi les issues par lesquelles la poussière pourrait s'introduire dans la lampe, en les enveloppant de papier. Si on a deux lampes, il faut les faire servir alternativement, sans quoi l'une serait usée avant l'autre et la paire serait dépareillée; d'ailleurs, celle qui ne serait pas employée s'encrasserait tellement qu'elle ne pourrait plus servir.

La chandelle est à peu près le seul moyen qu'on peut employer pour éclairer les domestiques lorsqu'on n'en a pas un assez grand nombre pour tenir une lampe suspendue et allumée dans la cuisine; cependant on peut employer, l'été surtout, de petites lampes en étain ou en fer-blanc. On en fait aujourd'hui de fort bonnes et qui sont peu coûteuses. La chandelle est peut-être l'éclairage le plus cher en été, parce que dans cette saison elle coule avec une grande facilité.

On fait aussi des lampes en étain dont le réservoir se trouve suspendu de telle façon qu'on ne peut renverser l'huile en portant la lampe; elles sont fort commodes et à bas prix.

Quand on emploie de la chandelle, il faut veiller à ce que les flambeaux ne restent pas sur la cheminée de la cuisine. Pendant le jour, en été, ils seront placés dans le lieu le plus frais de la maison.

On doit avoir une boîte à chandelle qui ferme à coulisse et puisse contenir un paquet entier. Dans cette boîte, la chandelle se trouve à l'abri des animaux.

XVI. — Boîte, planche et corbeille à ouvrage.

Une bonne ménagère, qui sait manier l'aiguille habilement, condition que je considère comme une des plus importantes de l'éducation d'une femme, peut confectionner une grande partie de ses vêtements et de ceux de ses enfants, entretenir ceux de son mari et pourvoir à l'entretien du linge de sa maison. La couture est un travail tellement amusant pour une femme qui en a l'habitude et sait bien coudre, qu'elle préfère cette occupation à toutes les autres et qu'elle éprouve un véritable plaisir lorsqu'elle a confectionné ou raccommodé quelque pièce de linge ou quelque vêtement. Ce plaisir est plus vif que ne pourraient le supposer les femmes qui n'emploient leur adresse qu'à des choses inutiles ou à peu près. Il faut donc à notre ménagère nécessairement une boîte à ouvrage, ou pour mieux dire un petit magasin de mercerie. A la campagne, il lui serait difficile de se procurer les choses nécessaires au moment même où elle en aura besoin; puis elle trouvera une véritable économie à acheter ses objets de mercerie un peu en gros. Il y a une grande différence du prix du détail à celui du demi-gros, et la mercerie est une dépense assez considérable dans un ménage nombreux; enfin on peut se procurer ainsi de meilleures marchandises.

La boîte de mercerie devra fermer à clef, parce que rien ne tente autant les bonnes, même fidèles, que ces petites provisions qui sont le domaine de la femme. Cette boîte aura un double fond, divisé en plusieurs cases, afin d'y séparer et d'y retrouver facilement les divers objets. Chaque espèce de fil doit être enveloppée d'un morceau de parchemin attaché avec un ruban portant le numéro du fil qu'il contient, de sorte que lorsqu'il en manque une espèce on soit sûr de la remplacer exactement et d'avoir toujours un assortiment complet; il suffit de désigner le numéro au marchand. De même, lorsque la ménagère veut l'employer, elle sait par le numéro, avec un peu d'habitude, quelle est la grosseur qui convient à l'ouvrage qu'elle entreprend. La provision d'aiguilles, toujours de première qualité (car c'est un moyen de bien coudre et d'avancer davantage), doit être faite par paquets. Le numéro est aussi l'indication de la grosseur de l'aiguille; les plus grosses portent le numéro le plus bas. La ménagère pourra, dans son étui, mais là seulement, mêler les aiguilles de différentes grosseurs. Cet étui doit être en bois, car tous les autres épointent les aiguilles.

Les épingles doivent être aussi achetées au poids, au mille ou à la boîte, et non au *quarteron*. On peut les faire assortir de différentes grosseurs dans la quantité qu'on achète. Les épingles, dites anglaises ou à tête plate, sont ordinairement les meilleures, mais elles coûtent beaucoup plus cher que les autres.

Les rubans doivent également être achetés à la pièce et de diverses largeurs, afin d'avoir un assortiment complet. Avant d'entrer dans la boîte à ouvrage, ils doivent être roulés à plat sur de petits carrés longs en carton mince et ferme, et de grandeur convenable pour être contenus dans la boîte. Les lacets doivent se ranger de même.

La soie noire peut être achetée en provision, et lorsqu'on emploie de la soie de couleur, si elle n'est pas en pelote comme dans beaucoup de pays, il faut couper ce qui reste en aiguillées et les poser une à une dans un parchemin destiné à les recevoir; de sorte que lorsqu'on a besoin d'un peu de soie d'une couleur quelconque, ce qui arrive souvent, on en trouve dans sa petite réserve. Les restes de soie, ainsi rangés, ne se mêlent pas du tout. Les agrafes, achetées également au poids, doivent être renfermées dans une boîte, ainsi que les boutons qu'on doit acheter à la grosse ou au chapelet. Les pelotes de coton occuperont une case particulière, et ne seront point confondues avec les pelotes de fil, etc., etc.

Si notre ménagère veut dévider son fil et ses cotons, elle doit avoir des bobines en bois qui permettent d'arrêter le bout au moyen d'une fente faite dans le rebord de la bobine, ce qui préserve le fil et l'empêche de se salir. Les étoiles de carte sont aussi assez convenables; tandis qu'un peloton rond, fait sur du papier, ne peut s'arrêter, est toujours déroulé et se mêle facilement. Si, au contraire, elle a l'habi-

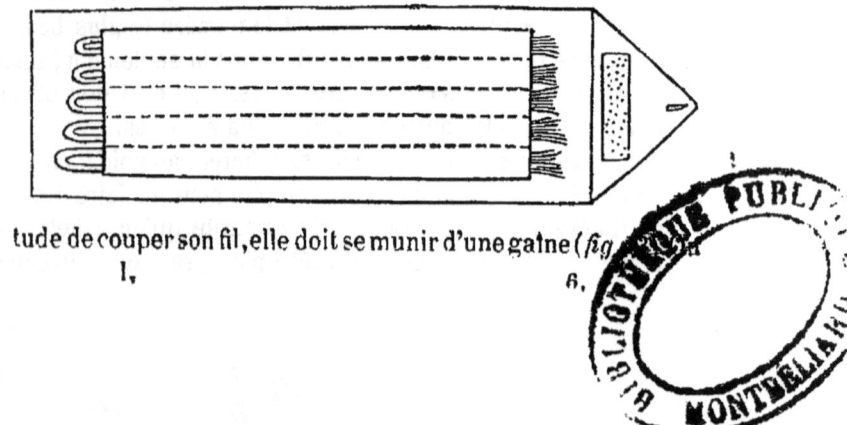

Fig. 13.

tude de couper son fil, elle doit se munir d'une gaîne (fig.

la fait avec un morceau d'étoffe qu'on double et auquel on donne la longueur de 25 centimètres environ et de 10 à 15 de largeur. On le divise, dans la longueur, en coulisses au moyen d'une couture. Ces coulisses doivent avoir la largeur convenable pour recevoir un écheveau de fil plus ou moins gros coupé en aiguillées. On commence, d'un côté de la gaîne, par la coulisse la plus large pour y mettre le fil le plus gros, et on diminue la largeur jusqu'à l'autre côté pour y passer le fil le plus fin ; de sorte qu'il se trouve placé, dans la gaîne, dans un ordre de grosseur, ce qui est très commode lorsqu'on veut l'employer. On fait en bas de la gaîne une petite pochette dans laquelle on dépose les différents petits objets qu'on emploie au moment où l'on coud, et on y attache aussi un morceau de flanelle pour servir de pelote. La gaîne porte à son extrémité supérieure, qui doit être simple, plus longue que les coulisses et terminée en pointe, une boutonnière dont le bouton est placé sur le dos de la gaîne de manière à ce qu'on puisse le boutonner lorsque la gaîne est roulée. Le fil en tresse se perd, se salit et se mêle facilement, il faut avoir grand soin de ne jamais le disposer ainsi.

Une bonne femme de ménage éprouve une espèce de satisfaction particulière à la vue de sa boîte à ouvrage, parce que tout ce qu'elle renferme est bien approprié à ses goûts naturels. C'est ainsi que la vue d'une layette cause toujours aux femmes une émotion qu'elles seules peuvent connaître et qui a quelque chose de divin.

Notre ménagère pourra aussi se munir d'une *planche à tailler*, qui sera tout simplement en sapin mince, avec un petit encadrement en chêne aux deux extrémités. Cette planche doit avoir 50 centimètres de largeur sur 175 de longueur; on la place sur les genoux lorsqu'on veut tailler les corsages de robe et tous les petits objets de couture.

Il lui faut aussi un grand carton, en forme de portefeuille, pour serrer les patrons de papier qu'une bonne ménagère doit prendre de tous les objets d'habillement qu'elle confectionne, afin de pouvoir en tailler de semblables sans courir le risque de gâter de l'étoffe. Je blâme tout-à-fait les personnes qui taillent sans patron ; elles s'exposent à manquer ce qu'elles veulent faire. Avec un patron, on combine bien mieux aussi l'emploi économique de son étoffe. Chaque patron doit porter une inscription désignant son usage et la date de sa confection.

Une corbeille à ouvrage est un meuble très commode, surtout à la campagne où l'on va souvent travailler au dehors : on y dépose tous les objets nécessaires au travail du moment, et les petits ustensiles les plus usuels de la couture. Si notre ménagère change d'appartement ou qu'elle aille travailler dehors, elle emporte avec elle la corbeille où elle trouve tout ce dont elle a besoin. Un nécessaire ne saurait remplacer cette corbeille qui est extrêmement commode pour une femme qui travaille réellement.

XVII. — Armoire à ouvrage.

J'engage fortement notre ménagère à avoir aussi une *armoire à ouvrage*, c'est-à-dire une armoire où elle réunira chaque pièce de linge ou chaque vêtement qui aura besoin d'une réparation, aussi bien que les pièces neuves qu'elle aurait à faire et qu'elle aurait taillées à l'avance pour trouver son ouvrage prêt à être mis en œuvre aussitôt qu'elle a le temps de se mettre à coudre. Elle y joindra aussi les paquets de restes d'étoffes et les morceaux qui, provenant d'objets usés, peuvent encore être employés à certains usages. Au moyen de cette armoire, elle sera certaine de ne point confondre les objets à raccommoder avec ceux qui n'ont pas besoin de réparations, et de ne pas les oublier. Je le répète, je ne puis trop lui recommander l'armoire à ouvrage. Elle peut de plus avoir un panier, elle déposera les objets d'un gros volume qu'elle sera en train de réparer, afin de ne pas les placer sur des chaises autour d'elle, ce qui a un aspect de désordre.

XVIII. — Outils nécessaires à la campagne[1].

Il est indispensable à la campagne d'avoir quelques outils. A chaque instant, il se présente une légère réparation à faire, et il est souvent difficile de se procurer un ouvrier. Quelquefois aussi la réparation est si peu importante qu'on ne peut se décider à le faire appeler, et cependant c'est à l'entretien exact qu'on doit en grande partie la conservation d'une foule de choses dans un ménage. Un travail peut être suspendu faute d'un outil pour réparer un instrument aratoire; enfin, l'occasion d'employer certains outils se présente sans cesse, et comme la nécessité rend ingénieux, il se trouve toujours quelque main assez habile pour s'en servir. Voici le nom des outils dont l'emploi peut être le plus fréquent :

Un établi, c'est le premier meuble à avoir; d'abord, il est fort utile aux gens de la maison, et comme il n'est pas un meuble facile à transporter et qu'il est indispensable au travail d'un ouvrier menuisier qu'on appellerait chez soi, on se décide plus facilement à faire venir celui-ci, quand il ne faut pas transporter son établi. L'établi doit être muni d'une presse, un peigne, un valet, un maillet, un rabot, un riflard, une varlope, une plane, un hachereau; deux marteaux, un petit et un gros; deux tenailles, une petite et une grande; un assortiment de vrilles, un tourne-vis, un assortiment de vis, une grande scie, une petite scie, une scie à scier le bois à brûler, une petite enclume, un étau, un vilebrequin, un assortiment de mèches, un poinçon, une cognée; quelques ciseaux, une clef anglaise, une équerre, un mètre, des coins à fendre le bois; un chevalet à scier le bois, un assortiment de clous, un assortiment de pointes, du papier *verré*, un pot à

---

[1] Bien que cet ouvrage s'adresse plus particulièrement aux femmes, on ne trouvera pas mauvais que j'y traite quelques questions qui rentrent ordinairement dans le domaine des maris. Ce chapitre est de ce nombre.

Ces questions seraient sans doute étrangères à une dame de la ville, mais non à notre ménagère, qui sera parfois appelée à remplacer son mari dans la conduite de l'exploitation. Et qui sait? le mari lui-même pourra parfois trouver ici quelques avis utiles.

colle forte, deux ou trois pinceaux ; enfin un peu de bois d'ouvrage bien sec, comme chêne, frêne, ormeau, noyer, sapin et peuplier, un tranchet pour couper le cuir et un instrument pour faire des trous aux courroies.

Avec ce matériel d'atelier un ouvrier ne sera jamais embarrassé pour faire une réparation, et il est bien rare que notre ménagère ne trouve pas parmi les gens employés chez elle quelque homme assez intelligent pour tirer parti, dans un moment pressant, des outils mis à sa disposition.

XIX.— De la nécessité et de la composition d'une bibliothèque.

Une maîtresse de maison à la campagne doit se composer une bibliothèque. Il n'est pas possible de rencontrer dans un seul ouvrage des notions assez étendues sur tous les points, pour qu'on ne soit pas obligé de faire quelques recherches dans des ouvrages spéciaux. Bien que je donne ici le fruit d'une longue expérience, je n'ai point la prétention d'offrir un ouvrage complet ; je me suis circonscrite dans un cercle que j'ai cru ne pas devoir dépasser, n'espérant pas avoir prévu les besoins de toutes les conditions sociales. Je pense donc qu'il serait fort utile de placer dans sa bibliothèque certains ouvrages spéciaux qui traitent à fond les questions qu'ils embrassent, notre ménagère y aura recours lorsqu'elle voudra franchir les bornes de ma modeste *Maison Rustique des Dames;* de ce nombre sont : *La Maison Rustique du 19ᵉ siecle, la Bibliothèque du Cultivateur, la Bibliothèque du Jardinier,* et *l'Almanach du Bon Jardinier,* qui traitent toutes les grandes questions d'agriculture, d'industrie agricole et d'horticulture.

Ces ouvrages compléteraient l'ébauche que j'ai essayé de faire, et qui contient de petits détails d'intérieur que peut-être on ne saurait trouver ailleurs, ainsi que des règles de conduite utiles à une jeune femme inexpérimentée. Si elle a l'espérance de devenir mère, elle pourrait y joindre *le Traité sur la première enfance,* qui m'a été dicté par une longue expérience acquise à mes dépens. Cet ouvrage a été assez bien accueilli par des personnes à l'opinion desquelles je dois attacher un grand prix pour que j'ose le recommander aux jeunes mères.

Je me borne donc à indiquer, comme je viens de le dire, ces seuls ouvrages qui seront le complément parfait de ma *Maison Rustique des Dames*. En fait d'ouvrage de littérature et d'histoire, j'ajouterai qu'une femme sensée doit faire en sorte de se procurer une bonne bibliothèque d'ouvrages classiques qui offriront à son esprit, dans les moments de repos, un aliment inépuisable qu'elle serait loin de trouver dans la plupart des ouvrages nouveaux dont on ne peut supporter la lecture qu'une seule fois. D'ailleurs elle pourra se les procurer dans les cabinets de lecture des villes voisines [1].

Il paraît quelques journaux périodiques qui sont d'un grand intérêt et dont l'abonnement est peu coûteux ; de ce nombre sont *le Magasin Pittoresque, le Journal d'Agriculture pratique, la Revue Horticole* dont la variété pique toujours la curiosité et dont les rédacteurs offrent toutes les garanties désirables par leur savoir, leur esprit pratique et leur moralité ; elle pourrait y joindre un journal de modes, dans lequel elle trouverait des patrons et des dessins de broderies.

CHAPITRE V.

Du linge. Confection, blanchissage, repassage, entretien.

Le linge est un des objets importants d'un ménage. Notre ménagère devra en approvisionner convenablement sa maison et apporter tous ses soins à sa confection, à son entretien et à sa conservation. Une fois qu'elle possédera la quantité de linge nécessaire à son ménage, il sera bon d'en acheter chaque année une petite quantité pour l'entretenir. Il est plus facile de consacrer à cet emploi une petite somme

(1) Voir la liste insérée à la fin de ce volume, note 1.

chaque année qu'une grosse dans un temps plus reculé, pour renouveler à la fois beaucoup de linge, qui coûte fort cher ; d'ailleurs cela convient mieux pour le service. Toutefois, il serait peut-être plus avantageux, pour quelques espèces de linge, comme les draps de maître et les serviettes de table, d'attendre de pouvoir en acheter une certaine quantité à la fois, parce qu'on les obtiendrait à meilleur compte en les achetant en demi-gros.

Le linge de la maison de maître et celui de la ferme ne doivent pas être confondus ; quant aux draps de domestiques, on peut les réunir à ceux de la ferme.

Je ne suis point d'opinion d'avoir une énorme quantité de linge comme c'est l'usage dans certaines maisons, et même dans quelques provinces où l'on a cette manie. D'abord c'est de l'argent placé sans produit et un véritable embarras pour mettre tout ce linge en ordre et le serrer. Puis il jaunit et s'use même dans les armoires fort inutilement. Il n'y a aucune gloire, comme le croient beaucoup de femmes, à montrer des armoires remplies de linge presque inutile, et à ne faire la lessive que tous les six mois ou tous les ans. Le moment de faire cette lessive devient alors un événement dans la maison et une opération très fatigante pour la maîtresse et les domestiques. Elle les détourne de leurs devoirs journaliers pour assez longtemps. Si le mauvais temps vient ajouter à cet embarras, il est presque interminable. Mais je ne puis aussi trop blâmer les femmes qui emploient leur argent en objets de luxe ou en futilités, et qui négligent d'approvisionner convenablement leur maison de linge, chose de première nécessité, aussi nécessaire à la santé qu'au bien-être, et à laquelle une femme de ménage ne saurait apporter trop de soin.

Le plus ou moins de beauté du linge varie beaucoup selon le pays. Dans ceux où l'on récolte du lin, le linge est ordinairement plus beau que dans ceux où l'on récolte du chanvre. Il est convenable de se conformer à peu près à l'usage du pays qu'on habite, pour ce qui regarde surtout les gens de la maison. On peut, pour soi, faire une exception et se servir de l'espèce de linge à laquelle on aurait été habitué précédemment, mais j'engagerai cependant notre ménagère à ne pas faire usage de linge très fin : on l'emploie plutôt par vanité que par besoin, et la vanité est un sentiment encore plus déplacé à la campagne qu'à la ville. Lorsqu'on se décide à habiter les champs, on ne doit rien faire sans un but d'utilité.

I. — Draps de lit.

Les draps de maître doivent être amples et longs ; un lit n'est bien fait que lorsque les draps bordent facilement partout. Il n'est cependant pas nécessaire qu'ils retournent jusqu'aux pieds du lit, comme je l'ai vu presque partout à Paris ; il suffit, lorsqu'ils sont convenablement bordés aux pieds du lit, qu'ils reviennent jusqu'aux deux tiers environ au-dessus. On aura des draps qui rempliront parfaitement ces conditions en mettant par paire 16 à 17 mètres de toile, ayant 1 mètre 20 de largeur. Cette dimension convient à un lit de 1 mètre 33 centimètres de largeur, et même un peu plus. Pour un lit plus étroit, on peut employer de la toile n'ayant que 90 centimètres de largeur, en conservant la même longueur. Cependant si les lits sont destinés à des jeunes gens, 14 mètres de toile suffiront grandement.

On fait du calicot exprès pour draps ; il est fort et dure beaucoup, et son prix est d'un bon tiers moins élevé que celui de la toile. Ces draps sont très agréables l'hiver, mais il faudrait bien se garder d'employer à cet usage du calicot qui n'aurait pas les qualités de celui fabriqué pour draps ; outre qu'il durerait peu, il serait toujours chiffonné, ce qui rendrait son usage assez désagréable.

Il y a encore une espèce de toile de coton très forte et qui, ordinairement, se vend écrue, mais qui blanchit assez promptement à la lessive. Cette toile peut faire de très bons draps pour les enfants et les jeunes gens ; il y en a de deux largeurs : l'une a 1 mètre 10 centimètres de largeur, l'autre 80 centimètres. Cette toile, faite avec du coton un peu commun, est par conséquent un peu grossière ; son tissu n'est pas très uni, et même il s'y trouve de petits *bourras ;* néanmoins elle est beaucoup plus agréable à l'usage que de la grosse toile, et coûte moins.

Dans la plupart des provinces, en France, on fait la toile, ou presque toute la toile d'un mètre 20 centimètres de large, et il y a économie à lui donner cette dimension, parce que la façon d'une toile de cette largeur coûte très peu de plus que celle d'une toile plus étroite, et, comme la façon entre au moins pour un quart dans la valeur de la toile, cette différence est une considération assez importante dans son prix; cependant cette largeur est souvent gênante pour faire des draps de lit à une seule personne.

Les gens de la campagne emploient leur toile à draps en travers, c'est-à-dire qu'ils réunissent deux lés ensemble en mettant la lisière aux pieds et à la tête, d'où il résulte que leurs draps n'ont que 2 mètres 40 centimètres de long, ce qui ne permet pas de rouler le traversin dans le drap, et de rabattre convenablement ce dernier sur la couverture. Cette manière de faire les draps est peu conforme aux règles de la propreté, si elle l'est à celles de l'économie. Le drap se dérange sans cesse, et la figure porte à nu sur le traversin et la couverture. J'ai adopté, pour faire les draps de mes domestiques, une autre manière de les tailler qui me permet de leur donner plus de longueur sans y employer plus de toile. Je mets dans la paire de draps 10 mètres 80 centimètres de toile que je coupe en trois morceaux, je partage un de ces morceaux en deux dans sa longueur, et je mets un lé et demi dans chaque drap. La longueur de ces draps permet parfaitement de rouler le traversin et de rabattre sur la couverture, et leur largeur est très convenable pour un lit de 1 mètre de large. Ils seraient un peu étroits pour un lit d'un mètre 33 centimètres, cependant ils peuvent encore y servir, et les lits de domestiques ont rarement cette largeur. Si l'on veut coucher deux domestiques ensemble, des lits de 1 mètre 16 centimètres sont bien suffisants.

La toile employée écrue blanchit par l'usage, et je pense qu'il est inutile, pour les draps de domestiques, de la faire blanchir, ce qui nuit toujours à la durée. Il suffit de mettre la toile une fois à la lessive avant de l'employer, surtout pour ne pas se tromper sur la mesure en taillant les draps, car la toile se retire beaucoup en sortant de chez le tisserand. Aussi, lorsqu'on achète de la toile, dans ce premier neuf, on doit toujours calculer sur un vingtième de diminution. Avant de mettre la toile sortant du métier à la lessive, il faut la faire tremper dans l'eau pendant 24 heures, sans quoi la lessive pourrait ne pas la mouiller dans toutes ses parties.

Les draps doivent être numérotés par paire, c'est-à-dire deux draps semblables doivent porter le même numéro. C'est le plus sûr moyen de mettre toujours les pareils ensemble, de les faire servir à tour de rôle et de s'assurer de leur compte ; puis, en les tenant ainsi appareillés, ils s'usent également. Je considère ce numérotage comme fort essentiel.

En serrant les draps dans l'armoire, on suspend à chaque paire une petite étiquette en carton au moyen d'un ruban. Cette étiquette porte le numéro des draps, alors on n'est pas obligé d'ouvrir les draps pour reconnaître leur numéro.

Lorsque les draps commencent à s'user dans le milieu, il devient nécessaire de les retourner ; c'est-à-dire de défaire le surjet qui joint les deux lisières et de le refaire sur les deux autres lisières qui se trouvaient au bord. Il ne faut pas attendre pour cette opération que les draps soient percés au milieu, mais seulement qu'ils soient usés; on change aussi la marque, qui alors se trouverait au milieu, ce qui serait gênant. Par ce moyen, les draps s'usent également dans toutes leurs parties, ce qui prolonge leur durée; pour ceux qui n'ont qu'un lé et demi, on enlève le demi-lé et on le reporte sur l'autre lisière.

Les petits draps d'enfant se font d'un seul lé de toile de 1 mètre 20 centimètres, ou de deux lés de toile en petite largeur ; pour retourner ceux d'un seul lé, on fait un surjet avec les deux lisières, et on fend le drap au milieu.

On doit éviter de mettre des pièces aux draps, parce que c'est fort laid ; il faut donc y faire, autant que possible, des reprises ; si on était obligé de mettre des pièces à des draps encore bons, il faudrait enlever le morceau endommagé, en tailler un de toile absolument pareille et exactement de la même dimension, et les réunir l'un à l'autre au moyen d'une couture fort propre et fort solide qui consiste à prendre avec l'aiguille une certaine largeur du drap, sans plier l'étoffe, puis autant dans la pièce et ainsi de suite, en rapprochant bien les points les uns des autres ; j'appelle cette espèce de

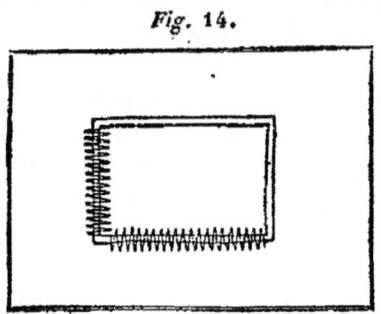

Fig. 14.

couture un *par-ci par-là* (*fig.* 14), et je l'emploie souvent lorsque je ne veux pas faire une reprise, ni mettre de pièce en surjet. Lorsque cette couture est faite avec régularité, elle est fort propre et absolument plate. Les pièces cousues en surjet et rabattues font un mauvais effet, comme je viens de le dire.

II. — Taies d'oreiller.

Les taies d'oreiller sont beaucoup plus propres fermées avec des boutons qu'avec des cordons ; pour cela, en les taillant on donne à la toile un peu plus de longueur qu'il ne faut pour former le carré, et en cousant on laisse dépasser d'une certaine longueur un côté sur l'autre. On fait, du côté le plus court, un ourlet assez large destiné à recevoir les boutons ; de l'autre, on fait un pareil ourlet pour recevoir les boutonnières. Alors, il dépasse assez l'autre pour atteindre les boutons sans détruire le carré parfait que doit représenter une taie d'oreiller. Ces deux ourlets, assez larges, se trouvent donc croisés l'un sur l'autre. Les boutonnières se font en travers de l'ourlet et non parallèlement ; sans ce soin, les boutons ne tiendraient pas boutonnés. On emploie de la toile en 90 centimètres pour faire les taies d'oreiller : celle de Bretagne convient très bien, parce qu'elle est blanche et douce.

III. — Serviettes.

Les serviettes varient beaucoup par leur grandeur et surtout par l'espèce de toile, selon le pays. On doit, autant que possible, conserver une juste proportion dans leur dimension. Les serviettes qui ont moins de 90 centimètres de longueur sont trop petites, ne rendent pas bien les services qu'on en attend et ont un air de mesquinerie désagréable ; celles de plus d'un mètre de long sont trop grandes et deviennent embarrassantes. Je pense que 90 centimètres est une dimension convenable.

J'engagerai notre ménagère à ne pas avoir des serviettes très fines : à la campagne, on mange beaucoup de fruits ; les serviettes en sont souvent tachées, et lorsqu'elles sont fines, elles s'usent beaucoup dans les lessives assez fortes qu'il faut faire pour enlever ces taches, ainsi que par le frottement qu'elles exigent.

Si on n'avait pas encore fait son emplette de linge et qu'on fût à même de choisir celui qu'on achèterait, je donnerais la préférence au linge ouvré. On en fait d'excellent dans le midi et dans le nord de la France, et ces serviettes, sans être de très belle qualité, ont cependant bonne apparence. Ce genre de linge se vend au mètre et non à la serviette ; il est donc tout-à-fait facultatif de donner à cette dernière la longueur qu'on désire. Ce linge est fort joli, et bien qu'il coûte un peu plus cher que l'uni, comme il dure beaucoup plus, il n'est pas, en définitive, plus dispendieux. On peut même l'employer écru, ce qui est assez agréable ; il blanchit très bien et très vite, parce qu'il est fait avec du lin de belle qualité.

On fait en Bretagne d'autre linge de lin qui me paraît convenir aussi très bien à la campagne ; les serviettes et les nappes ont de larges liteaux roses ou violets ; ce linge est d'un beau blanc, très bon et à bas prix : je le préfère beaucoup aux toiles de Normandie ou de Flandre qui ne sont guère propres au linge de campagne.

Le linge de coton est fort à la mode aujourd'hui ; mais je ne conseillerai pas à ma ménagère d'en user. Lorsqu'il est neuf il est encore assez agréable ; mais lorsqu'il vieillit il est mou et plucheux. Pour qu'il se conservât et qu'il fût agréable au service, il faudrait le faire passer au cylindre, ce qui est difficile à la campagne. Cependant, on fait de fort beaux services en coton et à assez bas prix ; notre ménagère pourrait en avoir un ou deux pour les jours de cérémonie, parce que le linge damassé de fil est fort cher. Ce service de coton servant rarement, fera pendant longtemps les honneurs de la table ; on le repasse un peu humide et à l'endroit.

Les nappes doivent être appareillées aux serviettes ; cependant, si l'on en manquait, on pourrait avoir quelques nappes en coton damassé, qui serviraient fort bien avec les serviettes de fil.

Les serviettes doivent être numérotées par douzaines ou dizaines, pour suivre le nouveau système de numération ; c'est-à-dire que chacune des serviettes de la même dizaine doit porter le même numéro. C'est le meilleur moyen de contrôle pour s'assurer de leur compte et pour les faire servir à tour de rôle. Pour les serrer, on enveloppe chaque douzaine ou dizaine dans une des serviettes du même numéro, en l'attachant avec trois épingles. On suspend à chaque paquet une petite étiquette semblable à celle des draps et portant le numéro de la douzaine.

Les serviettes et les nappes doivent se raccommoder, autant que possible, au moyen de reprises, et si l'on est forcé d'y mettre des pièces, on emploiera le genre de couture que j'ai indiqué pour les draps.

IV. — Torchons, tabliers de cuisine et essuie-mains.

La toile convenable pour faire des torchons ne se trouve pas dans tous les pays. A Paris, on emploie une espèce de toile qui porte 70 centimètres à peu près de largeur, et on donne 90 cent. de longueur aux torchons; ils sont alors de forme et de dimension convenables pour le service. Dans plusieurs provinces, on emploie à cet usage de la toile de 120 cent. de large, coupée en deux, et en morceaux beaucoup plus étroits dans un sens que dans l'autre, ou en bandes coupées en travers de la toile, ce qui revient au même. Ces torchons ne sont point de forme commode pour bien saisir une assiette et l'essuyer, ou envelopper quoi que ce soit, parce qu'ils sont trop longs et trop étroits. Si on leur donnait une largeur convenable, ils seraient trop grands; je trouve la toile employée à Paris d'une largeur plus commode.

Quelquefois on fait les torchons avec une toile très grosse et claire, afin qu'on puisse s'en servir plus promptement à essuyer la vaisselle, car dans leur premier neuf il est bien difficile de les employer à cet usage; mais aussitôt que ce genre de toile commence à s'user, elle devient tellement molle et plucheuse, qu'elle laisse du duvet sur la vaisselle et se déchire avec la plus grande facilité; alors l'économie qu'on avait cru faire en achetant de la grosse toile est illusoire. On aura donc beaucoup d'économie à avoir de bonne toile de largeur convenable, dont les lisières seront bien faites, pas trop grosse, mais serrée. Dans les premiers temps, on y coudra des cordons et ils serviront de tabliers de cuisine; après quelques blanchissages, on ôte les cordons qu'on conserve pour une autre occasion, et les torchons peuvent être employés à l'usage auquel ils sont destinés.

La toile à torchons, pour être bonne, doit être ce qu'on appelle *carrée;* c'est-à-dire que la chaîne et la trame doivent être presque de la même grosseur et faites d'un fil rond et non plat, comme celui de beaucoup de toiles.

Si notre ménagère était forcée d'employer de la toile de 120 centimètres de large, elle pourrait prendre les deux tiers de la toile dans sa largeur pour faire un torchon, auquel on donnerait 90 centimètres de longueur, et réunir deux autres tiers par un surjet, ce qui fera un torchon de la même largeur que les deux autres, mais formé de deux morceaux. Cette couture au milieu, faite sur la lisière, n'aurait pas de grands inconvénients ; on aurait donc un tiers de ses torchons avec une couture au milieu.

Les torchons, comme les serviettes, doivent être numérotés par douzaine, et il convient d'en acheter, chaque année, une certaine quantité pour les entretenir dans une proportion suffisante. Trois douzaines par an entretiennent une maison assez considérable ; une maîtresse de maison doit surveiller l'emploi des torchons ; si elle en fixe le nombre par semaine, elle s'expose à voir sa vaisselle essuyée avec des torchons sales ; si elle laisse à ses domestiques la faculté d'en prendre de blancs quand il leur plaît, ils en abusent et n'en ont aucun soin. Elle doit donc s'assurer par elle-même de l'emploi qu'on en fait, et lorsque les domestiques sauront que leur maîtresse a l'œil ouvert sur ce linge, ils apporteront le soin nécessaire à sa conservation. On doit exiger que les bons torchons ne soient jamais employés aux services les plus grossiers, ce qui les endommagerait beaucoup.

Outre les torchons, il faut, pour le service de la cuisine, des tabliers de toile. On était dans l'usage, autrefois, et on le suit encore dans certaines villes, de ne faire porter aux cuisinières que des tabliers de toile blanche. Cet entretien est assez coûteux, parce qu'ils se salissent promptement et qu'il faut beaucoup de toile pour faire un tablier. Depuis que les étoffes de coton sont à très bon marché, on donne aux cuisinières des tabliers de cotonnade de couleur, ce qui offre de l'avantage sous le rapport de l'économie, mais non sous celui de la propreté. A Paris, où le blanchissage est fort cher et où cependant on tient beaucoup à voir sa cuisinière propre, on a adopté l'usage de faire des torchons à cordons. Ce sont tout simplement des torchons plus grands de quatre à cinq centimètres, tout au plus, que les torchons ordinaires ; on coud à une distance de dix centimètres de la lisière, sur l'ourlet, et de chaque côté, un cordon de fil assez long pour croiser par-derrière la taille et venir rattacher par-devant. Ce genre de tablier, peu coûteux d'achat et de blanchissage, se met par-dessus le tablier blanc ou de couleur, au moment où la cuisinière s'occupe de son travail spécial de cuisine; il est fort propre, et la cuisinière peut en changer souvent sans occasionner la dépense de blanchissage et de toile que causaient les grands tabliers de toile blanche. J'engage beaucoup notre ménagère à adopter l'emploi de ces torchons à cordons. Je m'en suis bien trouvée pour le service de ma cuisine depuis les longues années que je suis chargée de la direction d'un ménage.

Les autres servantes de la maison peuvent aussi se servir de ces torchons pour faire les chambres. Elles doivent porter ordinairement des tabliers de couleur dans une maison aussi modeste que doit l'être celle de notre ménagère; mais je l'engage à avoir une certaine quantité de tabliers de calicot blanc, que les servantes prendront au moment de servir à table et chaque fois qu'elles sortiront avec leur maîtresse ou ses enfants; c'est beaucoup plus convenable.

Il faut aussi, dans un ménage, des essuie-mains pour les maîtres et pour les domestiques. Ceux pour les maîtres, habituellement suspendus dans l'office ou à côté de la fontaine à laver les mains, doivent être en toile blanche et assez fine; ceux pour les domestiques peuvent être en toile semblable aux torchons à cordons. On met à deux des coins de l'essuie-main de petites boucles de ruban pour les suspendre à un clou.

V. — De la lessive dans tous ses détails.

Après avoir parlé du linge de la maison, il faut que je m'occupe des moyens de le blanchir. Bien que la lessive soit une chose connue dans tous les pays, je me propose néanmoins de la traiter assez longuement; je l'ai vue fort mal conduite dans certains pays, et quoique je puisse me tromper aussi, je n'en veux pas moins dire ici quels sont les moyens que j'emploie. C'est une opération importante à la campagne, et une bonne ménagère doit connaître parfaitement les conditions qui doivent en assurer le succès. Les frais d'une bonne ou d'une mauvaise lessive sont à peu près les mêmes, et les résultats sont bien différents.

Le linge qui a subi une bonne lessive doit être parfaitement dégagé de toute la crasse et de toutes les impuretés qu'il contenait avant d'y avoir été soumis, aussi bien que des taches de presque toutes natures. Il doit avoir une bonne odeur, être d'un beau blanc, bien étiré et ferme.

Il convient, pour la conservation du linge, de celui qui est très sale surtout, de le faire échanger au fur et à mesure qu'on l'a mis au sale, et de ne pas attendre le moment de la lessive pour lui faire subir cette opération préliminaire. Après quoi, il doit être séché avec soin et déposé dans un lieu sec, comme je l'ai indiqué à l'article *grenier* et *boîte à linge sale* (p. 73). Celui qui n'est pas échangé doit être traité avec le même soin.

Pour échanger le linge, il faut le porter dans un endroit où l'eau est abondante, frotter les taches et les parties les plus encrassées avec du savon, puis entre les mains, et le battre avec un battoir en bois, pas trop lourd.

Dans quelques pays, on brosse le linge au lieu de le frotter. Lorsque les brosses ne sont pas trop dures, je ne pense pas que leur usage soit plus nuisible au linge que celui de le frotter fortement et longtemps entre les mains, et il est plus expéditif ; mais il faut avoir des laveuses qui sachent et veulent employer convenablement la brosse ; et comme, en général, dans tout pays, les laveuses attachent une haute importance à leur savoir-faire, il est difficile de leur faire adopter une nouvelle méthode. Cependant, si, après avoir fait usage de brosses, en les confiant à de jeunes filles dociles, on y trouvait un avantage réel, on parviendrait à rompre l'habitude des femmes adonnées au blanchissage, parce qu'elles ne voudraient pas rester en arrière.

On a mis en usage divers appareils pour faire la lessive, la plupart sont commodes et peu coûteux, en égard à l'économie de temps et de combustible qu'ils procurent. Je pense qu'il est avantageux de les employer, après avoir examiné quel est celui qui peut convenir le mieux à l'usage de sa maison.

On emploie dans de grands établissements un procédé à la vapeur décrit par M. le baron Bourgnon de Layre, conseiller à la Cour d'appel de Poitiers, administrateur des hôpitaux. L'ouvrage a pour titre *Traité pratique du lessivage du linge à la vapeur d'eau.* Il paraît que cette méthode est fort bonne, décrasse le linge sans l'user, et à moins de frais que le lessivage ordinaire ; je ne l'ai pas employée ; elle est peu dispendieuse à établir, et pourrait l'être avec avantage dans une maison particulière d'une certaine importance.

Il y a plusieurs manières de préparer la lessive à la cendre. Dans certaines localités, on met la cendre au fond du cuvier, et on élève le linge très haut au-dessus de ses bords, en le contenant avec des draps qu'on roule autour ; dans d'autres, on met tout le linge dans le cuvier et la cendre par-dessus ; on en met même deux couches, dont une est placée au centre du cuvier au milieu du linge, et l'autre en dessus.

Dans le premier procédé, la cendre ne reçoit l'eau que lorsqu'elle a passé à travers tout le linge, et on coule bien longtemps la lessive avant que la cendre reçoive de l'eau assez chaude pour qu'elle puisse dissoudre les sels mordants qu'elle contient. Cette manière de couler la lessive exige beaucoup plus de cendre et de temps, pour en obtenir un bon résultat, que le procédé qui consiste à placer la cendre au-dessus du cuvier ; elle pourrait convenir à du linge de corps très fin et peu sale, parce qu'en agissant ainsi on ne court pas le risque de voir le linge taché par la cendre, mais il ne saurait convenir à du linge gros et sale. En mettant la cendre au haut du cuvier, on obtient une lessive beaucoup plus forte, avec moins de cendre, de feu et de temps, en dépit de ce qu'en peuvent dire les femmes habituées à une autre manière. Si on n'avait que du linge fin à blanchir, on mettrait beaucoup moins de cendre qu'il n'en faudrait pour une lessive ordinaire, et on obtiendrait de même, et à moins de frais, la lessive douce qui lui convient.

Il est absolument nécessaire de passer la cendre dans un crible fin, ou dans un gros tamis, avant de l'employer à la lessive. D'abord, on enlève le charbon dont elle est toujours remplie, qui est inutile et peut tromper sur la quantité de cendre, parce qu'on ne connaît pas à la vue la proportion pour laquelle il y entre ; on extrait également, par ce moyen, tous les corps étrangers qui pourraient tacher le linge. La cendre, après la lessive, doit être déposée dans un lieu destiné à la recevoir, parce qu'elle est employée à plusieurs usages dans la culture des terres.

L'eau de lessive qui reste, après avoir coulé la lessive, doit également être recueillie et jetée sur le fumier. A la campagne, on ne doit rien négliger de ce qui peut augmenter la quantité et la qualité de ce précieux agent de l'agriculture.

Toutes les cendres de bois sont propres à faire la lessive : celles de bois d'arbres fruitiers, de chêne, de frêne, orme, charme sont les meilleures, puis celles de bois blancs. La cendre de châtaignier tache le linge, il faut, avant de l'employer, la laver, c'est-à-dire la mettre pendant trois ou quatre heures dans un baquet avec de l'eau, qu'on jette ; il en faut plus que d'autres. La cendre d'aulne donne une lessive noire qui tache. La cendre de sapin tient peut-être le premier rang ; j'ai fait chauffer nos fours avec des fagots de sapin, et j'ai obtenu les meilleurs résultats de cette cendre. Les cendres de plantes en végétation ou de fanes de plantes et celles de sarments de vigne sont les plus actives de toutes. La cendre *cuite* vaut mieux que la nouvelle, parce qu'elle contient moins de charbon et de corps étrangers, ayant séjourné longtemps dans la cheminée. La cendre de bruyère ou d'ajonc est la moins bonne de toutes.

Il faut éviter de mettre la cendre, destinée à la lessive, dans un lieu humide, elle s'y détériore.

On coule la lessive de plusieurs manières. Les uns placent le cuvier sur un pied élevé et percent le fond, puis bouchent le trou avec de la paille non serrée, bien rangée, coupée à 33 cent. de longueur et dont on écarte les brins. A mesure qu'on jette l'eau sur le cuvier, elle s'écoule doucement par le bouchon en traversant le linge, et tombe dans un cuvier plus petit et placé au-dessous. On retire ensuite, avec un vase, la lessive de ce petit cuvier, et on la verse dans la chaudière destinée à la chauffer. On procède ainsi jusqu'à ce que la lessive ait assez coulé.

Il faut, pour couler une lessive, par ce procédé (*fig.* 15) beaucoup plus de temps, de bois et de peine que par celui que je

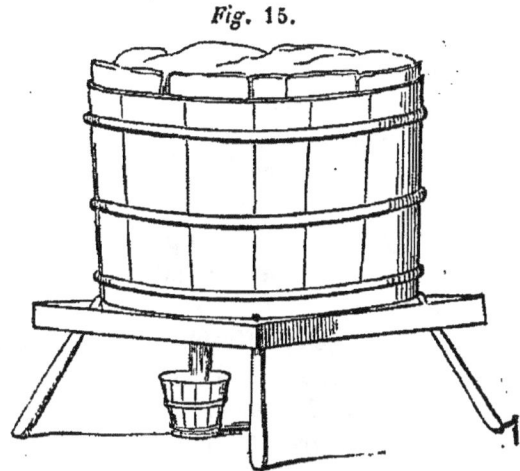

Fig. 15.

vais indiquer, parce que l'eau de lessive se refroidit beaucoup en séjournant dans le petit cuvier, qu'il faut beaucoup de feu pour la réchauffer ; enfin, parce qu'il faut la prendre dans ce cuvier pour la verser dans la chaudière.

Voici l'autre procédé que j'emploie depuis longues années avec un succès complet.

Fig. 16.

On place également la cuve sur un pied qui en élève le

fond à la hauteur du rebord de la chaudière destinée au chauffage, et assez près d'elle pour qu'au moyen d'un tuyau, soit de bois, soit de fer, placé dans un trou pratiqué à la base du cuvier, la lessive s'écoule d'elle-même dans la chaudière. On place dans le cuvier, à l'endroit où pénètre le tuyau, un petit morceau de tuile courbe, ou une assiette, pour empêcher le linge de boucher l'entrée du tuyau. On voit que par cet arrangement la lessive coule seule et directement du cuvier dans la chaudière, et qu'elle n'a pas le temps de se refroidir. Il ne s'agit plus que de la prendre dans la chaudière pour la jeter sur le cuvier ; il faut très peu de feu pour l'entretenir bouillante.

Je crois ce procédé bien préférable à tous égards au précédent et très facile à organiser. Pour fixer le tuyau dans le trou pratiqué au cuvier de manière que l'eau ne puisse s'échapper, on entoure l'extrémité du tuyau d'un peu de chanvre ou de toile. Il suffit qu'il pénètre dans le cuvier de 3 ou 4 centimètres. S'il était trop saillant en dedans, il serait difficile de placer la tuile qui doit empêcher le linge de le boucher.

Fig. 17.

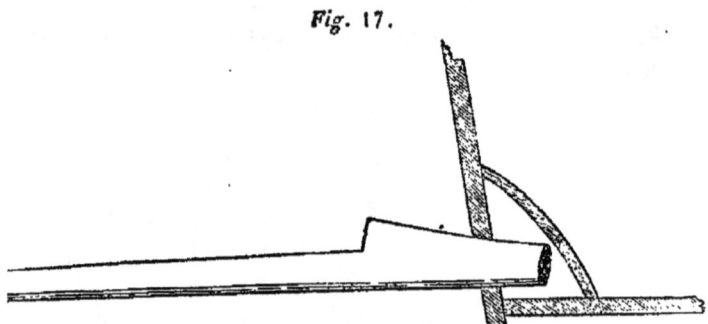

Les tuyaux en bois qu'on emploie à cet usage (*fig.* 17) ne sont ordinairement fermés que dans la longueur de 15 cen-

Fig. 18.

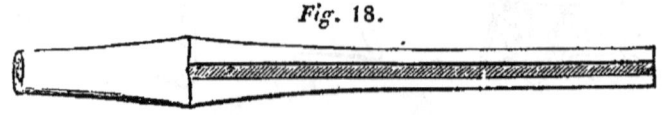

timètres environ (*fig.* 18), après quoi ils forment seulement une petite rigole qui conduit la lessive à la chaudière ; il serait trop difficile de percer un morceau de bois peu gros dans toute sa longueur, et ce serait même inutile ; ceux en fer sont tout simplement un vieux canon de fusil.

Pour avoir une buanderie bien organisée (*fig.* 19), on fait sceller une chaudière sur un fourneau, dont l'entrée étroite permet seulement le passage du bois, et auquel un tuyau, construit au côté opposé à l'entrée, sert de conduit à la fumée. Ce tuyau peut être encastré dans un mur de refend.

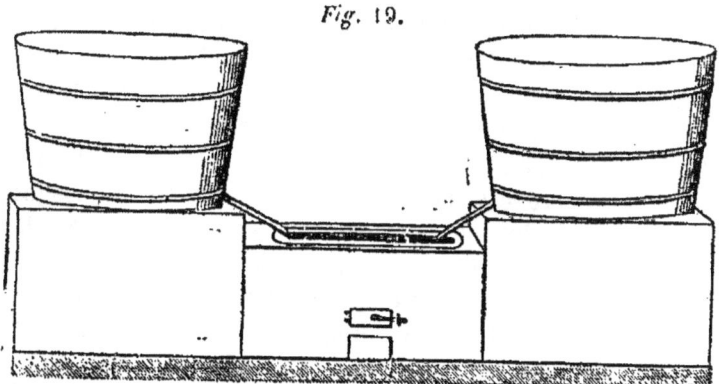

Fig. 19.

Je ne donnerai pas la description de la construction fort simple du fourneau, parce qu'elle est connue de tous les ouvriers qui ont l'habitude d'en établir. De chaque côté de la chaudière, on construit deux plates-formes rondes de la même hauteur que le fourneau, et proportionnées à la grandeur des cuves auxquelles elles sont destinées. Ces plates-formes doivent être construites en maçonnerie, soit de pierre de taille, soit de briques, ou d'autres pierres en usage dans le pays.

Par l'emploi du fourneau, on aura bientôt fait l'économie de sa construction sur le bois de chauffage. Avec les plates-formes, on trouvera une grande commodité et une sûreté parfaite pour placer ses cuviers ; et si on veut y donner plus de perfection encore, on fera un encastrement dans la pierre de taille pour recevoir le rebord de dessous du cuvier, afin que le fond porte d'à-plomb sur la plate-forme. A défaut de ce soin, il faudra garnir la plate-forme de quelques planches qui remplissent le vide entre les rebords du cuvier ; sans quoi, on courrait risque de le voir se défoncer par le poids du linge et de l'eau qu'il supporte.

La chaudière, ainsi montée, sera employée à une infinité d'autres usages dont je parlerai plus tard, et pour lesquels il n'est pas moins nécessaire qu'elle soit bien organisée. Elle peut être en cuivre ou en fonte, mais il faut qu'elle ait un rebord aplati de 8 à 10 centimètres de largeur environ, qu'on encastre dans le bâtis du fourneau et qui sert à la soutenir. La chaudière doit être mobile, et pouvoir s'enlever facilement de dessus le fourneau pour la nettoyer. Une chaudière en fonte sans rebord serait fort difficile à retirer du bâtis, parce qu'il n'y aurait aucun moyen de la saisir, et d'ailleurs le rebord est indispensable pour les autres usages auxquels je la destine. Les cuviers peuvent être en bois de sapin, ou en terre cuite comme c'est l'usage dans une grande partie du Poitou, et même en pierre de taille. Lorsqu'ils sont en bois, il faut avoir le soin, lorsque la lessive est finie, de les serrer dans un lieu assez frais pour que les cercles ne tombent pas. La veille du jour où l'on doit préparer la lessive, il faut faire sortir les cuviers, les mettre sens dessus dessous, et couvrir d'eau le fond, et même rebattre un peu les cercles s'ils paraissent s'être dérangés. Il est préférable qu'un cuvier soit cerclé en fer plutôt qu'en bois, mais il lui faut au moins deux cercles de fer. Ceux en terre ou en pierre ne demandent d'autres soins que ceux de propreté. Il est plus convenable d'avoir un grand et un petit cuvier que deux de même contenance.

La lessive doit couler pendant douze heures au moins si elle contient du linge de table, de lit et des torchons ; cinq à six heures suffisent pour du linge fin de corps. On doit ranger le linge dans le cuvier la veille au soir, et on le mouille à mesure ; puis on bouche le conduit, afin que le linge trempe bien. Avant de couler la lessive, il faut mouiller la cendre, puis la recouvrir avec le linge destiné à la recevoir. On doit chauffer très peu en commençant, et n'augmente le feu que graduellement et six heures après. Si on faisait bouillir l'eau avant sept ou huit heures de coulage, on risquerait d'*échauder* la lessive ; c'est-à-dire qu'en saisissant trop vite la cendre, ou elle se déchargerait tout à coup sur le linge et le tacherait, ou la crasse du linge saisie trop vite ne se dissoudrait pas. Le feu doit être entretenu très régulièrement.

Lorsqu'on veut couler la lessive, il faut réunir tout le linge qui doit y entrer, et échanger avec son celui qui ne l'aurait pas été comme je l'ai dit plus loin. Sans cette précaution, la lessive ne pourrait prendre une bonne odeur, et d'ailleurs toutes les taches ne s'enlèveraient pas. Il n'y aurait pas économie à éviter cette opération, parce qu'après avoir lessivé le linge il faudrait employer beaucoup de savon et de temps pour faire disparaître les taches, encore n'y parviendrait-on pas toujours.

Lorsqu'on a réuni tout son linge, on le compte, et on en prend note ; puis on le classe, c'est-à-dire qu'on met chaque nature de linge à part, le linge de table, de lit, de corps, de cuisine, etc. On garnit son cuvier d'un gros drap, ou mieux d'une grosse toile carrée destinée à cet usage. Si on coule la lessive au moyen du bouchon de paille, il faut également faire usage de la tuile courbe pour que le passage de l'eau au travers de la paille ne soit pas obstrué par le linge. Lorsque le cuvier est ainsi garni, on y place le linge en commençant par le plus sale, dont on doit cependant réserver une partie pour mettre sous la cendre, afin d'éviter son contact avec le linge fin. On met ensuite une partie du linge de lit, puis le linge fin. On achève de placer le linge de lit, ensuite le linge de table, et on termine par le gros linge qui avait été mis à part. On replie les bords du drap, ou grosse pièce de linge, qui a servi à garnir le cuvier, et on dispose l'enveloppe qui doit recevoir la cendre, c'est ordinairement un morceau carré de grosse et forte toile consacré à cet usage. Lorsqu'on a étendu la cendre en une couche bien égale, on la mouille ; puis on la recouvre, pour ne couler la lessive que le lendemain, comme je l'ai déjà dit. Si l'on a deux cuviers, il est mieux de mettre le gros linge dans l'un, et le linge fin dans l'autre, en mettant sous la cendre un peu de gros linge, parce qu'elle se dégorgerait trop fortement sur le linge fin et le jaunirait, surtout celui en coton; on cessera de couler le cuvier contenant le linge fin avant l'autre.

Le linge doit être mis pièce à pièce dans le cuvier, étendu, et toujours rangé par couches bien plates. S'il est sec, on l'arrose à mesure qu'on en a placé une couche, afin de le tasser fortement, de s'assurer qu'il est bien d'aplomb, et que la lessive pénètrera dans toutes ses parties et non sur un point plutôt que sur un autre. Si au début la lessive ne coule pas vite, il ne faut pas s'en inquiéter, et surtout ne pas exciter son écoulement en introduisant de petits morceaux de bois entre le linge et le pourtour du cuvier, comme on le fait souvent, parce que, si l'écoulement est accéléré, c'est sans profit pour le linge, puisqu'il n'en est pas traversé.

Les draps doivent être pris par la lisière pour être rangés dans le cuvier, et placés les uns après les autres, de manière qu'il soit facile de les retirer du cuvier, lorsque la lessive est terminée, faute de prendre cette précaution on s'expose à les déchirer; il en est de même pour les autres pièces.

Un décalitre de bonne cendre est suffisant pour un hectolitre de linge, lorsqu'il est mouillé; mais si c'est du linge fin et peu sale, il en faut moins. Si on se trouve à court de cendre ou qu'elle ne soit pas bonne, on peut ajouter de la potasse comme un kilog. pour un hectolitre de cendre; on la met dans la chaudière quand la lessive commence à bien chauffer. La proportion d'eau à mettre sur le cuvier peut se mesurer ainsi : lorsque le cuvier est plein, c'est-à-dire lorsque l'eau baigne le linge, la chaudière, si elle est de proportion convenable, doit être à moitié pleine ou un peu plus. A la fin du temps employé à couler la lessive, cette proportion se trouve réduite par l'évaporation.

Le vase le plus commode pour couler la lessive, c'est-à-dire pour prendre le liquide dans la chaudière et le verser sur le cuvier, est une casserolle de cuivre ou de fer-blanc.

Lorsqu'on veut arrêter la lessive, on cesse de transvaser de la chaudière dans le cuvier et de chauffer; on laisse égoutter toute la nuit. Le linge ne conserve de lessive que ce qui est nécessaire pour le lavage.

Avant de finir de couler la lessive, on peut apporter quelques ustensiles de la maison pour les nettoyer, comme l'argenterie, les cafetières, différents vases de terre ou de fer-blanc, j'entends ceux qui ne peuvent donner aucune mauvaise odeur au linge. On les place sur la lessive ou dans la chaudière, et on les y laisse quelque temps, puis on les frotte avec un petit balai ou une brosse de chiendent. Ce moyen de nettoyage est parfait et facile. Enfin, si on avait quelques pièces de linge à ajouter à la lessive, ou du linge de couleur qui ne déteindrait pas en y restant quelque temps, on les mettrait *sur la chaude*, c'est-à-dire que, lorsque la lessive serait bien chaude, on les placerait sur la toile renfermant la cendre, où ils pourraient rester une couple d'heures; ils seraient parfaitement nettoyés. Le linge de couleur doit être lavé immédiatement, car si on le laissait imbibé de lessive jusqu'au lendemain, la couleur, telle bonne qu'elle soit, en souffrirait certainement.

Lorsqu'on a des torchons très sales qu'on n'a pas voulu, par ce motif, comprendre dans la lessive, on les met dans la chaudière lorsqu'on cesse de couler, et on les y laisse jusqu'au lendemain. La chaleur du fourneau suffit pour entretenir l'eau de lessive à une température convenable pendant toute la nuit.

Le lendemain matin, de bonne heure, il faut procéder au décuvage pour transporter le linge dans l'endroit où il doit être lavé. Pour le transporter et lui conserver sa chaleur et son humidité, ce qui convient le mieux ce sont des sacs dans lesquels on l'entasse, et dont on ne le retire qu'au fur et à mesure qu'on le lave. On peut également le rapporter à la maison dans ces sacs, si on ne le fait pas sécher dans le lieu même où il a été lavé.

Si la lessive a été bonne, ce qu'on peut présager lorsque la chaudière se couvre d'écume mousseuse vers la fin du coulage, il faudra bien peu de savon pour laver le linge; cependant il sera nécessaire d'en employer de nouveau une petite quantité pour enlever les taches qui paraîtraient encore.

Le linge a besoin d'être battu avec un battoir en bois pour faciliter l'extraction des parties que la lessive a dissoutes et celles de la lessive elle-même qui y sont restées; mais l'emploi du battoir doit être surveillé, parce que les laveuses en abusent presque toujours pour s'éviter la peine de frotter le linge entre leurs mains. Lorsque le linge est bien lavé et rincé, on tord, après quoi on met à part celui qui doit être passé à l'eau de bleu.

L'eau de puits convient beaucoup mieux que celle de rivière pour mettre le linge au bleu, parce qu'elle contient quelques parties calcaires qui contribuent à fixer le bleu. On doit bien tordre et étendre le linge aussitôt qu'il est passé au bleu, sans quoi, en l'égouttant, l'eau du bleu formerait des raies plus colorées sur quelques parties du linge, ce qui serait désagréable à l'œil. Tout le linge de corps doit être tourné à l'envers lorsqu'on le lave, car c'est surtout de ce côté qu'il est sale; d'ailleurs c'est un moyen de l'avoir plus blanc à l'endroit lorsqu'il est sec, parce qu'il peut se salir en séchant.

Il ne faut pas faire sécher entièrement le linge la première fois qu'on l'étend; il convient mieux de l'enlever des cordes à moitié sec, et de le *tabler*, soit pour le repasser, soit pour l'empiler, afin qu'il se déride et prenne un bon pli.

Les draps doivent être étirés dans le sens de l'ourlet et pliés par la lisière; les serviettes étirées aussi et pliées en trois par l'ourlet; tout le linge doit être plié à l'envers. Pour l'empiler, on ne le plie pas entièrement, c'est-à-dire comme il doit l'être pour être serré. On le met sur une table, et on le charge avec quelque chose de lourd posé sur une planche. Il reste ainsi de dix à quinze heures, après quoi on l'étend de nouveau, sans le déplier, pour achever de le faire sécher. Alors il est aussi ferme et aussi lisse que s'il avait été repassé.

Si le linge qui doit être repassé ne peut pas l'être de suite, il faut le laisser entièrement sécher sur les cordes, le retirer et l'envelopper avec soin pour qu'il ne jaunisse pas. Lorsqu'on veut le repasser il faut quelques heures à l'avance le tabler, comme je l'ai dit précédemment, et l'arroser, puis l'empiler, pour que l'humidité pénètre partout également. S'il n'était pas mouillé et tablé avec soin, il serait beaucoup plus difficile à repasser, et l'ouvrière perdrait son temps à chaque pièce pour la détirer et la mouiller pendant que ses fers chaufferaient inutilement.

Les mouchoirs doivent être mis à part pour qu'on les repasse à la suite les uns des autres. En classant bien son linge, on gagne beaucoup de temps, parce que la division bien entendue du travail est toujours un moyen de l'accélérer.

Tout le linge doit être visité et raccommodé lorsqu'il est échangé, et si on n'a pas eu le loisir de le faire, il ne faut pas négliger ce soin avant de le faire repasser, ou au moins de le serrer. Cet entretien continuel est le plus sûr moyen de prolonger longtemps la durée du linge.

VI. — Lessive de torchons.

Il arrive quelquefois que l'on n'a pas assez de torchons pour attendre d'une lessive à l'autre ; dans ce cas, on les fait échanger, et on les met dans la chaudière à la lessive avec de la cendre et de l'eau ; on chauffe doucement jusqu'à l'ébullition qu'on continue pendant une couple d'heures, après quoi on les retire et on les laisse égoutter pendant quelques instants. On les lave, comme le linge de lessive, à grande eau.

Cette petite lessive, un peu grossière, ne conviendrait pas à d'autre linge, ni même toujours aux torchons ; mais on peut très bien y avoir recours une fois entre les lessives ordinaires.

VII. — Savonnage.

Il n'est pas nécessaire que le linge de corps soit mis à la lessive toutes les fois qu'il a besoin d'être lavé ; c'est une erreur accréditée chez beaucoup de personnes de croire que le linge qui n'a pas été lessivé n'est pas sain. Mais il est malsain de faire usage de linge mal blanchi et mal séché. La lessive jaunit le linge de coton, à moins qu'elle ne soit très douce et coulée peu de temps, ce qui effectivement blanchit très bien le linge ; mais un bon savonnage, fait comme je vais l'expliquer, peut la remplacer, s'il n'est pas préférable. Je conseillerai de ne jamais mettre à la lessive les petits vêtements d'étoffes fines, comme bonnets, fichus, robes blanches, jupons, linge des petits enfants, etc. Un bon savonnage les rendra beaucoup plus blancs ; j'engage même à adopter ce mode de blanchissage pour les chemises et les camisoles de percale et de calicot. On procède ainsi :

Il faut avoir un grand chaudron en cuivre et deux baquets en bois blancs ; le chêne tache le linge pendant longtemps, lorsqu'il est neuf. Les baquets de chêne doivent être faits en bois très vieux, et il faut couler une ou deux petites lessives dedans avant de les employer. Ces deux baquets doivent être de grandeur proportionnée à la quantité de linge qu'on a l'habitude de faire savonner. Lorsque tout le linge est placé dans les baquets, ils doivent être à moitié pleins.

On doit trier, pour être savonné à part, le linge le moins sale et le plus fin. Le soir on fait chauffer de l'eau dans le chaudron sans aller jusqu'à l'ébullition, et on la verse dans les baquets ; on prend chaque pièce de linge, on la trempe dans l'eau, on la frotte de savon sur les parties les plus sales, comme le bas des manches, les coulisses, les ourlets, etc. ; on frotte un peu de nouveau entre les mains, on roule et on plonge au fond du baquet. On procède ainsi pour toutes les pièces de linge, en ayant soin de mettre dans un baquet les plus sales et le reste dans l'autre, et en commençant par les pièces les plus crasseuses, afin qu'elles se trouvent au fond du baquet. On couvre le baquet avec une toile, et on laisse tremper le linge jusqu'au lendemain. Alors on remet un peu d'eau chaude, ou on fait réchauffer celle qui surnage sur le linge, puis on procède au *décrassage*.

On frotte d'abord entre les mains les parties qui ont été

savonnées, puis le reste de la pièce, en y ajoutant un peu de savon ; on frotte de nouveau en mettant la pièce de linge sur une planche bien polie, placée dans le baquet et qui se trouve inclinée dans sa longueur vis-à-vis la personne qui savonne. C'est du plus ou moins de soin et de perfection avec lesquels ce *décrassage* est exécuté, que dépend la blancheur du linge, mais je dois faire observer que, lorsque le linge a trempé 15 à 20 heures, il se lave avec la plus grande facilité. Néanmoins notre ménagère fera bien de visiter de temps à autre le linge pendant qu'on le savonne, à moins qu'elle n'ait une laveuse assez intelligente et assez zélée pour bien faire sa besogne sans surveillance, ce qui est assez rare.

Quelques personnes sont dans l'usage d'ajouter à l'eau, dans laquelle on lave le linge après *le bouillage*, une certaine quantité d'eau de javelle qui contribue à donner de l'éclat à la blancheur du linge. Cette méthode ne serait pas mauvaise si on l'employait de temps à autre seulement et avec discernement ; mais il faudrait qu'on laissât le linge entièrement plongé dans l'eau mêlée d'eau de javelle, et qu'on rinçât avec le plus grand soin chaque pièce à mesure qu'elle serait frottée dans la préparation ; sans ces soins, le linge exposé au contact de l'air pourrait être brûlé par l'eau de javelle qui contient un mordant fort actif. Car c'est surtout l'action de l'air qui rend l'eau de javelle dangereuse. J'engage donc notre ménagère à n'user de ce moyen qu'avec beaucoup de réserve, et si elle l'emploie, elle ne mettra qu'un demi-litre d'eau de javelle dans un baquet contenant 40 à 50 litres d'eau. Elle fera ce mélange avant de mettre le linge dans l'eau.

Pour faciliter le travail du savonnage, on place le baquet sur deux chaises. La laveuse se met debout devant le baquet et se trouve ainsi placée fort commodément pour frotter avec force et vitesse.

Avant de terminer le décrassage du linge, on met sur le feu le chaudron à moitié plein d'eau propre. Lorsqu'elle est prête à bouillir, on y jette de petites tranches de savon coupées très minces et en quantité suffisante pour faire une bonne eau savonneuse, qu'on bat avec une cuiller ou une spatule de bois, afin de bien faire dissoudre le savon. Alors on met dans cette eau le linge décrassé, comme je l'ai dit, en commençant par le plus fin, et on le fait bouillir pendant vingt minutes environ. On le retire ensuite en prenant chaque pièce avec la cuiller et la laissant égoutter dans le chaudron pour la débarrasser de l'eau excédante, puis on la dépose dans un baquet vide; lorsque tout est retiré, on remet de nouveau linge dans le chaudron, en ayant soin d'y ajouter un peu d'eau et de savon, s'il ne s'en trouvait plus assez pour que ce linge baignât; on peut le fouler légèrement dans le chaudron, mais il faut qu'il y ait assez d'eau pour qu'il n'y ait aucun danger à le laisser bouillir.

Lorsque tout le linge a bouilli ainsi successivement, on le met de nouveau dans une eau fraîche et on l'y laisse jusqu'au lendemain, ce qui vaut mieux que de le laver de suite. On le frotte encore dans cette eau, en examinant avec soin si quelques parties n'ont pas besoin d'un peu de savon, ce qui n'arrive pas s'il a été parfaitement décrassé. Il se décharge de l'eau de bouillage et n'a plus besoin que d'être bien rincé.

Si on était dans le voisinage d'une rivière ou d'une fontaine, il serait préférable d'y porter le linge pour l'y rincer à grande eau. Dans le cas contraire, on le rince avec soin dans deux eaux, l'une après l'autre, et on le met au bleu comme je l'ai indiqué à l'article lessive.

L'eau qui a servi à faire bouillir le linge convient parfaitement pour laver le linge de couleur, qu'on peut aussi faire bouillir un instant, à moins qu'il ne soit pas bon teint.

Je puis assurer que du linge lavé comme je viens de le dire, sera parfaitement blanc et parfaitement sain; de plus il n'est pas exposé aux taches produites quelquefois par une lessive trop forte.

VIII. — Moyen d'enlever les taches du linge.

Avant de mettre le linge à la lessive ou au savonnage, il convient d'enlever les taches qui ne disparaîtraient pas dans ces opérations. Voici quelques moyens à employer.

Les taches de fruits rouges s'enlèvent au moyen du soufre. On mouille la tache et même un peu autour. Deux personnes tiennent l'étoffe tandis que l'une d'elles prend d'une main une certaine quantité d'alumettes bien soufrées, dont elle fait brûler le soufre au-dessous de la place mouillée. On pourrait remplacer les alumettes par un peu de soufre placé dans un vase quelconque, ou par une mèche fortement soufrée. La fumée du soufre, en passant à travers l'étoffe, fait disparaître la tache. On renouvelle l'opération jusqu'à ce que celle-ci soit entièrement enlevée. Il reste quelquefois une tache formée par la pulpe du fruit, qui est jaunâtre; on la lave avec du savon, et si elle résiste, on emploie l'eau de javelle, comme je vais l'indiquer plus loin.

L'encre et la rouille s'enlèvent avec du sel d'oseille; on mouille la tache avec de l'eau, on place dessus une légère couche de sel d'oseille pulvérisé, puis on met dans une cuiller d'argent quelques charbons ardents. On promène le dessous de la cuiller, qui est très chaud, sur le sel d'oseille, et on mouille de nouveau; à mesure que la chaleur fait évaporer l'eau, le sel en se dissolvant par l'humidité et la chaleur enlève la tache. Aussitôt qu'elle est disparue, il faut laver à grande eau toute la partie qui a été mouillée, et même au-delà, et rincer parfaitement.

Si la tache existait sur une étoffe de couleur, il serait à craindre que la couleur fût altérée par le sel d'oseille; il est donc prudent de faire un essai préalable sur un petit morceau de la même étoffe, parce qu'au lieu d'une petite tache on pourrait en produire une grande. Il est inutile d'essayer sur les couleurs vertes ou rouille; elles seraient inévitablement altérées.

L'eau de javelle enlève beaucoup de taches, cependant il en est qui lui résistent. Voici comment elle s'emploie. On en verse une certaine quantité dans un vase et on y ajoute d'abord moitié eau. On prend le linge à l'endroit taché et on le frotte dans ce mélange, si, au bout d'une ou deux minutes, la tache n'est pas disparue, c'est que peut-être l'eau de javelle n'était pas assez forte; alors on l'emploie pure par le même procédé; si la tache résiste encore, c'est que l'eau de javelle est sans action sur elle. Il faut s'empresser de rincer, à plusieurs eaux, l'étoffe sur laquelle on a opéré, faute de quoi on s'exposerait à la brûler; au bout de quelque temps elle tomberait en lambeaux. L'eau de javelle exhale une forte odeur, mais qui n'a pas de durée, et qui, loin de vicier l'air, le purifie comme le chlorure de chaux.

Lorsqu'une tache a résisté au soufre, au sel d'oseille et à l'eau de javelle, je crois qu'il est inutile de tenter d'autres moyens; à moins que ce soit une tache de corps gras ou résineux. Dans ce cas on emploie l'éther, l'essence de térébenthine ou celle de citron. Le cambouis s'enlève avec du beurre, on en couvre la partie tachée après avoir enlevé avec un couteau tout ce qui n'a pas pénétré dans l'étoffe, et on frotte bien; on lave ensuite la tache dans de l'eau tiède en la frottant avec du savon entre les mains. Si l'on emploie ce moyen tout de suite, il ne reste aucune tache.

Il faut conserver le sel d'oseille dans une petite fiole de verre dont l'ouverture soit assez large pour permettre l'entrée du doigt; on mouille celui-ci avant de l'introduire dans la fiole; il se garnit de sel qu'on étend ensuite sur la tache.

IX. — Moyen de nettoyer les soieries et les lainages.

Je donnerai ici un excellent procédé pour nettoyer les soieries et les étoffes fines de laine, comme le mérinos, le stoff, etc. Si la soie qu'on veut nettoyer est bon teint, elle conservera le brillant et la souplesse qu'elle avait étant neuve, et plus elle sera de belle qualité, moins elle sera altérée par le nettoyage. Ce procédé est précieux, surtout pour les cravates de soie noire, les tabliers qui se tachent si souvent, les florences, les gros de Naples unis ou écossais, les foulards. Toutes ces soies, si elles sont bon teint, ne perdront, pour ainsi dire, rien de leur beauté au nettoyage.

Après avoir dédoublé la soie qu'on veut nettoyer, et défait les coutures, vous mettez dans un vase qui puisse aller au feu, et peu creux, 250 grammes de miel, 200 grammes de savon noir, 1 litre d'eau-de-vie, et vous faites fondre le tout ensemble sur le feu, en remuant pour opérer le mélange.

Vous étendez le morceau d'étoffe sur une table bien propre, et vous le frottez, sans trop appuyer, dans toutes ses parties, et sans faire de plis, avec une brosse de crin, peu dure, trempée dans la préparation que vous laissez sur un feu doux. Vous nettoyez ainsi des deux côtés en mettant assez de la préparation pour que l'étoffe en soit entièrement imprégnée. Une autre personne prend le morceau d'étoffe par un bout, le plonge et le retire à plusieurs reprises dans un grand vase rempli d'eau, mais *sans le frotter*. Une grande partie de la préparation reste dans l'eau. On en fait autant dans un second vase également rempli d'eau, et on opère de même dans un troisième; alors l'eau doit dégoutter parfaitement claire du morceau d'étoffe. On étend celui-ci sur une corde et on laisse égoutter *sans tordre*.

Pendant ces opérations on continue le nettoyage des autres morceaux.

Lorsque le premier morceau nettoyé est bien égoutté, quoique encore mouillé, on procède au repassage. Si quelques portions sont encore trop imprégnées d'eau, on peut les essuyer avec un linge doux et sec, puis on les étend sur une couverture de laine. Le repassage doit s'opérer à l'envers. Il faut que le fer soit assez chaud, puisque l'étoffe est mouillée, mais cependant pas assez pour la roussir. On repasse lentement en mettant tout le soin possible pour ne pas faire de faux plis, et dans le sens où le fer paraît couler le plus aisément.

Une étoffe de soie nettoyée avec soin, par ce procédé, est presque aussi belle que neuve, elle est brillante et semble porter un apprêt qui ne nuit point à sa souplesse. Je suis convaincu que notre ménagère sera enchantée de ce procédé facile. Lorsque les tabliers ne sont pas très froncés, on peut se dispenser de démonter les ceintures et les poches. Mais il faut défaire une robe dont l'ampleur et la façon du corsage et des manches ne permettraient pas à la brosse et au fer de pénétrer partout; cette peine est peu de chose en la comparant à l'avantage d'avoir une robe presque neuve lorsqu'elle était sale et tachée.

X. — Manière de laver la flanelle et les laines.

Pour nettoyer la laine, on procède absolument de même ; seulement, on ne met pas de miel dans la préparation.

Les quantités que je donne sont grandement suffisantes pour nettoyer une robe entière, et tous ces ingrédients coûtent tout au plus 1 fr. 75 c.

Pour nettoyer les gilets et les caleçons de flanelle ou tricotés, on fait une bonne eau de savon chaude; on décrasse en frottant avec soin les lainages dans cette eau où ils doivent tremper à peine; on les tord. On fait une nouvelle eau de savon, on recommence l'opération; enfin, s'ils n'étaient pas parfaitement blancs, on opérerait une troisième fois, puis on remet dans une eau tiède. On ne doit pas mettre la laine à l'eau de bleu. On repasse la flanelle encore humide, en la tirant dans le sens où elle paraît se rétrécir. Par ce mode de blanchissage, on conservera les lainages aussi propres que possible et d'un assez beau blanc. On pourrait employer une brosse pour frotter la flanelle, en ayant soin de frotter dans le sens où elle se retire.

XI. — Du repassage et de tous ses accessoires.

J'ai déjà parlé, au chapitre *lessive*, du soin qu'on doit apporter au linge qui doit être repassé; je renouvelle ici mes recommandations. Le linge à repasser sera soigneusement enveloppé jusqu'au moment où on le mouille; en l'aspergeant avec la main ou un petit goupillon de crin fait exprès, pour le tabler et le laisser s'humecter empilé, puis le repasser. Chaque objet, mis à l'envers pour le laver, doit être retourné à l'endroit; car le linge repassé à l'envers ne l'est jamais aussi bien, et d'ailleurs, pour le remettre à l'endroit lorsqu'il est repassé, on le chiffonne. Toutes les pièces qui doivent être plissées seront mises à part aussi bien que celles qui doivent être empesées. La repasseuse saisira le moment où son feu sera le plus ardent et les fers le plus chauds pour repasser le linge uni, et plissera au contraire lorsque le feu perdra de son ardeur, ou repassera les objets minutieux.

Notre ménagère devra faire en sorte que son linge uni soit repassé par sa bonne ou sa cuisinière, afin de ne prendre d'ouvrières que pour les objets plissés et empesés. Il est indispensable de faire cuire l'empois destiné aux mousselines ; on peut empeser les chemises d'homme avec de l'empois cru. Loin de chercher à économiser sur le prix de l'empois, on devra, au contraire, se procurer le plus blanc, dût-il coûter le double. Il faut aussi veiller à ce que la personne qui empèse ait les mains parfaitement propres, ce qui ne peut être qu'après les avoir lavées avec du savon ; sans ce soin, en tordant le linge après l'avoir empesé, les mains laisseront des traces noirâtres qui terniront tout l'éclat du linge. Les choses empesées à l'empois cuit doivent être battues entre les mains ; elles deviennent plus claires lorsqu'elles sont repassées. On doit repasser à la suite les uns des autres les mêmes sortes de linge, parce que la main se fait à leur forme et la repasseuse avance davantage. Ce n'est pas en faisant couler le fer très vite sur le linge qu'on avance le plus ; mais il faut le conduire de façon à ne pas être obligé de repasser plusieurs fois à la même place.

Il faut adopter une manière de plier chaque pièce de linge que l'on doit repasser et la plier toujours de la même façon. Il ne faut plier le linge ni trop grand ni trop petit ; trop grand, on est embarrassé pour le serrer ; trop petit, il ne peut tenir empilé. Il doit être plié à l'endroit.

On est dans l'usage, dans beaucoup de ménages, de mettre les fers devant le feu du foyer pour les faire chauffer ; je crois cet usage mauvais à tous égards. D'abord, il faut brûler beaucoup de bois et de très bonne qualité pour obtenir un feu suffisant pour faire chauffer les fers ; puis ils sont toujours couverts de cendre, ce qui expose la repasseuse à salir son linge : la moindre fumée fait aux fers une tache qui altère leur poli, les empêche de couler sur le linge, s'enlève difficilement et peut aussi tacher le linge ; enfin les fers chauffent lentement et inégalement.

L'emploi du charbon, sur un fourneau approprié à cet usage, me paraît préférable et bien moins dispendieux. Avec ces fourneaux on peut modérer le feu selon le besoin de la repasseuse, l'éteindre même et le rallumer avec la plus grande facilité ; les fers ne sont jamais ni tachés ni salis et ils chauffent également partout, excepté la poignée.

Les fourneaux les plus commodes sont ceux de M. Harel ; ils sont en tôle avec une petite construction en terre dans l'intérieur ; ils ont des portes qui se ferment et s'ouvrent à volonté ; ils portent un couvercle dans lequel sont pratiquées des coulisses pour introduire les fers qui se placent sur une grille. Le moindre feu chauffe les fers et les maintient dans une chaleur convenable, sans être en contact avec le charbon. On modère le feu au moyen des portes.

On vend, dans presque toutes les villes, des fourneaux en fonte qui, s'ils n'ont pas tous les avantages de ceux de M. Harel, sont cependant encore assez commodes. Ils n'ont ni portes ni couvercles, mais ils sont longs et de la largeur nécessaire pour bien placer un fer ; ils sont aussi à assez bas prix, tandis que ceux de M. Harel sont chers. Ils ont quatre pieds et une ou deux petites ouvertures en bas pour établir le courant d'air. J'engage notre ménagère à avoir au moins un de ces fourneaux de fonte. Il y en a en terre de la même forme, mais ils sont bien fragiles.

Les fers se sont bien perfectionnés depuis un certain nombre d'années, et ceux en fonte polie me paraissent préférables à ceux en fer. Je sais qu'il arrive quelquefois que la poignée casse ou se détache, et qu'alors ils sont à peu près perdus, ce qui n'arrive pas à ceux en fer, qu'on peut d'ailleurs raccommoder ; néanmoins je leur donne la préférence. Les fers en fer coulent moins bien et le poli s'altère facilement.

On fait des fers de deux dimensions, mais je préfère le modèle le plus fort : ils conservent mieux la chaleur et peuvent servir aux mêmes usages que les petits. Lorsque les fers ne coulent pas bien, on peut les frotter avec de la cire.

Il convient d'avoir une petite grille en fer élevée sur quatre pieds, pour poser le fer sur la table. Dans certains pays, on se sert de fers creux dans lesquels on met du charbon, mais je ne pense pas que cette méthode soit bonne. D'abord, la repasseuse a continuellement le charbon sous le nez, ce qui peut la rendre malade, puis ces fers sont fort lourds et fort difficiles à manier ; de plus, il faut un talent tout particulier pour entretenir le feu au degré de chaleur convenable.

On doit avoir aussi un petit fer qui puisse s'introduire facilement dans les fonds de bonnets et passer entre deux garnitures ou entre des plis, sous les bras des corsages de robes ou dans les corsages froncés en haut et en bas. Il doit être en fer fort épais, arrondi du talon et de la même forme que les autres fers par la pointe ; sa longueur est de 10 cent. sur 6 de large. Il faut aussi avoir de petits fers à doubles branches, de différentes grosseurs, pour relever les plis des garnitures.

Un meuble parfaitement commode pour le repassage est une planche à repasser, surtout depuis qu'on a donné aux robes une telle ampleur qu'il est presque impossible de passer le fer dans les plis. Cette planche peut être en sapin avec une emboîture en chêne aux extrémités. Elle doit avoir 1 mètre 60 cent. de long environ, et 40 cent. de large d'un bout sur 66 de l'autre. Il faut la garnir d'une vieille tapisserie ou d'un morceau de couverture recouvert lui-même d'une serge verte ; mais si la planche n'a pas été ainsi garnie, on l'entoure, au moment de s'en servir, de la couverture à repasser, qu'on attache solidement en dessous ; on l'enveloppe ensuite de la nappe, dont je parlerai plus loin. Pour se servir de cette planche, on pose l'un des bouts sur une table et l'autre sur le dos d'une chaise ou d'un autre meuble, à peu près de la hauteur de la table ; puis, après avoir repassé le corsage de la robe, on introduit la planche dans le jupon, qui alors se trouvant simple sur la planche, est facile à repasser. Pour éviter que la jupe qui pend ne se salisse à terre, on place au-dessous une pièce de linge propre ; on fait tourner la jupe sur la planche, à mesure qu'on la repasse.

Outre cette planche, il est convenable d'avoir une table entièrement consacrée au repassage. Cette table devrait être assez large pour permettre à deux ouvrières d'y travailler ensemble; elle doit être un peu plus haute que les tables ordinaires et montée sur des pieds à pliant, afin de pouvoir la démonter et l'enlever après le repassage, si toutefois on n'a pas une pièce destinée à ce travail. Il faut aussi une couverture en laine qui ne sert qu'au repassage; mais elle ne demande rien de particulier. Ordinairement on consacre à cet usage une vieille couverture. Il est indispensable aussi d'avoir des *repassoirs* ou nappes à repasser, qui doivent être en toile assez fine et unie, pour ne pas laisser de traces sur le linge. Au moment de repasser, on tend le repassoir et la couverture au moyen de cordons qui passent sous la table et qu'on faufile sur le repassoir aux bords de la table; à peu près comme un lacet de corset. Ces cordons sont destinés à tenir la couverture et la nappe à repasser bien tendues, ce qui facilite beaucoup le travail. Enfin, on aura *des poignées*, et je crois que les meilleures sont, tout simplement, celles qu'on fait avec de vieux linge; cependant, il s'en fait en feutre recouvertes de cuir et piquées au bord, qui sont assez commodes. Il ne faut pas permettre à la repasseuse d'employer de bons torchons pour essuyer ses fers, mais du vieux linge, car il sera inévitablement brûlé.

CHAPITRE VI.

Des provisions.

Dans un ménage bien dirigé, il convient de s'approvisionner de toutes les choses qui peuvent se garder et qu'il y a avantage à acheter dans une certaine proportion ou dans une saison plutôt que dans une autre. Une grande partie de ces provisions peut être préparée par les soins de notre ménagère. Si elle entend bien ces détails, elle peut, à très peu de frais, et seulement avec un léger travail, pourvoir son ménage d'une foule de bonnes choses dont elle serait privée s'il fallait les acheter. Le plaisir qu'elle trouvera à les offrir, aussi bien que l'économie qu'elle en retirera, la récompenseront grandement de sa peine. Mais elle doit bien veiller à ce que ces provisions n'amènent pas la profusion et le gaspillage ; il conviendra, pour l'éviter, qu'elle en ait la garde, et qu'elle choisisse une chambre ou un cabinet qui lui servira de magasin et dont elle aura la clef. Si elle livrait celle-ci aux domestiques, ils en abuseraient certainement.

Je vais indiquer de quelle nature doivent être ces provisions et donner quelques conseils sur la manière de les faire.

I. — Bois de chauffage.

Le bois de chauffage est un objet assez important dans tous les ménages, et à bien plus forte raison dans une exploitation agricole, où la basse-cour en consomme une assez grande quantité. La ménagère devra donc s'occuper à l'avance de faire son approvisionnement, et elle en surveillera la consommation et la conservation avec beaucoup d'attention.

Le bois doit toujours être à l'abri ; les intempéries des saisons lui font promptement perdre une grande partie de sa qualité. Si la place manquait, il serait avantageux de faire construire un hangar ou appentis pour le loger ; il pourrait être simplement couvert en paille, ce qui est fort peu coûteux.

On doit faire scier à l'avance le bois à longueur convenable, plutôt court que long, on y trouvera économie. Il faut séparer le bois par grosseur dans le bûcher, afin qu'on puisse prendre de suite celui qui convient au besoin du moment.

Dès le début, il est bon de faire sa provision de bois pour deux ans, de manière que, l'année suivante, celui qu'on brûlera soit de l'année précédente, et par conséquent toujours sec.

Le bois de chauffage se compose de différentes essences, selon les divers pays ; le chêne est le plus généralement employé et le meilleur; celui dit *chêne noir*, à cause de la couleur de son écorce, est préférable au chêne blanc; l'un et l'autre sont d'un qualité supérieure lorsqu'ils ont cru dans un sol aride; le bois de pied vaut mieux que celui de branche; le bois fendu perd beaucoup de sa qualité. Je pense qu'il y a avantage à brûler du gros bois.

Les autres essences de bois ont aussi leurs qualités, quoiqu'elles brûlent plus vite que le chêne; le hêtre et le frêne brûlent très bien et forment une abondante braise en très gros morceaux, qui répand beaucoup de chaleur, et fait un beau feu.

Le châtaignier et le pin pétillent dans le feu, et à tel point, quelquefois, qu'il faut surveiller la direction des petits éclats qu'ils lancent pour éviter les accidents qu'ils pourraient causer; l'écorce du sapin surtout a cet inconvénient.

Les bois flottés ont perdu une grande partie de leur qualité, et ont aussi bien moins de valeur que le bois dit neuf; mais ils brûlent avec la même facilité que du fagot, ce qui rend quelquefois leur usage agréable.

Le bois provenant des vieux arbres fruitiers abattus, et de l'élagage qu'on y pratique, doit être considéré comme le meilleur bois de chauffage; la bizarrerie de ses formes le rend quelquefois très difficile à placer dans les cheminées, mais on en est bien récompensé par le bon feu qu'il procure. Notre ménagère devra le recueillir avec soin, aussi bien que celui qui résulte de leur taille. A la campagne il faut tirer parti de tout.

On doit consacrer le plus mauvais bois à faire cuire les légumes qui servent à la nourriture du bétail; mais si la maîtresse n'y veille pas, elle peut être assurée qu'il en sera tout autrement, car le bon bois brûle bien plus facilement que le mauvais, et les domestiques tendent toujours à s'épargner de la peine; ils ont cela de commun avec bien d'autres. Elle doit également veiller à ce qu'on ne laisse pas de bois épars de tous côtés, comme cela arrive souvent, ce qui donne aux alentours de la maison un air de désordre; d'ailleurs ce bois est souvent perdu.

Les fagots doivent être, comme le gros bois, mis à l'abri, et si leur volume ne le permettait pas, il faudrait en faire une *mouche*, c'est-à-dire un tas placé sur une petite élévation pour éviter l'humidité ; on donne à celle-ci une forme conique pour que l'eau n'y séjourne pas.

Pour chauffer le four, dans beaucoup de localités, on se sert de bruyère et d'ajonc : ce mode de chauffage est fort économique et très commode. Si on n'a pas cette ressource, on consacre au four les plus mauvais fagots ; ceux de pin le chauffent parfaitement.

Je ne dois pas omettre de parler des pommes de sapin ou de pin qui font un feu clair et le plus agréable qu'on puisse se figurer ; ces cônes prennent feu avec une telle facilité, qu'il suffit de les présenter à une flamme de bougie pour les allumer. Si notre ménagère est dans un pays où la culture des pins soit répandue, je l'engage beaucoup à faire ramasser les pommes. Dans cinq minutes on a un feu magnifique, et même assez durable ; à la campagne on a souvent l'occasion de faire de ces feux improvisés[1].

Le bois résultant de la taille de la vigne, qu'on nomme *sarments* dans certains pays, dans d'autres *javelles*, est aussi excellent pour obtenir promptement un feu clair, mais il n'est pas aussi agréable que celui des pommes de pin.

II. — Savon.

Le savon, lorsqu'il est sec et dur, est infiniment plus profitable que lorsqu'il est frais et mou, parce que, dans ce dernier cas, il se dissout beaucoup trop promptement dans l'eau. Il faut donc en faire une certaine provision ; il vaudrait même mieux l'acheter en gros, une caisse par exemple, tant il y a d'avantage à l'employer plutôt dur que mou. Il se conserve plusieurs années sans s'altérer ; on peut, sans danger, s'en approvisionner à l'avance ; on l'aurait d'ailleurs à bien meilleur compte. Aussitôt que le savon est acheté, il faut at-

[1] L'usage des cônes résineux s'est répandu à Paris depuis quelque temps, et y est devenu considérable.

PARTIE I. — TENUE DU MÉNAGE DE MAITRE.   143

tendre qu'il durcisse, il faut le couper en morceaux de grosseur convenable, pour pouvoir les saisir facilement; il y a toujours économie à en donner peu à la fois. On emploie, pour le couper, un fil de fer fin, attaché aux deux bouts d'une petite poignée de bois, et formant une boucle assez large pour que la brique puisse y passer (*fig.* 20). On l'émietterait en le coupant avec un couteau, tel affilé qu'il fût. Avec ce fil de fer, il se coupe parfaitement net et très facilement. Lorsque les morceaux sont coupés, on les range les uns sur les autres dans un endroit aéré, en laissant entre eux un petit intervalle pour la circulation de l'air. Lorsqu'ils sont secs, on peut les enfermer dans une armoire saine.

Fig. 20.

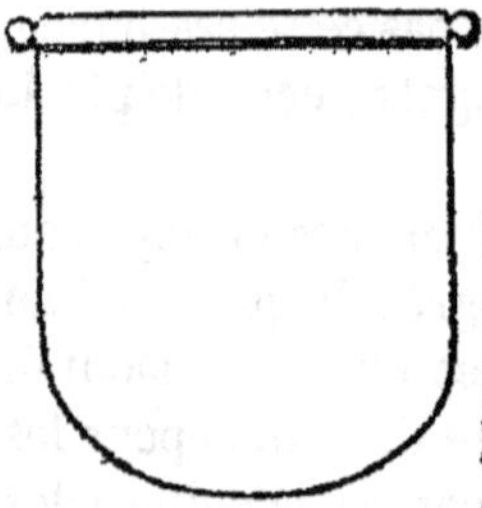

Il y a deux espèces de savon : le savon blanc et le savon marbré. Le dernier est plus commun et moins cher, le premier plus cher, mais plus actif; lorsqu'on a d'habiles savonneuses qui savent ménager le savon en raison de sa qualité, je crois qu'il est plus économique d'employer le blanc. Le savon blanc dont je parle n'est pas ce nouveau savon qui est fortement chargé de potasse et qui mord beaucoup sur la peau des mains; il ne doit être employé que pour le linge blanc, car il altère beaucoup les couleurs. Je crois qu'il use aussi le linge blanc.

Le bon savon doit avoir les parties blanches d'un beau blanc sans traces jaunâtres, et les parties bleues d'un beau bleu, et bien tranchées comme dans un beau marbre; sa pâte doit être bien lisse et fine, et percée de trous ou œils comme le fromage de gruyère. Il ne doit point s'émietter en miettes rondes, mais en lames, et avoir une odeur agréable, et qui disparaisse entièrement quand le linge est rincé. Le savon qui n'aurait pas tous ces caractères serait de mauvaise qualité. Il y a encore une espèce de savon appelée savon *noir* ou *vert*. Il est beaucoup plus mordant que l'autre et laisse après lui une odeur assez désagréable. Il y a des pays où on n'en emploie pas d'autre. Je n'engagerai pas notre ménagère à en faire un usage journalier; mais il est très convenable pour laver la laine, le linge très sale et les meubles de cuisine. Il coûte moins cher que l'autre; il est presque liquide, on ne peut l'avoir qu'en pots.

Il faut aussi avoir une petite provision de sel d'oseille et d'eau de javelle; on les aura à meilleur compte en ne les achetant pas tout-à-fait au détail, comme on le fait ordinairement; d'ailleurs, faute de cette prévoyance, on pourrait se trouver pris au dépourvu dans un moment pressant. On trouve ordinairement du sel d'oseille et de l'eau de javelle chez les pharmaciens et chez les épiciers.

Le sel d'oseille doit être bien cristallisé, très transparent et blanc. Pour l'employer on le pulvérise; il suffit de rouler une bouteille ou un verre dessus. Il faut éviter d'en laisser tomber sur du marbre ou sur une pierre calcaire quelconque, il l'entame à l'instant et par conséquent en détruit le poli. Pour le conserver, on le met dans une petite fiole à large goulot, qu'on bouche bien, et qu'on place dans un lieu sec. On met une étiquette sur la fiole.

L'eau de javelle doit être tout-à-fait incolore ou rose, fort odorante et piquer la peau lorsqu'on y laisse un instant séjourner les doigts, surtout s'ils ont la moindre écorchure. On la conserve dans une bouteille étiquetée, bien bouchée; la bouteille doit être en verre noir ou en grès, parce que la lumière décompose peu à peu l'eau de javelle.

Je ne puis trop recommander à notre ménagère de mettre des étiquettes à toutes les préparations qu'elle a chez elle. Je le lui rappellerai souvent; c'est une mesure de prudence indispensable.

Le bleu ou indigo, qui sert à donner une légère teinte au linge, est aujourd'hui très falsifié dans le commerce de détail. Il est très difficile de s'en procurer de bon. Dans les pays où les gens de campagne teignent eux-mêmes leur laine, on en trouve encore d'assez bon en demandant chez les épiciers, du bleu de *neuf*, mais il arrive encore souvent qu'on est trompé. Le bleu solide de M. Bergeron, rue Sainte-Croix-de-la-Bretonnerie, n° 9, à Paris, est excellent; il est net et brillant et donne la plus jolie teinte au linge; mais il faut l'employer avec circonspection, parce que, lorsque le linge est trop bleu, il faut le savonner de nouveau, et quelquefois même le faire bouillir ou le mettre à la lessive, pour enlever la surabondance de bleu dont il est chargé, ainsi que les taches que pourrait faire quelque portion de bleu qui s'échapperait de l'enveloppe dans laquelle il faut le renfermer pour le délayer. Il faut que cette enveloppe soit de toile neuve et serrée, ou plutôt d'un morceau de flanelle double, ce qui vaut encore mieux. Si on se trouvait réduit à se servir de bleu de médiocre qualité, il faudrait en charger beaucoup plus l'eau. Lorsque le linge a été passé au bleu, on le fait sécher à l'ombre; on évitera même un air trop chaud. Sitôt qu'on s'est servi du petit tampon de bleu, on le suspend dans un endroit où il peut sécher sans se salir. Lorsque tout le bleu contenu dans l'enveloppe est employé, on y remet de nouveau bleu sans changer l'enveloppe.

Il y a une grande économie à acheter le bleu en gros, comme 250 grammes à la fois; il se conserve plusieurs années sans s'altérer.

Ce bleu n'est autre chose que de l'indigo.

III. — Chandelle.

La chandelle n'est pas également bonne dans toutes les saisons; il n'est donc pas indifférent de choisir l'époque à laquelle il convient de faire sa provision. En général, elle est meilleure et moins chère en été ou en automne; c'est donc à ce moment qu'il faudra l'acheter. En veillissant, elle durcit et blanchit, deux qualités qui contribuent à la rendre plus durable et plus agréable à la vue. La chandelle ne se garde pas au-delà d'un an. Il y aurait économie à en faire sa provision en une seule fois, on l'aurait à meilleur compte. Les paquets doivent être empilés dans la chambre à provisions; il serait mieux de les détacher et de réunir toute la chandelle dans une boîte faite exprès. Il est indispensable d'avoir une boîte plus petite, dont le couvercle ferme à coulisse, pour serrer la chandelle livrée à la consommation journalière, car il est bien difficile de n'en pas mettre une certaine quantité à la fois à la disposition des domestiques. Dans cette boîte, la chandelle est à l'abri des animaux qui lui font ordinairement la guerre ; elle doit être placée dans un lieu frais, surtout l'été, car elle se ramollit considérablement par la chaleur, et pourrait se briser entre les mains de la fille qui prépare les flambeaux.

La chandelle dite des six à la livre me paraît celle qui convient le mieux au service journalier ; la chandelle, dite des huit, a la mèche aussi grosse que celle des six ; cette mèche consomme avec une grande rapidité le peu de suif qui l'entoure, et qui coule d'ailleurs plus facilement. La chandelle dite des cinq éclaire mieux ; mais pour un temps donné, sa consommation est plus considérable que celle des six, cependant je la préférerais à celle des huit ; elle est ordinairement de plus belle qualité et se vend plus cher. Elle conviendrait pour l'usage des maîtres.

On doit avoir au moins un chandelier portant une bobèche nommée *brule-tout* qui permet de brûler les petits bouts de chandelle ; il faut veiller à ce qu'on les consomme ; on les réunit dans une petite boîte destinée à cet usage. Ce qui ne peut être brûlé doit être mis à part et conservé, parce que le suif est souvent utile dans une maison, et surtout dans une ferme. Ce sont sans doute de petites économies, mais on n'en peut trop faire dans une exploitation rurale, et il n'est pas rare de voir se ruiner les gens qui se moquent des *économies de bouts de chandelles !*

IV. — Huile à quinquet.

L'huile à quinquet est d'autant meilleure qu'elle est plus longtemps en repos, parce que toutes les impuretés qu'elle contient se déposent au fond ; il n'y a donc pas à craindre d'en faire une bonne provision, qu'on peut mettre dans de grandes cruches de grès bien bouchées, ou dans un petit baril. Elle sera mieux placée à la cave que partout ailleurs, parce que la chaleur la fait épaissir. Il y a diverses espèces d'huile à brûler, et on fait dans le commerce des mélanges, mais ils ne nuisent pas, je crois, à sa bonté; elle doit être limpide, bien liquide et dégagée de tout corps étranger. Son odeur n'est pas agréable, mais ne doit pas être fétide.

Pour verser l'huile dans les lampes, on aura un *corbin* ou *burette* en fer-blanc, ce qui est infiniment préférable à tout autre vase, et coûte très peu d'argent.

V. — Bougie.

La bougie est un mode d'éclairage fort coûteux ; il est plus élégant peut-être que celui des lampes, mais il n'est pas plus agréable. Il convient dans certains cas, comme sur une table de jeux, pour se transporter d'un lieu à un autre, etc. Depuis qu'on a inventé les bougies stéariques, qui coûtent beaucoup moins que la véritable bougie, on peut se permettre, même dans une maison modeste, un usage plus fréquent de la bougie qui est beaucoup plus propre que la chandelle et n'a pas comme elle l'inconvénient de sentir mauvais et de répandre de la fumée. Je pense qu'il n'y aurait pas d'avantage à en acheter beaucoup à la fois, parce qu'on n'en consomme pas assez. La bougie de cire doit être blanche, dure, brillante, sonore lorsqu'on la frappe, et ne doit pas laisser la moindre odeur de suif aux doigts en la frottant. Elle jaunit avec le temps, il est donc préférable de l'acheter à mesure qu'on l'emploie.

En été, lorsqu'on ne se sert de lumière que pour aller se coucher, je conseillerai d'employer de la bougie ; l'économie qu'il y aurait à brûler de la chandelle ne compenserait pas les ennuis qu'elle cause.

VI. — Huile d'olive.

Il est très difficile de se procurer de bonne huile d'olive dans le commerce de détail; elle est presque toujours mélangée, dans une proportion plus ou moins grande, à de l'huile d'œillette. Au surplus, le prix auquel on la vend, en général, ne permet guère de la donner pure. Il vaudrait bien mieux en faire venir du midi de la France une provision pour une année, dût-on s'entendre avec un voisin pour partager avec lui. En s'adressant à une maison de confiance, on pourrait en avoir de fort bonne ; le plus sûr serait de connaître un propriétaire qui vous en expédierait de sa propre récolte. Elle se conserve très bien dans une cave fraîche, et d'ailleurs on ne prépare l'huile qu'une fois par an, on ne peut donc pas en avoir de nouvelle plus souvent. Les vases les plus convenables à sa conservation sont des bouteilles en verre ou en grès verni bien remplies.

C'est une erreur de croire que l'huile qui se congèle facilement est toujours bonne. C'est bien un des signes distinctifs de l'huile d'olive, car elle se fige avant toutes les autres; mais lorsqu'elle est de mauvaise qualité ou même rance, elle gèle également très vite.

Il y a des huiles d'olive qui ont l'odeur et le goût du fruit, quelques personnes les préfèrent ; ce goût doit être agréable et sans âcreté. Les huiles qui n'ont pas cette propriété doivent alors être tout-à-fait insapides. Si elles ont un goût particulier, c'est qu'elles sont rances ou mélangées. L'huile d'olive est plus colorée que les autres, mais on est parvenu à colorer toutes les espèces d'huile, afin de tromper l'œil du consommateur comme son palais. Depuis de longues années, le Nord envoie au Midi de l'huile de pavot, dite d'œillette, et le mélange se fait dans le Midi même. Au reste, la bonne huile de pavot, bien fraîche, est fort agréable ; il en est de même de celle de noix ou d'amandes douces qui sont encore meilleures lorsqu'elles ont été extraites à froid ; elles sont quelquefois assez bonnes pour tromper les gourmets les plus raffinés, mais elles rancissent promptement et perdent alors presque toute leur qualité.

VII. — Vinaigre.

Le vinaigre n'est pas une dépense considérable dans une maison ; mais on peut l'avoir plus ou moins bon, ce qui n'est pas indifférent. Il se vend dans le commerce du vinaigre de bois qui est loin d'être aussi agréable que celui de vin, et qui est beaucoup plus corrosif. Ce vinaigre est fort difficile à reconnaître ; cependant, il n'a pas ce léger parfum qui n'appartient qu'au vinaigre de vin, et qu'un palais un peu exercé sait bien trouver ; il n'est qu'acide, et l'est beaucoup. Pour éviter l'emploi du vinaigre de bois, on peut avoir chez soi un *vinaigrier*, surtout dans les pays vignobles. On l'entretient avec les vins qui ont perdu leurs qualités, le dépôt des barriques qu'on filtre, à travers une chausse de laine, avant de le mettre dans le vinaigre, et enfin avec les vins éventés.

Ce vinaigrier consiste en un baril d'environ trente litres, dans lequel on met ce qu'on appelle *une mère de vinaigre* qui sert de levain, j'en parlerai plus loin. Ce baril doit être placé dans un grenier et élevé sur un bâti, de manière à ce qu'on puisse facilement tirer le vinaigre. Lorsque cette mère est dans le baril, on le remplit de vin, et un mois après on peut faire usage du vinaigre ; après quoi, il suffit de remettre du vin à mesure qu'on tire du vinaigre. Le robinet du baril doit être en bois ; en cuivre, il serait bientôt couvert de vert-de-gris ; en plomb, il s'oxyderait tellement qu'il serait promptement hors de service. La bonde ne doit pas être hermétiquement fermée.

Je crois le vinaigre blanc préférable au vinaigre rouge ; il est plus haut en goût et plus agréable. Si on ne pouvait faire chez soi que du vinaigre rouge, on le consacrerait à la ferme et aux domestiques, et on achèterait du bon vinaigre blanc pour la table des maîtres. On pourrait le parfumer comme il suit :

Dans une cruche de dix litres, on introduira avec le vinaigre 2 gousses d'ail, 6 petits oignons, 60 grammes de fleur de sureau demi-sèche, une demi-poignée de feuilles de roses odorantes, une demi-poignée de fleurs de capucines, 2 petites branches de thym, 3 feuilles de laurier-sauce, 2 poignées de jeunes tiges d'estragon, 50 grains de poivre, 10 clous de girofle et 64 grammes de sel de cuisine.

On couvrira la cruche avec une tuile, et on la placera dans un lieu exposé à l'action du soleil. Trois semaines après, on décantera ; puis on filtrera le vinaigre dans un entonnoir de verre garni d'un filtre de papier ; on mettra en bouteilles bien bouchées. Ce vinaigre est excellent.

On peut faire bouillir le vinaigre avant d'y mettre les plantes ; l'ébullition le fortifie ; on laisse déposer, et on décante ou on filtre. On met les herbes à froid. Si le vinaigre avait été affaibli par l'infusion des plantes, lorsqu'elles seraient retirées, on pourrait l'exposer de nouveau au soleil dans une cruche bouchée seulement avec une tuile, mais cela altérerait un peu la finesse des parfums. La congélation du vinaigre produit aussi un excellent effet, elle augmente beaucoup sa force. Pour obtenir ce résultat, on expose le vinaigre au froid dans une terrine, et on enlève la glace qui se forme à la surface, de manière à en extraire environ un dixième ou un sixième. Il est facile d'apprécier ce qu'on enlève ainsi, en laissant fondre cette glace dans la cuisine, et en mesurant dans un litre l'eau qui en résulte. En effet, c'est l'eau seule qui se congèle ainsi dans le vinaigre et qu'on enlève ; le vinaigre se renforcit d'autant. Ce procédé vaut bien mieux que l'ébullition, parce qu'il n'altère en rien l'arome que le vinaigre peut avoir conservé du vin qui a servi à le préparer.

Pour faire une mère de vinaigre, on commence par passer dans le baril destiné au vinaigre un litre du meilleur vinaigre qu'on puisse se procurer et tout bouillant ; on ferme le baril, et on le remue en tous sens, afin de faire circuler le vinaigre dans toutes ses parties. Le lendemain, on y ajoute la lie d'une barrique de vin et 31 grammes de tartre de vin réduits en poudre ; il est très facile de s'en procurer en défonçant une barrique qui a servi plusieurs années. On laisse cette composition se mettre en fermentation sans boucher le baril ; huit à dix jours après, on peut remplir de vin, et quinze à vingt jours après commencer la consommation du vinaigre ; si on veut qu'il soit blanc, on emploiera une lie et du tartre blancs. On peut mettre du vin rouge sur un levain blanc, mais non du vin blanc sur un levain rouge.

Il ne faut pas placer le robinet du vinaigrier tout-à-fait au bas du fond, parce que la lie ne doit jamais s'écouler par le robinet. On peut également obtenir une bonne mère de vinaigre avec du cidre.

VIII. — Moutarde.

Pour faire de bonne moutarde, il faut se procurer de la graine nouvelle et bien nette de tout corps étranger. Si elle ne l'était pas, on pourrait la passer dans une passoire fine; la venter, en la faisant tomber d'un vase dans l'autre, dans un endroit exposé au vent, la laver même et la faire sécher. Cela fait, on la pile dans un mortier de marbre avec un pilon de bois. Lorsqu'elle est parfaitement pilée, on la tamise, afin de n'employer que les parties les plus fines. On délaie ensuite cette poudre avec de très bon vinaigre à l'estragon auquel on ajoute un peu de sel.

Dans certains pays, on fait la moutarde avec du vin rouge; elle est moins forte qu'au vinaigre, mais aussi excitante.

La moutarde se conserve longtemps lorsqu'elle est bouchée; sans ce soin, elle se dessèche sans se décomposer.

IX. — Boîte à serrer les légumes secs et certaines provisions.

Un meuble très commode, et qu'on peut placer dans la

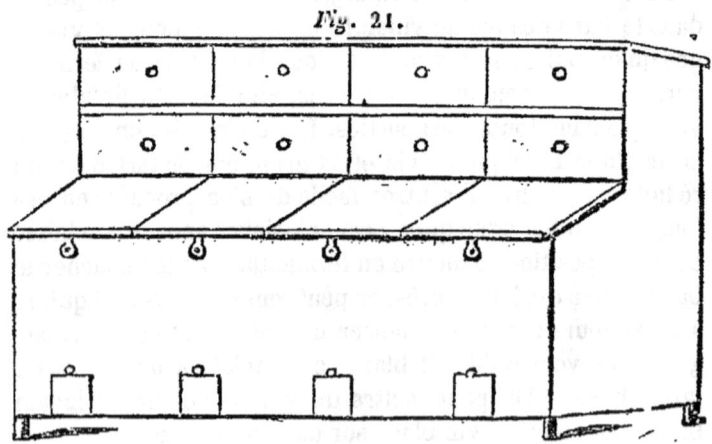

Fig. 21.

chambre aux provisions, est une boîte à graines (*fig. 21*), dans laquelle on serre tous les légumes secs, le riz, les diverses pâtes dont on fait habituellement usage, enfin le sucre. Cette boîte est divisée en compartiments et en tiroirs; elle doit avoir à la base de grandes cases fermées par un couvercle en pente, et surmontées de tiroirs beaucoup plus étroits. Les épiciers en ont de semblables dans leur boutique, mais dont les cases du bas sont sans couvercles. On dépose dans ces grandes cases certains légumes secs, dont on peut avoir en général une assez grande quantité, comme les haricots, les lentilles, les pois, etc., etc. On peut même diviser chaque case en deux, fermant par le même couvercle. On fait à chaque case du bas, en avant, une petite trappe, c'est-à-dire une petite porte à coulisse au moyen de laquelle on peut nettoyer parfaitement le fond des cases, ce qui serait difficile sans cela. On serre aussi dans cette boîte les graines des gros légumes pour semence.

Dans les tiroirs supérieurs, on met le riz, la semoule, le café, le pain de sucre en consommation, et une infinité de petites choses de ce genre.

Les provisions sont dans cette boîte à l'abri de tous les animaux ou insectes qui les attaquent habituellement; elles y sont aussi à l'abri de l'humidité, et on est sûr que rien de ce qui y est renfermé ne sera ni égaré, ni détérioré, ni livré aux mains des gens qui pourraient en abuser ou n'en pas prendre le soin nécessaire.

Je recommande beaucoup à notre ménagère de faire faire ce meuble utile, qui peut être tout simplement en bois blanc.

X. — Riz, semoule, vermicelle.

On doit aussi s'approvisionner de riz, de vermicelle, de semoule et de macaroni ou autres pâtes à l'usage de la cuisine; mais il ne faut pas en faire de trop grosses provisions, parce que les vers les attaquent facilement, surtout les pâtes, qui, en vieillissant, contractent un goût de poussière fort désagréable. Les pâtes d'Italie sont les meilleures; il y en a des dépôts à Paris. Le gluten granulé de Poitiers est excellent et très nourrissant.

Le riz se récolte deux fois par an, et comme il est infiniment meilleur frais, il ne faut pas en acheter pour plus de six mois à la fois. Il doit être transparent, entier, gros et ne pas sentir la poussière ni avoir une espèce d'odeur musquée fort désagréable, ce qui lui arrive assez souvent. Le riz de Piémont s'écrase et se gonfle plus que celui de Caroline, qui est plus long, plus transparent et ordinairement meilleur.

XI. — Légumes secs.

Les pois verts concassés se conservent une année; il ne faut pas faire sa provision avant le mois de décembre pour être assuré qu'on en a de frais, qui doivent être très verts, peu brisés et bien mondés. La plupart des autres variétés de pois sont jaunes lorsqu'ils sont secs, et ils cuisent mal; ils ne sont guère propres qu'à faire du bouillon, comme on le verra dans le *Manuel de Cuisine*. Très souvent, les pois sont entamés par un insecte qui leur est propre, nommé cosson, mais dont le ravage n'altère jamais le germe; ils sont encore propres à la reproduction. Les lentilles et les haricots de l'année sont toujours préférables à ceux de deux ans. Avant d'en faire une provision, si on n'en récolte pas chez soi, il faut les essayer, c'est-à-dire en faire cuire une petite quantité pour s'assurer qu'ils n'ont pas la peau dure et qu'ils cuisent bien; car ces légumes sont plus ou moins durs selon le terrain dans lequel ils ont été cultivés. Les lentilles doivent être bien nourries, de belle couleur, quelquefois veinées de petites raies verdâtres qui leur ôtent un peu de mine, mais nullement de qualité; il y en a plusieurs espèces plus ou moins grosses; je ne trouve pas de différence dans leur goût. Il s'en cultive dans le midi une variété marbrée, vert foncé; elle est fort délicate.

Les haricots doivent également être bien nourris, luisants, d'un beau blanc ou de la couleur voulue par leur espèce, mais pas du tout altérée par des taches jaunâtres ou noirâtres : les taches indiquent un commencement de détérioration qui leur donne un très mauvais goût. Lorsqu'ils sont un peu entamés par les vers, ce qui arrive quand ils sont verts, ils n'en sont pas moins bons ; mais ils sont impropres à la reproduction.

XII. — Sucre.

Le sucre est un grand objet de consommation dans un ménage, surtout depuis qu'il est à bas prix et qu'on ne l'épargne pas. En l'achetant au quintal, on l'aura un peu meilleur marché qu'en le prenant au pain ; mais le bénéfice des détaillants sur cette denrée est très faible. Le poids du papier qu'ils y ajoutent, en le vendant tout-à-fait en détail, est à peu près leur seul profit : en l'achetant en pain on gagne ce bénéfice, et en gros on a pour profit le peu qu'ils y auraient gagné, mais qui s'élève rarement au-dessus de 6 centimes par kilogramme. Les pains dits *quatre cassons*, qui pèsent environ 5 à 6 kilogrammes, me paraissent la qualité la plus convenable pour être employée dans le thé, le café et à faire de l'eau sucrée. On peut en prendre de plus commun pour la cuisine, ce que l'on nomme des *lumps;* ils pèsent 12 à 15 kilogrammes. Il y a peu de différence dans le prix ; mais cette qualité sucre davantage que celle qui est plus blanche. Le sucre, dit *sucre royal*, est très dur et très beau ; on peut l'employer lorsqu'on a des étrangers chez soi, mais sa dureté et le temps qu'il exige pour fondre, ne le rendent pas agréable pour le service habituel. Cependant, lorsqu'on veut avoir de l'eau sucrée dont la limpidité ne soit pas altérée, c'est ce sucre qu'il faut employer ; son prix est un peu plus élevé.

La cassonade blanche est le moins bon de tous les sucres raffinés et même bruts, parce qu'en général elle est composée de sucre *tombé;* c'est-à-dire de sucres qui ne se sont pas bien cristallisés ou qui ont vieilli dans les magasins et n'ont pas, par conséquent, les qualités essentielles du bon sucre.

Le sucre brut ou cassonade jaune est très propre à certains mets dans la cuisine ; il sucre beaucoup, ce qui, ajouté à la petite différence de prix avec le sucre raffiné, peut le faire employer avec avantage. Un autre avantage, c'est qu'il ne tente pas autant que le sucre cassé en morceaux. Le sucre brut donne un petit goût particulier aux mets et surtout aux laitages ; ce goût n'est pas désagréable.

Il ne faut pas faire une trop grande provision de sucre ; il se conserve tout au plus un an ; il pourrait *tomber* et alors perdre beaucoup de ses qualités.

Le bon sucre doit être brillant, sonore lorsqu'on le frappe avec la jointure du doigt, se casser net sans tomber en miettes, ne point altérer la transparence de l'eau et surtout s'y bien dissoudre ; l'eau doit le pénétrer dans toutes ses parties sans qu'aucune d'elles prenne une couleur blanc mat. Le sucre doit avoir un goût franc et ne sentir ni la poussière ni le beurre, ce qui arrive quelquefois.

Il y a avantage à acheter le sucre *déshabillé*, c'est-à-dire sans papier, parce qu'on a trouvé le moyen de donner du poids au papier mince. Pour le conserver il faut le laisser bien enveloppé et le placer dans un lieu à l'abri de toute humidité et de toute odeur étrangère qu'il contracterait facilement. Pour l'usage habituel il est plus convenable de casser le sucre à l'avance que de le casser à mesure qu'on l'emploie ; notre ménagère pourra avoir une boîte légère et couverte, dans laquelle elle mettra une certaine quantité de sucre cassé. Pour casser le sucre il faut un couteau et un marteau léger en bois. Pour réduire le sucre en poudre, on peut le piler ou le râper ; il est plus vite fait de le piler dans un mortier de marbre avec un pilon de bois ; mais le sucre pilé prend un goût particulier peu agréable, qui se communique à l'eau.

XIII. — Café.

Une des conditions essentielles de la bonté du café, c'est qu'il soit vieux. Le café nouveau est âcre et fort excitant. Vieux, il perd ces défauts, et sous ce rapport on peut le comparer au vin. Les personnes qui ne connaissent pas le café donnent la préférence à celui qui est bien vert et bien rond et les bons cafés, au contraire, ont le grain plat, jaune et souvent cassé. Le café moka, qui est le meilleur, est fort rare, dans le commerce de détail surtout ; cependant, on en trouve dans les bonnes maisons d'épiceries en le payant un peu plus cher. Si ce n'est pas du vrai moka, c'est du bon café bourbon vieux qui se rapproche beaucoup du moka. Le café martinique est beaucoup plus fort que les deux cafés que je viens de citer et plus excitant ; plus qu'eux, il a besoin de vieillir.

Pour être assuré d'avoir de bon café, il faut en acheter une ample provision à la fois, le serrer dans un lieu bien sec et l'attendre. Il est bon de faire un mélange de moitié bourbon ou moka et moitié martinique. Le café martinique convient dans les cafés à cause de sa force plutôt que dans les maisons particulières.

Pour que le café soit agréable, il doit être peu brûlé ; il ne faut pas qu'il soit noir, mais roux. On l'enferme soigneusement lorsqu'il est brûlé, et on n'en fait moudre, à la fois, que la quantité nécessaire à la consommation du moment.

Lorsqu'on fait un usage habituel du café, je crois qu'il est très avantageux d'en acheter une balle à la fois ; on le paie moins cher, et il vieillit.

Il ne faut pas serrer le café dans une boîte qui aurait la moindre odeur ou à côté de toute autre chose qui aurait également une odeur un peu forte ; il la contracterait assez promptement, ce qui nuirait beaucoup à la qualité. On trouvera la manière de préparer le café dans le *Manuel de Cuisine*.

XIV. — Thé.

On trouve rarement de bon thé chez les épiciers ; aujourd'hui que son usage est assez répandu en France, il s'est ouvert dans les grandes villes des magasins spéciaux pour cette denrée. Lorsqu'on n'habite pas près d'une ville où ce commerce est établi, il faut chercher un moyen de s'en procurer dans une maison de confiance ou mieux encore en faire venir de Paris ou de quelque autre grande ville ; sans cela, on sera exposé à prendre du thé qui n'aura que le nom de cette excellente boisson.

Le thé vert, qui est à peu près le seul qu'on trouve partout, est le moins bon ; il est peu parfumé et très excitant. Le thé noir, au contraire, est doux et parfumé. Mais pour prendre du thé agréable, il faut faire un mélange ; car il y en a de plusieurs espèces, ce que les personnes qui n'ont pas l'habitude du thé ne savent pas ; et ce mélange bien combiné donne beaucoup de qualité au thé. Je l'indique dans le *Manuel de Cuisine* ainsi que la manière de le préparer.

Le thé se conserve très longtemps lorsqu'il est dans un vase bien bouché et placé dans un lieu sec. A défaut de boîte à thé, on peut le serrer dans un bocal de verre bien fermé.

XV. — Chocolat.

Pour avoir de très bon chocolat, il faut le payer cher, parce que la matière première, le cacao, est elle-même fort chère, lorsqu'elle est de bonne qualité. Si on achète du chocolat à bas prix, on peut être assuré ou que le beurre de cacao qui lui donne de la qualité a été extrait, ou que le cacao était de mauvaise qualité, ou qu'enfin on a ajouté à l'amande du cacao une substance étrangère, de la fécule par exemple. Il n'est guère possible d'avoir de bon chocolat, bien fait, à moins de 6 fr. le kilogramme, et pour en avoir de parfaitement bon, il faut y mettre 8 fr. et le prendre dans une maison sûre. Tous les chocolats qui se vendent à des prix inférieurs sont falsifiés, ou le cacao qui a servi à leur fabrication était de mauvaise qualité. Cependant on pourrait en avoir à un prix inférieur, s'il était très sucré, parce que le sucre a bien moins de valeur que le cacao. Au surplus les substances qu'on ajoute au cacao, pour abaisser le prix du chocolat, ne sont point malfaisantes, il n'y a donc d'inconvénient que pour le palais. Le chocolat ne se garde pas longtemps, l'huile qu'il contient se rancit et il perd son parfum ; on ne doit pas le conserver plus d'un an.

Le chocolat espagnol, comme celui de Bayonne, est beaucoup moins broyé et moins sucré que le chocolat de Paris ; il convient moins pour les crèmes ; mais il est plus agréable à manger cru. Lorsque le chocolat est cuit à l'eau ou au lait, il doit être couvert d'œils à sa surface comme le bouillon gras.

XVI. — *Manière de préparer la farine de maïs ou gaudes.*

Lorsque le maïs est presque mûr et pas parfaitement sec, on le récolte. On enlève aux épis leurs enveloppes, puis on les met au four après que le pain en est retiré, ce qui leur donne un goût excellent ; le four doit être assez chaud pour qu'ils aient une couleur brunâtre. On égrène les épis à mesure qu'on les retire du four, en les frottant sur la queue d'une poêle qu'on place entre ses jambes ; les grains se détachent facilement. Si on éprouve quelque peine à détacher les premiers grains, on emploie un petit bâton taillé en forme de lame pointue, qu'on passe entre deux rangs de grains ; une première ligne enlevée, l'épi s'égrène avec facilité. Lorsque les épis sont tous égrenés, on remet le grain au four, moins chaud que la première fois ; quelques heures après on le crible, ou mieux on le passe dans un tarare pour en séparer les pellicules qui se détachent de la queue, puis on donne à moudre ; on blute comme la farine ordinaire.

Le son, qui contient beaucoup de farine, est bon pour le bétail. La recoupe fait une espèce de semoule excellente. La farine ainsi préparée est bien supérieure à celle provenant d'épis arrivés à parfaite dessiccation sur pied, et non passés au four. On en fait une espèce de bouillie et de gâteau.

XVI *bis.* — *Farine de sarrasin.*

Lorsque le sarrasin est mûr on le coupe, on le met debout en petites javelles, et lorsqu'il est sec on le bat tout de suite ; on passe au tarare. Il ne faut pas mettre le grain en tas avant qu'il soit très sec, parce qu'il s'échauffe et prend le goût de moisi. Il faut en faire moudre peu à la fois, parce que la farine perd de sa qualité en vieillissant.

XVII. — *Confitures.*

Les confitures sont d'une grande ressource dans un ménage, et depuis que le sucre est à bas prix, je certifie que cet aliment n'est pas plus coûteux qu'un autre; il l'est même moins que la plupart des fromages et souvent que le beurre. Il plaît beaucoup aux enfants et convient parfaitement à leur estomac; bon nombre de grandes personnes sont enfants sur ce point. Les confitures ont de plus l'avantage de se conserver parfaitement sans le moindre soin et d'être toujours prêtes à manger sans apprêts. Il suffit qu'elles soient dans un endroit sec et clos. Elles peuvent être très variées dans leurs goûts, et sont généralement très faciles à faire, quoiqu'on ait l'opinion contraire, et si l'on veut suivre, à la lettre, mes indications, on peut être assuré d'avoir un succès complet. Je ne parlerai que de celles que j'ai toujours faites dans mon ménage, elles sont simples. Je laisse à de plus habiles le soin d'en indiquer de plus recherchées, mais je doute qu'elles soient meilleures. En général les mets extraordinaires dont on se plaît à mettre les recettes dans les livres de ménage, ne sont guère employés qu'une fois, par quelques lecteurs, parce qu'il n'y a réellement que les choses simples dont on ne se lasse pas. Je vais donc donner la recette des confitures qui conviennent le mieux dans un ménage pour la consommation journalière et pour la pâtisserie. Au surplus, ces recettes conviendront surtout à notre ménagère dont le temps, si bien employé, ne lui permettra pas d'en dépenser inutilement à faire des choses trop recherchées.

Pour règle générale, je pense que c'est un mauvais calcul que l'économie du sucre dans les confitures. Il faut toujours qu'il y ait la quantité de parties sucrées nécessaires à la conservation du fruit. Lorsqu'on épargne le sucre, il faut faire cuire la confiture plus longtemps, elle perd d'abord sa belle couleur, prend un goût de cuit qui est désagréable, et le parfum du fruit disparaît presque entièrement. L'économie, très contestable, qu'on espère y trouver ne saurait compenser ces défauts, et je ne pense pas même m'écarter des règles de l'économie en conseillant, en cette occasion, de ne pas épargner le sucre. Je dois dire aussi qu'il n'y a guère plus d'avantages à employer de vilain sucre, et même qu'il y a un désavantage réel à faire ses confitures avec de la cassonade qui en change tout-à-fait le goût, en lui donnant celui de mélasse; de plus, la confiture avec de la cassonade, ou du sucre brut, ne gèle jamais aussi bien qu'avec du sucre cristallisé, et on a une perte assez considérable en écume; enfin elle n'est jamais bien transparente.

A. — Gelée de groseilles.

La confiture de groseille est, on peut dire, la base de tous les approvisionnements en confitures; c'est la plus saine et celle dont on se lasse le moins; elle convient aussi bien en état de santé qu'en état de maladie, et il est rare de trouver quelqu'un à qui elle ne plaise pas.

Il y a deux manières de faire la gelée de groseille, l'une un peu coûteuse et beaucoup p'us fine, l'autre très bonne aussi cependant, et moins chère. Comme les deux procédés sont très simples, on pourra choisir celui qui conviendra le mieux.

Il y a encore une troisième manière qui donnerait peut-être une gelée préférable aux deux autres, si on ne trouvait pas quelques difficultés à sa confection aussi bien qu'à sa conservation; j'en donnerai la recette.

PREMIER PROCÉDÉ.

On choisira de belles groseilles, bien mûres, mais non tournées. On peut mettre un quart de blanches et trois quarts de rouges, la confiture en est plus éclatante. On égrène avec soin et on pèse en tarant le vase. On casse du sucre en morceaux très petits, ou mieux, on le pile grossièrement; la quantité en poids doit être égale à celle des groseilles, on met le tout dans un vase de terre; on laisse macérer pendant une couple d'heures, puis on verse le tout dans une bassine ou un petit chaudron, sur un feu doux d'abord, et on remue avec une spatule de bois. A mesure que les groseilles fondent, on anime le feu, afin que la préparation arrive promptement à l'ébullition. Après dix minutes d'ébullition, les groseilles sont parfaitement cuites; on verse le tout dans un large tamis de crin placé sur un vase de terre, et on laisse égoutter quelques instants. On enlève le tamis et on verse la confiture dans des pots bien secs. Chaque pot doit contenir 500 grammes de confiture au plus; les confitures qui se convertissent en gelée ne doivent pas être mises dans de grands pots; elles y prennent moins bien, et lorsque le pot est entamé, une partie de la confiture tourne en sirop; d'ailleurs un pot longtemps entamé n'a pas bonne mine.

Si on veut rendre la confiture plus agréable, on y ajoute dans la proportion de 500 grammes de framboises sur 3 kilogrammes de groseilles; elles donnent un parfum excellent.

Il reste une certaine quantité de sucre dans les pepins et dans les peaux, mais beaucoup moins qu'on ne pourrait le croire, c'est ce qui augmente un peu le prix de la confiture; on peut mettre de l'eau sur ce résidu, le laisser tremper deux ou trois heures, puis le passer; on obtiendra une eau de groseille fort agréable, mais qui doit être bue de suite parce qu'elle fermenterait au bout de trois ou quatre jours.

Les confitures faites par ce procédé ont la plus belle couleur possible, et conservent mieux le parfum du fruit que celles faites par le procédé qui va suivre; elles sont aussi plus transparentes, parce que toutes les parties qui pourraient les troubler demeurent dans le résidu. Ce procédé est le meilleur, selon moi.

SECOND PROCÉDÉ.

Pour faire la gelée de groseille un peu plus économiquement, voici comment on procède :

Après avoir égrené les groseilles, on y joint les framboises, toujours dans la proportion d'un sixième environ, et on met le tout sur le feu, et on opère comme je l'ai indiqué ci dessus, mais sans sucre. Lorsque les fruits sont cuits, on les verse sur le tamis, et on laisse égoutter au moins deux ou trois heures. Quelques personnes pressent ensuite la pulpe dans un torchon neuf, et qu'on a eu le soin de mouiller à l'avance, mais on n'extrait ainsi qu'une très petite quantité de suc, et encore il est très trouble et altère la transparence des confitures. Lorsqu'on a obtenu son jus, on le pèse. On casse en morceaux un poids égal de sucre, et on l'ajoute au jus; on le laisse fondre pendant une demi-heure en remuant de temps en temps. On met dans la bassine sur un feu clair, on laisse faire quelques bouillons seulement, dix minutes au plus ; on retire du feu, on écume, et on verse dans les pots.

Ces confitures, quoique un peu inférieures à celles dont je viens de parler, sont cependant excellentes, et je dirai même généralement très supérieures à celles qu'on achète.

1. Gelée de groseilles blanches.

On peut faire de la gelée avec des groseilles blanches. Elle se fait exactement comme avec les rouges, seulement on y ajoute un peu d'écorce de citron qui lui donne le parfum agréable de la gelée de pomme; je la trouve même préférable à celle-ci. Elle est transparente et agréable à l'œil ; elle n'a pas le même goût que la gelée rouge.

Si on voulait laisser quelques petites lanières d'écorce de citron dans la gelée, après les avoir coupées de forme et de grosseur convenables, on les mettrait à bouillir dans de l'eau, et lorsqu'elles seraient cuites on les retirerait pour les mettre dans la confiture lorsqu'elle est sur le feu ou dans les pots.

Si l'on employait du sucre brut, de la cassonade, ou même du sucre de qualité inférieure, il faudrait le clarifier comme je l'indiquerai à la confiture de Bar.

2. Gelée de groseilles faite à froid.

Il est assez difficile de réussir à faire la gelée à froid. On égraine les groseilles et on les écrase dans un vase de terre avec un pilon de bois, celui que j'indique pour la purée est très convenable. Il ne faut pas piler assez fort pour écraser les pepins, qui troubleraient le jus. Lorsque les groseilles sont suffisamment écrasées, on les met d'abord sur un tamis pour faire écouler le premier jus, puis on les exprime dans un torchon neuf qu'on a eu le soin de mouiller d'avance. On joint ce jus à l'autre et on pèse le tout, car je suppose toujours qu'on a taré le vase dans lequel on dépose le jus. On met ensuite 1 kilogramme de sucre réduit en poudre fine pour 500 grammes de jus, et on remue. Le sucre a d'abord de la peine à fondre. Quand il est complétement dissous, on porte ce mélange dans une cave aussi fraîche que possible, on laisse 12 heures dans la terrine en remuant de temps en temps, après quoi on met la confiture dans des pots contenant 500 grammes au plus, et qu'on laisse à la cave. Ces confitures ne peuvent être retirées d'un lieu frais que lorsque la chaleur n'est plus à craindre. Elles ont une fraîcheur de goût très remarquable, mais quelquefois, malgré le plus grand soin, elles fermentent. Elles ne sont point transparentes.

3. Confitures de groseilles de Bar ou entières.

Les confitures de Bar, qui ont pris leur nom de la ville où on les fait, demandent un bien autre travail que les gelées dont je viens de parler. Les groseilles restent entières; on en choisit de très belles qui ne soient pas parfaitement mûres; il suffit qu'elles soient bien colorées si elles sont rouges, et transparentes si elles sont blanches. On prend chaque grain de groseille et avec le bout d'un curedent *de plume*, dont on retranche la première pointe d'un côté et qu'on *effile* de l'autre, on enlève, par le côté de la queue, tous les pepins qui se trouvent au centre du fruit, en y mettant beaucoup de soin pour endommager le moins qu'on peut la peau et la pulpe. Si on veut que les confitures soient aussi belles que possible, on ne détache pas la groseille de la grappe; mais cela augmente la difficulté du travail. Lorsqu'on a enlevé les pepins à la quantité de groseilles qu'on destine à la confiture, on les pèse, puis on pèse aussi 750 grammes de sucre pour 500 grammes de groseilles. Il faut que le sucre soit de première qualité, au moins fort beau. On le casse en gros morceaux et on le met sur le feu avec demi-litre d'eau par kilogramme de sucre. Lorsqu'il est bien fondu, on le clarifie en y jetant un ou deux blancs d'œufs (selon la quantité de sucre), battus ou plutôt divisés dans un verre d'eau environ pour deux œufs; on agite en tous sens, on fait jeter quelques bouillons, on écume avec soin, puis on laisse cuire le sucre *au petit boulé*, ce qui se reconnaît en plongeant l'écumoire dans le sirop et en soufflant fort et vivement dans les trous. S'il se forme des globules derrière eux, le sucre est *au petit boulé*. Alors, on verse doucement les groseilles dans le sirop, on les y laisse jusqu'au premier bouillon et on enlève du feu. On met cette confiture dans des pots de verre pouvant en contenir 125 grammes à peu près : les groseilles un peu affaissées par la cuisson se remplissent de sucre ensuite, et se gonflent en se refroidissant et se trouvent dispersées au milieu d'une gelée d'une transparence admirable. On partage également les groseilles entre tous les pots qu'on achève de remplir ensuite avec le sirop.

Souvent les groseilles, au moment où on verse le sirop dans ces pots, remontent à la surface : il faut, un moment après, les enfoncer avec le manche d'une cuiller à café.

Ces confitures ne coûtent pas beaucoup plus cher que les autres, si on ne compte pas le temps qu'il faut passer à préparer les groseilles. Avec 500 gram. de groseilles ainsi préparées, on fait environ dix pots comme ceux que j'indique. Ces confitures sont les meilleures de toutes celles faites avec des groseilles; dix à quinze jours après leur préparation, on couvre ces confitures. Je donnerai à la fin de l'article *confitures* les moyens de les couvrir convenablement.

B. — Confitures d'abricots en marmelade.

L'abricot est un fruit qui se prête parfaitement à faire plusieurs espèces de confitures. La marmelade est la plus commune et la plus convenable lorsqu'on a des enfants, parce qu'elle s'étend bien sur le pain. Pour la faire, on choisit des abricots mûrs; toutes les espèces sont bonnes. On les ouvre en deux et on ôte le noyau ; on met les abricots dans une bassine, sur le feu de la cheminée ou du fourneau. Lorsqu'ils sont assez cuits pour que la peau puisse se séparer facilement de la pulpe, on les met par portions d'une ou deux cuillerées à soupe à la fois, dans un tamis de crin, et on les passe avec le pilon à purée. Lorsqu'on a obtenu toute la pulpe, on la pèse (la peau n'est propre qu'à être jetée aux volailles) et l'on y ajoute une égale quantité de sucre grossièrement pilé ou cassé en très petits morceaux. On laisse reposer une heure ou deux en remuant de temps en temps, et on met sur un feu doux d'abord, qu'on anime peu à peu, et on laisse cuire vingt minutes *au plus* après l'ébullition commencée: plus de temps de cuisson altérerait la couleur de la confiture. On met ensuite dans les pots. Comme cette confiture gèle peu, qu'elle se raffermit seulement en refroidissant, on peut la mettre dans des pots de plus grande dimension que la gelée de groseille ; mais la confiture est toujours mieux dans de petits pots.

On peut laisser la peau des abricots dans la marmelade; elle en est plus agréable. On pèse le fruit cru lorsqu'on a enlevé les noyaux et on met quantité égale de sucre ; alors on met ensemble le sucre concassé et le fruit à macérer pendant trois heures avant de les placer sur le feu, et lorsqu'ils y sont on remue sans cesse jusqu'à ce que le fruit et le sucre soient bien fondus; lorsque l'ébullition est commencée, on la continue un quart d'heure. Les abricots restent par morceaux assez gros, qui s'écrasent difficilement, mais sont excellents à manger.

On peut casser la huitième partie des noyaux, monder les amandes de leur peau, faire faire quelques bouillons dans la confiture et mettre ensuite sur les pots.

1. Abricots entiers.

Une excellente et fort belle confiture est celle des abricots entiers. Voici le moyen de la faire.

On ôte le noyau avec soin en fendant, le moins possible,

l'abricot qui ne doit pas être très mûr et avoir la peau lisse. On emploie de beau sucre pour cette confiture et on en met 625 grammes pour 500 grammes de fruit. Lorsque le sucre est cassé, on le met dans la bassine avec demi-litre d'eau par kilogramme; lorsqu'il est fondu on le clarifie, à moins qu'on ait choisi du sucre assez beau pour qu'il puisse s'en passer: dans ce cas, on n'emploie qu'un verre d'eau par kilogramme. On fait cuire au grand boulé; c'est-à-dire que lorsqu'il est cuit au petit boulé, comme je le dis pour la confiture de Bar, on prolonge la cuisson jusqu'à ce qu'en soufflant fortement, les globules de sucre qui se forment derrière l'écumoire s'échappent et volent comme des bulles de savon. On met de suite les abricots dans ce sirop, mais non tout à la fois, assez seulement pour que la surface de la bassine soit couverte; on anime le feu; quelques instants après on retourne les fruits avec soin pour qu'ils cuisent parfaitement des deux côtés. Lorsqu'ils sont cuits sans être écrasés, ce qui se reconnaît parfaitement à leur transparence qui doit exister dans toutes les parties du fruit, on retire la bassine du feu, puis on prend les abricots un à un, en dessous, avec une fourchette, et on les place dans des pots de verre. Cinq abricots suffisent par pots ordinaires, faits en cône, comme le sont habituellement les pots à confiture. Lorsqu'on a enlevé tous les abricots, s'ils n'ont pas tous tenu dans la bassine, on remet le sirop sur le feu, on le fait cuire de nouveau au grand boulé et l'on continue la cuisson des abricots. Lorsqu'ils sont tous cuits, on égoutte dans la bassine tout le jus qui s'est écoulé des abricots placés dans les pots, et on met de nouveau le sirop sur le feu. Quand il est parvenu au grand boulé, on remplit les pots, en ayant soin de passer le sirop à travers un petit tamis de crin. Les abricots qui étaient tout aplatis se gonflent; on soulève ceux de dessous pour qu'ils se dispersent dans le sirop, qui se raffermit lui-même en refroidissant et forme une superbe gelée transparente. Cette confiture est la meilleure et la plus belle qu'on puisse faire avec des abricots; on peut y mettre aussi quelques amandes préparées, comme celles de la marmelade.

2. Gelée d'abricots.

On procède exactement comme pour les abricots entiers; on verse le tout sur un tamis, puis on met le jus qui s'en échappe dans des pots. Cette gelée est magnifique et délicieuse; les abricots qui ont servi à la faire peuvent se manger de suite comme compote ou se conserver dans des pots. Ces abricots, qui se dessèchent un peu, ressemblent à une conserve; ils durcissent en vieillissant.

C. — Confitures de cerises.

La confiture de cerises est fort agréable, bien qu'elle ne soit pas aussi fine que celle de groseilles ou d'abricots. On choisit de belles cerises aigres de Montmorency ou des griottes; il faut qu'elles soient mûres, mais pas *tournées*. On enlève les noyaux et la queue; lorsque toutes les cerises sont ainsi préparées, on les met dans un tamis de crin et on les laisse égoutter quelques instants; on jette le jus qui en découle, ensuite on les pèse et on met avec elles, dans la bassine, quantité égale de sucre concassé. Lorsqu'elles ont bouilli pendant une demi-heure, elles peuvent être mises dans les pots. Cette confiture ne gèle pas; c'est pour cela qu'on en sépare le jus, parce qu'elle serait trop liquide. Elle doit cuire à grand feu; on la remue jusqu'à ce qu'il y ait assez de liquide pour qu'on n'ait plus à craindre qu'elle s'attache au fond de la bassine. En y ajoutant 500 grammes de jus de groseilles pour 2 kilogrammes 500 grammes de cerises, elle gèle presque aussi bien que la gelée de groseilles et a une belle couleur; elle n'est pas moins agréable au goût que s'il n'y avait pas de groseilles.

On peut faire cette confiture en ne mettant que 375 grammes de sucre pour 500 grammes de fruits; mais alors il faut la laisser bouillir au moins une heure et demie; on perd presque autant en évaporation par l'ébullition qu'on a épargné de sucre, et la confiture est moins bonne. Cependant elle se rapproche davantage des conserves sèches de cerises.

La confiture de cerises a le défaut de cristalliser à la surface des pots et de brunir. Lorsqu'elle est faite avec un mélange de groseilles, elle est moins sujette à ces inconvénients.

D. — Confitures de fraises.

On choisit, pour la faire, de belles fraises ananas, des caprons ou tout autre fraise d'espèce analogue; on enlève la queue, on pèse quantité égale de sucre et de fraises; on met le sucre cassé dans la bassine avec demi-litre d'eau par kilogramme; on clarifie et on fait cuire le sirop au grand boulé (voir les *abricots entiers*), puis on y met les fraises. Lorsqu'elles sont cuites sans être écrasées, ce qui demande peu de bouillons, on les enlève avec l'écumoire et on les met dans les pots jusqu'à la moitié seulement; on remet le sirop sur le feu, et lorsqu'il est cuit au petit boulé on remplit les pots, puis on soulève un peu les fraises pour que le jus pénètre partout.

E. — Confitures de mirabelles.

La confiture de mirabelles est excellente; mais elle demande un peu plus de temps et de soins que celles qui précèdent; on peut la faire soit en marmelade, soit par prunes entières.

La marmelade se fait exactement comme celle d'abricots (*voyez* cet article); mais pour les prunes entières, le procédé diffère de celui des abricots.

Pour faire des prunes entières, on pèse la quantité qu'on en veut mettre en confiture et autant de sucre. Il ne faut pas que les prunes soient très mûres; on les fend avec soin d'un côté et on enlève le noyau; on met le sucre dans la bassine avec un demi-litre d'eau par kilogramme, et on clarifie s'il n'est pas très beau; on fait cuire au petit boulé (*voir* la confiture de Bar). Alors on ajoute les prunes; on fait jeter quelques bouillons; on retire du feu, et on verse le tout dans un vase de porcelaine ou de terre, et on laisse refroidir jusqu'au lendemain; on égoutte le sirop dans la bassine, puis on met sur le feu pour réduire encore au petit boulé ; on plonge de nouveau les prunes dans le sirop ; elles y font encore trois ou quatre bouillons ; on les retire et on procède exactement comme le jour précédent, à moins qu'en ouvrant quelques prunes on ne les trouve pénétrées partout de sucre. On peut alors se dispenser de procéder une troisième fois, ce qu'ont fait si on ne trouve pas l'intérieur de la prune parfaitement cuit. Après cette troisième cuisson on met les prunes dans les pots en les prenant avec une écumoire ; il faut qu'il y en ait à peu près jusqu'à la moitié du pot, puis on fait cuire encore le sirop au petit boulé et on remplit les pots ; on soulève doucement les prunes avec une fourchette pour que le sirop pénètre partout.

F. — Confitures de prunes de reine-claude.

Les prunes de reine-claude peuvent se confire entières c'est même une excellente confiture et qui ressemble à une conserve. Elle se fait exactement comme je viens de l'indiquer pour les mirabelles entières ; mais il est indispensable de les remettre trois fois dans le sirop. Il faut les choisir peu mûres, bien lisses, ne pas en ôter les noyaux ; couper la moitié de la queue, et les piquer de tous côtés jusqu'au noyau avec une aiguille. Le sirop dans lequel elles ont cuit ne gèle pas ; mais il s'épaissit avec le temps et souvent cristallise.

La marmelade de prunes de reine-claude se conserve difficilement ; il faut qu'elle soit extrêmement cuite ; elle prend une couleur brune qui n'est pas agréable à l'œil en vieillissant ; elle sèche et forme une espèce de pâte qu'on pourrait manger à la main. On peut la faire avec 375 grammes de sucre pour 500 de fruit, même avec 250 ; mais alors il faut qu'elle cuise au moins quatre à cinq heures. Pour la marmelade il faut choisir les prunes très mûres.

G. — Confitures de poires.

Une excellente confiture, qui peut réparer un accident qui

vous aurait privé des confitures d'été, c'est celle de poires. On choisit pour la faire des poires d'Angleterre ou de beurré, des poires coloquintes ou de doyenné, en un mot toutes les poires fondantes et sucrées, et qui n'ont point d'âcreté ; seulement les confitures seront rouges ou blanches, selon l'espèce de poires, car il y en a qui rougissent en cuisant.

On pèle les poires avec soin, on enlève les pepins et les parties qui pourraient être pierreuses ; on les coupe en quartiers, on pèse le fruit et on le met dans un vase de terre, une terrine de grès par exemple, en y ajoutant du sucre pilé dans la proportion de trois quarts du fruit, 750 grammes de sucre pour un kilogramme de fruit. On mêle le sucre et les poires, et on laisse macérer pendant six heures dans la cave, en remuant de temps en temps. Quand le sucre paraît à peu près fondu, on met dans la bassine sur un feu doux, et on remue très fréquemment, parce que la préparation s'attacherait facilement au fond de la poêlette. Lorsque les poires paraissent parfaitement cuites, ce qui est assez facile à juger par leur transparence, on met la confiture en pots. Il faut ordinairement une heure de cuisson. Cette confiture se conserve très bien ; elle cristallise un peu à la fin de la saison des confitures, mais elle n'en est que meilleure.

Si on veut rendre ces confitures plus délicates encore, on y met un peu de vanille coupée par petits tronçons ; comme elles en ont déjà un peu le parfum naturellement, il en faut peu pour qu'elles aient un goût de vanille très prononcé. Cependant on se lasse plus facilement de ces confitures que de celles dont j'ai parlé précédemment, parce qu'elles n'ont aucune acidité.

H. — Gelée de pommes.

Les gelées de pommes et de coings sont aussi des confitures d'arrière-saison. La gelée de pommes, malgré sa grande réputation, est une confiture aussi facile à faire que les autres. La reinette franche, bien saine, est préférable aux autres pommes ; il ne faut pas que les pommes soient très mûres ; il convient mieux de faire la gelée en octobre que plus tard. On remplit la poêlette d'eau bien claire ; on essuie les pommes et on les coupe par quartiers sans les peler, en ôtant seulement la queue, puis on les jette à mesure dans cette eau, dans laquelle elles doivent grandement baigner, et qu'on a acidulée avec un jus de citron. Aussitôt qu'on aura préparé assez de pommes pour la gelée qu'on veut faire (50 pommes de moyenne grosseur peuvent faire, avec le sucre qu'on y ajoute, cinq à six kilogrammes de confitures), on verse l'eau dans laquelle elles ont été coupées, et on la renouvelle avec de l'eau aussi claire et en assez grande quantité pour que les pommes baignent bien. On pose la bassine sur un feu vif, et on la couvre avec soin ; on n'y touche plus. Lorsque les pommes sont cuites sans être en marmelade, ce qui est assez prompt, on verse le tout sur un tamis. On laisse égoutter quelques instants seulement, on pèse le jus en le versant dans la poêlette qu'on a eu le soin de tarer à l'avance, et on y ajoute 625 grammes de sucre très beau pour 500 grammes de jus. Le sucre doit être cassé en très petits morceaux, ou pilé grossièrement ; on exprime dans la confiture le jus d'un ou deux citrons, selon la quantité de confiture, en ayant soin d'ôter les pepins ; on met la bassine sur un feu ardent, et on laisse *bouillir* pendant un quart d'heure au plus. On retire du feu pour verser dans les pots comme les autres gelées.

Ordinairement la gelée de pommes se parfume avec de l'écorce de citron ; on pèle le citron, on coupe la peau en petites lanières larges de deux millimètres, et on les met à cuire sur un feu vif dans un peu d'eau. On ajoute cette eau au jus des pommes, et les petites lanières qui se trouvent cuites se mettent dans la bassine avec le sucre et le jus de pommes ; on les partage ensuite dans tous les pots. Elles se sucrent dans la confiture, et sont agréables à manger.

On peut faire la gelée de pommes comme je l'ai indiqué pour la confiture de Bar, c'est-à-dire clarifier son sucre, le faire cuire au grand boulé plutôt qu'au petit, y verser le jus, laisser faire un ou deux bouillons, et mettre en pot. On ajoute également le jus de citron et l'écorce ; cette méthode vaut bien l'autre.

Si l'on a mis de la célérité dans ces opérations, la gelée sera parfaitement blanche ; et si elle ne l'était pas autant que celle des fabricants de Rouen, elle serait meilleure, parce que ces messieurs n'y mettent presque pas de pommes pour la faire plus b'anche ; c'est le jus et le zeste de citron qui en font le principal parfum.

La gelée de pommes ne devient pas très ferme aussitôt qu'elle est faite ; elle se solidifie avec le temps.

On la couvre, comme toutes les autres confitures, 10 à 12 jours après sa confection.

I. — Gelée de coings.

La gelée de coings se fait à peu près comme la gelée de pommes, mais les pepins sont enveloppés d'une substance gommeuse qui oblige à les enlever. Après avoir choisi de beaux coings bien mûrs et bien sa'ns, on les essuie avec soin pour enlever le duvet qui les couvre ; on les coupe en quartier, et on retire le cœur ; on les plonge à mesure dans beaucoup d'eau claire. Ensuite, on procède exactement comme pour la gelée de pommes sans y ajouter de citron, et en ne mettant que quantité égale de sucre et de jus ; mais les coings sont beaucoup plus longs à cuire que les pommes.

On peut ensuite employer la pulpe à faire de la pâte de coings, comme je l'indiquerai plus loin.

La gelée de coings se fait aussi d'une autre manière que quelques personnes préfèrent, parce qu'elles pensent obtenir une confiture moins co'orée, ce qui est douteux ; cependant le procédé est simple et facile. On met les coings entiers dans un chaudron, où ils baignent bien, après les avoir essuyés ; on les fait cuire à grand feu jusqu'à ce qu'ils puissent être pénétrés par une paille ; on les retire du feu ; on les coupe par quartiers qu'on dépose dans un vase de terre ; on couvre d'eau fraîche, et on laisse infuser 12 heures à la cave pour verser ensuite sur un tamis et faire égoutter pendant 2 ou 3 heures. On procède ensuite comme avec l'autre jus, soit en mettant le sucre cassé dans le jus, soit en faisant un sirop au grand boulé.

Tous ces procédés sont très simples et excellents, je les ai toujours employés avec un succès complet.

Les gelées de coings et de pommes ne coûtent pas plus que d'autres confitures.

Emploi des pepins de coings. — Les pepins de coings sont employés pour la coiffure des femmes, il faut les faire sécher avec soin et les vendre si on ne les emploie pas. Pour s'en servir, on les met à tremper quelques heures dans de l'eau; il se forme autour d'eux une gelée incolore, qui, placée sous les cheveux, les fixe sur le front sans que l'on aperçoive le moyen employé.

K. — Manière de couvrir les pots de confitures.

Environ 10 à 12 jours après que les confitures sont faites, il faut les couvrir. On taille des ronds de papier fin en laissant une petite languette nécessaire pour retirer le papier lorsqu'on sert la confiture. On met de l'eau-de-vie dans une assiette, et on y trempe chaque rond avant de le placer sur la confiture sur laquelle il s'applique. Il ne faut pas que le papier dépasse la confiture et s'étende sur le bord du pot. Une heure environ après que ce premier papier est placé, on couvre le pot en entier avec un second papier sur lequel on inscrit l'espèce de confiture et l'année de sa confection.

On peut mettre cette seconde couverture de plusieurs manières; d'abord en faisant tremper un instant de bon papier bien collé et un peu fort, dans de l'eau, et en l'étendant sur la surface du rebord du pot; on déchire doucement avec le doigt tout autour, en dessous de ce rebord sur lequel on appuie le papier, afin qu'il s'y colle. En séchant, le papier se tend, durcit et tient assez bien; cependant, il ne faut qu'un léger choc au milieu du papier pour le décoller. Ce procédé est le plus joli et le plus propre.

10.

On peut aussi couvrir les pots avec des papiers fixés avec du fil blanc ou rouge, c'est le moyen le plus solide. Enfin, en roulant les bords du papier au-dessous du rebord du pot, on le fait tenir aussi, c'est le moyen le plus prompt; lorsqu'il est exécuté avec adresse, il est assez propre.

Il faut remplir entièrement les pots, parce qu'en refroidissant la confiture baisse beaucoup.

L. — Raisiné.

Le raisiné est la confiture la moins délicate, mais aussi c'est la moins coûteuse; elle plaît beaucoup aux enfants, elle est d'un grand secours pour les domestiques et les pauvres malades, parce qu'elle est fort saine, et paraît aussi bonne que la plus fine de toutes les confitures à ceux qui ne sont pas habitués aux friandises. Il est donc convenable d'en faire une ample provision dans un ménage de campagne, dans les pays où le raisin est bon et abondant.

Le raisiné se fait avec du jus de raisin et des poires, des coings et autres fruits, ou légumes même qu'on peut y faire entrer avec avantage.

Quelques personnes, pour faire le raisiné, prennent tout simplement du moût de raisin à la cuve avant qu'il ait fermenté; mais il vaut mieux choisir dans la vigne les meilleurs raisins sans pourriture et parfaitement mûrs. Le raisin noir est préférable; cependant on peut faire du raisiné avec du raisin blanc. Lorsqu'on a fait sa cueillette, on égraine le raisin, et on l'écrase avec un pilon ou foulbir; puis on le place par portion sur un tamis pour en extraire le jus. On pourrait même le tordre dans un torchon neuf et mouillé à l'avance. On peut aussi mettre le raisin sur un feu doux dans un grand chaudron sans l'écraser; puis le remuer avec une spatule de bois jusqu'à ce qu'il y ait assez de jus pour qu'on n'ait pas la crainte de le voir s'attacher au fond du chaudron; lorsqu'il est assez cuit pour qu'on puisse en exprimer facilement le jus, on le jette sur un tamis par petites portions. De cette manière ou de l'autre, on obtient du moût: le premier est plus doux et moins coloré ; le second plus abondant, plus coloré, mais ayant contracté un peu d'âcreté par la cuisson de la peau et des pepins.

Le moût étant ainsi préparé par l'un ou l'autre procédé, on en sépare un tiers environ qu'on met de côté ; puis dans les deux autres tiers, on ajoute peu à peu du marbre blanc en poudre fine. Cinq cents grammes de cette poudre suffisent pour 30 litres de moût. On agite, il se produit une vive effervescence comme si la liqueur était en ébullition, et cependant elle est froide ou tiède tout au plus. Lorsque l'effervescence est terminée, on laisse reposer, on décante, et on passe à la chausse de laine. On trouvera à l'article *vin cuit* la manière d'employer le marbre pilé et de se le procurer. Si on n'avait pas de chausse, il suffirait de clouer un morceau d'étoffe de laine un peu épaisse sur un cercle ou sur un cadre de bois grossièrement fait, et dont on placerait les bords sur deux chaises. L'effet du marbre est d'enlever au moût son acidité, il devient tellement doux qu'il en serait désagréable si on n'avait eu le soin d'en garder un tiers environ ; celui-ci conserve à la totalité une acidité convenable. Le raisiné fait sans avoir subi l'opération chimique que je viens d'indiquer est ordinairement si acerbe qu'on a peine à le manger, à moins que le raisin employé ne fût délicieux comme celui qu'on récolte dans nos provinces méridionales.

Le lendemain de grand matin, on met le moût sur le feu dans un chaudron, et on le fait bouillir grand train. Lorsqu'il commence à s'épaissir, environ 8 à 10 heures après qu'il est au feu, on le remue, et on peut y ajouter les fruits. Les poires douces et sucrées comme le messire-Jean, le doyenné, le martin-sec, et autres espèces analogues conviennent surtout. On les pèle, on enlève les pepins et les pierres ; on les coupe par quartiers, puis on les met dans le jus de raisin. Les coings sont fort agréables aussi dans le raisiné, mais il ne faut les mettre qu'en petite proportion, comme un quinzième de la quantité en poids des poires. Lorsque les poires commencent à cuire et que le raisiné s'épaissit, il faut le remuer sans cesse avec la spatule, surtout au milieu, sans quoi il s'attache au fond du chaudron. Lorsque les poires sont parfaitement cuites, et qu'en coupant en deux les morceaux qui ne se sont pas fondus on les trouve colorés jusqu'au centre par le jus de raisin ; que ce jus lui-même ne se sépare plus des poires lorsqu'on en verse sur une assiette une petite quantité, mais qu'il semble lié comme un sirop, le raisiné est cuit. On peut le mettre en pots, il se conservera parfaitement. Il faut remplir les pots jusqu'au bord, parce qu'en refroidissant le raisiné baisse beaucoup ; il ne gèle pas.

Si on n'avait pas de poires pour mettre dans le raisiné, on pourrait les remplacer par de la citrouille. L'espèce dite *bonnet turc* convient surtout, c'est moins bon que la poire, mais il y a peu de différence. Si ce n'est pas du bonnet turc que l'on doit mettre dans le raisiné, mais de la citrouille ordinaire, il faut la faire cuire à l'avance dans un chaudron après l'avoir pelée et coupée en morceau. On la met sur le feu avec un peu d'eau ; lorsqu'elle est cuite, on la fait égoutter sur un tamis, puis on met la pulpe dans le jus de raisin. Quelques personnes même y joignent des carottes coupées menues ou des betteraves ; ces dernières donnent un goût de terre qui passe par la suite. La betterave demande à cuire plus longtemps que les carottes ou le bonnet turc ; elles sucrent beaucoup le raisiné. Les pommes ne conviennent pas du tout au raisiné.

Ici se bornent mes recettes de confiture ; je pourrais en donner d'autres, mais je les crois inutiles. Lorsque notre ménagère aura fait une petite provision de chacune de ces confitures, elle aura un office fort bien garni. Je pense même qu'il se passera bien des années où elle n'en fera pas de toutes ces espèces. Elle sera d'ailleurs bornée par la plus ou moins grande abondance des fruits que produira son jardin. Je vais à présent lui donner la manière de faire de la pâte de coings et d'abricots.

XVIII. — Pâte de coings.

La pâte de coings se fait avec la pulpe des coings qui ont

servi à la gelée, et qu'on passe pour en extraire la peau. On la fait égoutter de nouveau, car plus elle est sèche et mieux cela vaut.

On râpe du sucre ou on le pile très fin, et on l'incorpore à cette espèce de purée de coings jusqu'à ce qu'elle ait l'apparence d'une pâte à peu près aussi ferme que celle du pain avant qu'il soit levé; on roule cette pâte avec un rouleau, en saupoudrant de sucre en poudre la table ou le papier sur lequel on opère; on réduit la pâte à l'épaisseur d'un demi-centimètre; on a soin de saupoudrer également la pâte en dessus avec du sucre pour que le rouleau ne s'y attache pas; on découpe cette *feuille* de pâte avec un emporte-pièce ou avec un verre renversé tout simplement; puis on place les morceaux sur des feuilles de papier saupoudrées de sucre. On les met au four à une chaleur très modérée, 5 à 6 heures, par exemple, après que le pain en est retiré. On les y laisse 12 à 15 heures, après quoi on peut serrer cette pâte dans des boîtes, en plaçant les morceaux les uns à côté des autres, et par couches entre des feuilles de papier. D'abord cette espèce de conserve est très sèche, mais avec le temps elle se ramollit un peu.

XIX. — Pâte d'abricots.

Elle se fait exactement comme celle de coings; mais pour mettre les abricots en état de recevoir le sucre en poudre, on les fait cuire après en avoir retiré le noyau, on les passe à travers un tamis; puis on les fait cuire de nouveau, en les remuant sans cesse jusqu'à ce qu'ils aient acquis une consistance à peu près semblable à celle de la pulpe du coing. Vers la fin de la cuisson on diminue beaucoup le feu, faute de quoi on ne pourrait pas empêcher cette marmelade de s'attacher au fond de la bassine. On laisse refroidir complétement avant de manipuler avec le sucre. Il faut mettre toute la célérité possible pour incorporer le sucre, afin qu'il ne se fonde pas.

Il est impossible de déterminer la quantité de sucre par

rapport à celle de fruit; cela dépend beaucoup du plus ou moins de liquidité de la pulpe; mais on peut être assuré qu'il en faudra au moins trois fois le poids du fruit. Toutefois avec une livre de fruits on fait une grande quantité de petits morceaux de la dimension d'un verre ordinaire.

On peut aussi faire cuire le fruit avec une partie du sucre, en le remuant toujours, laisser refroidir et achever la pâte en y incorporant du sucre pilé.

On verra par ce qui précède que la pâte de coings et celle d'abricots ne sont point des friandises coûteuses.

XX. — Compotes de fruits en bouteille.

Quoique le procédé de M. Appert soit très connu, je crois devoir le décrire ici; il est parfait pour la conservation de beaucoup d'aliments. Depuis cette découverte, les navigateurs peuvent avoir une table aussi bien servie que s'ils étaient à terre, ce qui a bien amélioré leur sort. Je vais indiquer les choses qu'il convient de conserver dans un ménage; car il n'est pas nécessaire d'appliquer ce procédé à toutes celles auxquelles on l'emploie pour la marine, mais seulement à quelques-unes dont nous serions privés dans certaines saisons.

Il faut d'abord se procurer des bouteilles dont le goulot ait environ 4 à 5 centimètres de diamètre, puis d'excellents bouchons. Cependant certaines choses peuvent se conserver dans des bouteilles ordinaires, en choisissant celles dont le goulot est le plus gros possible. Les bouteilles peuvent être de la contenance d'un litre ou d'un demi-litre, selon le nombre de convives auxquels ce qu'elles renferment est destiné. C'est dans des bouteilles qu'on fait, dans les ménages, les conserves par le procédé Appert. Pour la navigation, on les fait presque toutes dans des boîtes de fer-blanc soudées; ce qui est préférable.

A. — Des cerises et des abricots en bouteille.

Les cerises sont un des fruits qui se conservent le mieux

par ce procédé. On choisit de belles cerises aigres convenablement mûres. La Montmorency à courte queue est la meilleure. On coupe les queues à moitié. Quand les bouteilles sont remplies, on ajoute 200 grammes de sucre pilé, on bouche avec le plus grand soin. Ensuite on attache le bouchon avec une ficelle. Lorsque toutes les bouteilles sont prêtes, on les range debout dans un chaudron en les entourant de foin, de manière qu'elles ne puissent pas se choquer entre elles par l'effet de l'ébullition de l'eau. On remplit le chaudron d'eau froide, sans cependant qu'elle arrive aux bouchons, et on allume un bon feu. Lorsque l'eau est en ébullition, on l'entretient ainsi 20 à 25 minutes, puis on éteint le feu sans toucher aux bouteilles. On laise refroidir à moitié. Aussitôt que les bouteilles sont retirés du chaudron, on goudronne exactement les bouchons ; et lorsqu'elles sont froides on les descend à la cave où on les couche. On peut aussi, quand les fruits sont bien tassés dans les bouteilles, remplir celles-ci avec du sirop de sucre cuit au grand boulé, on bouche et on fait cuire. Par ce procédé, préférable au premier, les fruits se conservent plus entiers et se trouvent placés dans un sirop transparent.

Les cerises conservées par ce procédé forment de délicieuses compotes qui se conservent parfaitement, même deux ans. Elles ressemblent beaucoup à des compotes fraîches; elles valent peut-être mieux.

Les abricots se préparent absolument de la même manière; on les choisit petits, bien faits, et on ôte le noyau. Ils ne se défont point en cuisant.

B. — **Framboises en bouteilles.**

Les framboises se conservent de même ; on les choisit belles, pas trop mûres, et on ne les laisse bouillir que sept à huit minutes. Il vaut mieux les mettre dans des demi-bouteilles.

C. — Prunes en bouteilles.

Les prunes de mirabelles peuvent se conserver aussi en bouteilles. Elles se font exactement comme les abricots ; seulement on n'ôte pas les noyaux, et on laisse bouillir trois quarts d'heure ; quelquefois elles fermentent.

D. — Jus de groseilles en bouteilles.

On le prépare comme celui destiné à la confiture, c'est-à-dire qu'après avoir égrené les groseilles, on les fait fondre dans la poêlette sur le feu ; on les met à égoutter sur le tamis, et on ajoute du jus de cerises aigres dans la proportion d'un huitième.

On place le jus pendant 8 à 10 heures dans un lieu frais (sans quoi il fermenterait), pour que la partie gélatineuse se dépose ; on brise le caillot qui se forme, et on le fait égoutter sur un linge, pour avoir un jus bien clair. On met dans des demi-bouteilles ordinaires, on bouche, comme je l'ai dit à l'article cerises, puis on fait cuire au bain-marie. Ce jus, sans sucre, se conserve au moins deux ans s'il a été parfaitement bouché et placé dans un lieu frais. Pour l'employer, on sucre un verre d'eau, et on y ajoute la quantité de jus nécessaire pour le parfumer.

Cette boisson est d'une fraîcheur extraordinaire et très préférable au sirop de groseilles. On peut parfumer son jus avec des framboises. Lorsqu'une bouteille est entamée, elle ne se conserve pas plus de deux ou trois jours, à moins qu'il fasse très froid. Ce jus de groseille est aussi très propre à faire des glaces.

XXI. — Conserve de légumes.

On peut conserver, par le procédé Appert, pour être mangés en hiver, plusieurs espèces de légumes qui sont presque aussi bons, ou qui du moins, par la privation, vous paraissent aussi bons que dans la saison où on les mange ordinairement. Il faut dire aussi que, conservés par le procédé Appert, ils s'en rapprochent beaucoup. Les petits pois sont les légumes qui se prêtent le mieux à ce procédé. On les choisit bien frais ; on les introduit dans une bouteille de litre avec 75 grammes de sucre pilé : on les traite comme les autres conserves, mais on les fait bouillir une demi-heure au moins. Lorsqu'on ouvre la bouteille pour faire usage des pois, ils répandent quelquefois une odeur assez désagréable, on les lave dans une ou deux eaux, puis on les assaisonne avec du beurre frais, comme on le verra à cet article dans le *Manuel de Cuisine*. Quelques personnes les conservent sans sucre. D'autres, au contraire, les assaisonnent comme si on allait les manger immédiatement, puis les mettent en bouteille ; il suffit alors de dix à quinze minutes d'ébullition. Je crois cette dernière manière préférable : c'est celle employée pour les conserves de la marine.

Il ne faut pas trop remplir les bouteilles, parce qu'elles pourraient éclater pendant l'ébullition.

Les petites fèves de marais, les pointes d'asperges et les haricots verts se traitent de même. On ne met pas de sucre dans les haricots verts ; il vaut mieux aussi les faire cuire et les assaisonner avant de les mettre en bouteilles.

Assurément, ces conserves sont bonnes lorsqu'elles ont été assez bien bouchées pour ne pas s'altérer, car c'est là *l'unique question : la privation du contact de l'air ;* mais comme à la campagne on est habitué à attendre les saisons, pour jouir de leurs produits sans embarras, je pense que notre ménagère fera bien de borner ses conserves de légumes à un petit nombre.

XXII. — Sauce tomate.

Je l'engage cependant à faire une ample provision de sauce tomate ; elle est d'une grande ressource dans un ménage, et je puis même dire qu'elle est meilleure conservée que lorsqu'on emploie des tomates fraîches.

Vers le mois d'août ou de septembre, au moment où les tomates sont abondantes, on en cueille une provision. On les essuie avec soin, on enlève les queues et on les rompt en plusieurs morceaux. Lorsqu'elles sont toutes préparées, on les met sur le feu de la cheminée dans une bassine ou un chaudron. On remue d'abord pour éviter qu'elles ne brûlent avant d'être écrasées et liquides, et on les fait cuire jusqu'à ce qu'elles puissent s'écraser facilement, alors on passe le jus et la pulpe dans un tamis de crin en pressant avec le pilon à purée, pour en séparer la peau et les pepins. On remplit des demi-bouteilles, ou des bouteilles, si on a une maison nombreuse, en ayant soin de remuer le fond, parce que la pulpe se dépose, et qu'il faut la distribuer également dans toutes les bouteilles. On procède ensuite comme pour le jus de groseilles; c'est-à-dire boucher, ficeler, faire cuire au bain-marie et cacheter.

On emploie cette sauce conservée comme on emploierait des tomates fraîches (voir l'article *sauce-tomate* dans le *Manuel de Cuisine*). Elle est excellente et peut être préparée dans un instant.

Cette manière de conserver les tomates est infiniment préférable à celle qui consiste à les faire cuire très longtemps pour en former une espèce de pâte, comme on le fait assez généralement.

XXIII. — Sirops.

Bien qu'il soit assez facile de se procurer de bons sirops chez les confiseurs et chez les pharmaciens, je veux donner quelques recettes à notre ménagère. Elle trouvera une grande économie à faire ses sirops elle-même, et le plaisir qu'elle aura à les offrir à ses amis, lorsqu'ils seront le produit de son travail et de son talent, ajoutera beaucoup à leur mérite.

A. — Sirop de sucre et de ses degrés de cuisson.

Je commencerai par donner la recette du sucre clarifié,

parce qu'il est employé dans beaucoup de circonstances.

Sucre concassé.	2,000 gr.
Eau bien limpide.	1,000

Délayez un blanc d'œuf dans l'eau, avant d'y faire fondre le sucre, ajoutez celui-ci, mettez sur le feu, et portez à l'ébullition. Lorsque le blanc d'œuf est bien cuit, laissez reposer un moment, puis enlevez l'écume avec un écumoir. Pour mettre le sirop *au petit boulé* on laisse cuire jusqu'à ce qu'en trempant un écumoir dedans, et soufflant fortement à travers les trous, il se forme des globules derrière. Le *grand boulé* vient après ; alors, en opérant de même, les globules se détachent et s'envolent comme des bulles de savon. Le sirop est *à la nappe* lorsqu'il s'écoule de l'écumoir par nappes qui tombent lentement ; *au cassé* quand le sirop forme des filaments qui se cristallisent en les jetant dans l'eau froide ; à l'état de *sucre d'orge* lorsqu'il commence à jaunir ; enfin en *caramel* lorsqu'il a pris une couleur brune ; quelques instans après il brûle.

B. — Sirop de groseilles.

Groseilles rouges égrainées	4,000 gr.
Cerises aigres.	500

Après avoir ôté les noyaux et les queues des cerises, on les écrase avec les groseilles dans un vase de terre ; pour mieux faire cette opération, on en met peu à la fois dans le vase, et on emploie le pilon à purée. On exprime ensuite le mélange dans un torchon neuf et mouillé. On dépose son jus à la cave dans une terrine non vernissée, pendant vingt quatre heures. Il se coagule ; on le bat avec un petit balai d'osier, puis on le verse sur un morceau de molleton de laine blanc, qu'on nomme *blanchet*, et cloué sur un cadre de bois ; on laisse égoutter sans exprimer. On obtient un jus parfaitement limpide. On ajoute 800 grammes de beau sucre concassé pour 500 grammes de jus de groseilles On fait dissoudre sur un feu doux ; à la *première* ébullition, on retire du feu, on transvase dans les bouteilles et on laisse refroidir. On ne bouche que lorsque le sirop est complétement froid ; on place à la cave les bouteilles debout.

On peut mettre 500 grammes de framboise en supprimant la même quantité de groseilles, dans la proportion que j'ai donnée ; elles communiquent au sirop un parfum agréable.

On pourrait faire cuire les groseilles mondées, à une douce chaleur avant d'en exprimer le jus ; le sirop serait plus coloré. On ajoute les cerises écrasées dans le jus, qu'on traite ensuite comme le précédent.

C. — Sirop de framboises et de fraises.

Framboises,	2,000 gr.
Sucre blanc concassé.	2,000

Mettez le tout ensemble sur un feu vif, remuez. Après quatre à cinq minutes d'ébullition, passez dans un linge mouillé ; mettez en bouteilles, bouchez et placez à la cave.

Le sirop de fraises se fait de la même manière ; on emploie les grosses fraises dites ananas, mais il n'est pas très agréable, tandis que celui de framboises est excellent.

D. — Sirop d'épine-vinette.

Ecrasez des grains d'épine-vinette bien mûrs dans un vase de terre avec le pilon à purée, ou faites-les fondre sur le feu Exprimez dans un torchon neuf et mouillé, passez au blanchet Ajoutez 800 grammes de sucre concassé, à 500 do jus ; faites fondre au bain-marie ou sur un feu très doux, mettez en bouteilles, etc. Ce sirop aigrelet est très rafraîchissant.

E. — Sirop d'oranges.

Choisissez de belles oranges pas trop mûres ; enlevez le

zeste, et réservez-le pour parfumer le sirop ; achevez de peler les oranges, et écrasez la pulpe. Exprimez dans un torchon neuf et mouillé ; mettez 800 grammes de sucre pour 500 de jus, faites faire un bouillon, et jetez tout bouillant sur un linge parfaitement propre et mouillé, sur lequel vous aurez placé d'avance le zeste de deux ou trois oranges, suivant la quantité de sirop que vous faites.

F. — Sirop de citrons ou de limons.

Il se prépare par le même procédé. Cependant le suc de citron étant très acide, on peut le couper avec un tiers ou moitié d'eau.

G. — Sirop de vinaigre framboise.

Faites infuser pendant quinze jours 250 grammes de framboises bien mûres dans un litre de vinaigre, passez, faites fondre 900 grammes de beau sucre.

H. — Sirop de fleurs d'oranger.

Eau de fleurs d'oranger double	500 gr.
Beau sucre concassé	1,000

On fait dissoudre le sucre dans l'eau de fleurs d'oranger ; on passe au filtre de papier gris, à la cave, afin d'éviter l'évaporation.

I. — Sirop de gomme arabique.

Gomme arabique blanche et concassée	250 gr.
Eau	750
Sucre	1,000

Lavez la gomme, puis mettez-la dans l'eau, dans un vase de cuivre ou d'argent, sur un feu très doux, pour la laisser fondre ; passez dans un linge, ajoutez le sucre très beau et concassé ; lorsqu'il est bien fondu, mettez en bouteilles. On peut y ajouter 32 grammes d'eau de fleurs d'oranger.

K. — Sirop de guimauve.

Racine de guimauve très blanche et sèche . .	125 gr.
Eau	1,000
Sucre	2,000

Mettez la guimauve coupée en très petits morceaux à infuser pendant vingt-quatre heures dans l'eau, passez, ajoutez le sucre concassé, mettez sur le feu, remuez. Après quelques ébullitions, retirez du feu, laissez un peu refroidir, mettez en bouteilles. Ne bouchez que lorsque le sirop sera parfaitement froid.

Ce sirop n'est pas très agréable au goût. On peut le parfumer avec 32 grammes d'eau de fleurs d'oranger mis à froid.

L. — Sirop d'orgeat.

Amandes douces	500 gr.
Amandes amères	80
Eau de fleurs d'oranger.	32
Eau pure.	1,000
Sucre	2,000

Mondez les amandes à l'eau bouillante, pilez-les dans un mortier de marbre avec 500 grammes de sucre et 150 d'eau qu'on ajoute peu à peu. Partagez cette pâte en six ou huit parties, pilez de nouveau jusqu'à ce que la pâte soit extrêmement fine. Délayez alors avec le reste de l'eau, exprimez autant que possible à travers un torchon neuf et mouillé. Faites dissoudre le reste du sucre dans cette préparation ; posez sur un feu doux en remuant toujours. A la première ébullition retirez du feu, ajoutez l'eau de fleurs d'oranger. Il faut agiter le sirop avant de l'employer parce que les amandes se déposent au fond.

XXIV. — Fruits à l'eau-de-vie.

Les fruits à l'eau-de-vie sont très difficiles à faire de manière à ce que leur couleur soit conservée, les prunes surtout. Il y a une multitude de recettes, la plupart fort embrouillées et qui ne réussissent presque jamais.

Si notre ménagère tient absolument à la mine, elle aura recours à d'autres procédés que les miens, car je l'ai déjà dit, je ne conseille que les choses dont je suis parfaitement sûre, et c'est plutôt le compte-rendu de la manière dont je gouverne ma maison qu'un ouvrage complet que je me suis proposé de faire. C'est pour cela que j'ai indiqué la composition d'une bibliothèque dans laquelle on trouvera de bonnes choses que je n'aurai pas traitées. Pour les traiter toutes, il aurait fallu faire une encyclopédie, ce qui est tout-à-fait au-dessus de mes forces, et d'ailleurs il y a des choses qui ne peuvent être parfaitement faites que par les personnes qui en font une spécialité.

A. — Prunes à l'eau-de-vie.

On cueille 100 belles prunes de reine-claude encore dures et vertes, et ayant la peau et la queue bien lisses. On les essuie et on les pique avec une aiguille en l'enfonçant jusqu'au noyau. On coupe la queue à moitié longueur, et on jette à mesure dans de l'eau fraîche. Lorsque le sirop est prêt, comme je vais l'indiquer, on range les prunes dans un vase de terre; une grande soupière de porcelaine convient parfaitement pour le sirop. On fait fondre dans une bassine 2 kilogr. de beau sucre avec un litre d'eau; lorsque le sirop bout, on le verse sur les prunes, qui surnagent. On place dessus une assiette ou un plat avec une pierre bien lavée, assez lourdes pour forcer les prunes à rester plongées dans le sirop; si elles venaient à la surface et subissaient l'influence de l'air, elles noirciraient. On couvre et on laisse infuser jusqu'au lendemain. Alors on égoutte le sirop et on le met dans la bassine sur un feu vif. Lorsqu'il a bouilli pendant 15 à 20 minutes, on le verse de nouveau sur les prunes, qu'on a eu le soin de conserver bien couvertes; on laisse encore infuser pendant 24 heures; les prunes sont jaunes. On verse les prunes et le sirop dans la bassine et on met sur un feu clair; les prunes vont au fond, mais bientôt elles reviennent à la surface et verdissent. On les retire avec un écumoir à mesure qu'elles sont devenues bien vertes et on les met à égoutter sur un tamis de crin ou dans un grand plat; lorsqu'elles sont toutes sorties du sirop, on laisse cuire celui-ci au petit boulé, puis on range les prunes dans un bocal et on y verse le sirop bouillant. Le lendemain on bouche.

Les prunes se conservent très bien dans ce sirop et tout aussi vertes au moins que lorsqu'on les a cueillies. Lorsqu'on veut manger les prunes, on les met avec un peu de sirop dans un verre et on y ajoute de l'eau-de-vie au goût du convive. On peut aussi, après un mois de préparation, mettre de l'eau-de-vie dans le bocal et mêler. Un litre et demi est une quantité suffisante pour 100 prunes, à moins qu'on ne les veuille très fortes. Il est préférable d'y mettre de l'eau-de vie blanche parce que le sirop est déjà assez coloré.

AUTRE PROCÉDÉ.

Après avoir préparé les prunes comme je viens de le dire, on les jette dans le sirop bouillant et on les y laisse seulement le temps nécessaire pour qu'elles jaunissent. On les verse avec le sirop dans un vase et on les force à rester dans le sirop; le lendemain on met le sirop et les prunes dans la bassine sur un feu vif; les prunes reverdissent. On les ôte avec un écumoir et on les met dans un bocal. On laisse cuire le sirop au petit boulé, puis on le verse sur les prunes. Huit à dix jours après on met l'eau-de-vie et on remue avec précaution pour mêler, sans maltraiter les prunes.

B. — Abricots à l'eau-de-vie.

Ils se préparent absolument comme les prunes. On choisit des abricots de moyenne grosseur, peu mûrs et ayant la peau lisse. Les abricots d'espalier sont ordinairement plus convenables que ceux de plein vent. L'abricot-pêche ne convient pas aussi bien que l'abricot ordinaire.

C. — Cerises à l'eau-de-vie.

La grillotte est préférable à toutes les autres variétés pour être mise à l'eau de vie; cependant on peut employer de belles cerises Montmorency. Il ne faut pas qu'elles soient assez mûres pour être mangées, mais cependant elles doivent être bien colorées.

On leur coupe la queue et on les pique en tous sens, puis on les range dans un vase de terre et on les traite comme les prunes ; seulement il est absolument nécessaire d'ajouter l'eau-de-vie au sirop pour les verser sur les cerises quand elles ont infusé pendant vingt-quatre heures, après la seconde fois qu'on y a ajouté le sirop.

Quelques personnes se bornent à mettre les cerises dans l'eau-de vie à laquelle elles ajoutent un peu de sucre ; mais les cerises absorbent toutes les parties spiritueuses de l'eau-de-vie et durcissent beaucoup sans se sucrer. Elles ont peut-être plus de mine que par le premier procédé, mais sont loin d'être aussi agréables à manger.

D. — Poires à l'eau-de-vie.

Il n'y a guère que la poire de rousselet qui soit propre à être mise à l'eau-de-vie; on la choisit avant maturité complète, de bonne forme et de moyenne grosseur. On la pèle avec soin entière, même la queue. On jette dans l'eau à mesure; lorsque toutes les poires y sont, on les met dans la bassine avec une nouvelle eau et assez pour qu'elles baignent grandement. On ajoute 200 grammes de sucre pour 500 grammes de poires qu'on a eu le soin de peser avant de les peler. Lorsque les poires sont assez cuites pour qu'une paille les pénètre facilement, on retire du feu, on laisse refroidir dans le sirop, puis on range les poires dans le bocal. On remet le sirop sur le feu, on fait cuire au petit boulé. On ajoute un bon verre d'eau-de-vie par 500 grammes de poires, on verse chaud dans le bocal, on laisse refroidir, on bouche, etc.

Les poires à l'eau-de-vie sont peut-être préférables à tous les autres fruits, elles ont un goût de vanille qui est fort agréable.

Si on ne trouvait pas la proportion d'eau-de-vie que je donne assez forte, on en mettrait davantage; mais pour des fruits à manger en famille, où il se trouve par conséquent des enfants et des femmes, je pense qu'elle est convenable.

Il n'est pas nécessaire de choisir de l'eau-de-vie vieille et de très bonne qualité pour faire des fruits à l'eau-de-vie, parce que ses qualités disparaissent dans le mélange avec le jus des fruits.

Si notre ménagère est assez soigneuse et assez active pour approvisionner son ménage de toutes les conserves que je viens de lui indiquer, elle aura de quoi satisfaire aux exigences d'une bonne table. Je vais à présent lui donner la recette de quelques liqueurs de ménage qui peuvent se faire sans un appareil de distillation, ce qui convient fort à une maison particulière.

Je donne ici le procédé le plus convenable pour fermer les bocaux dans lesquels on conserve les fruits à l'eau-de-vie. Il est indispensable de les fermer avec un bouchon. Pour ajuster convenablement celui-ci au goulot, quelquefois très large, on se sert d'une râpe douce à bois qui mord bien sur le liége. On recouvre le bouchon avec un morceau de parchemin qu'on a eu le soin de rendre flexible en le trempant dans l'eau.

Si on avait une assez grande quantité de ces bocaux, on pourrait remplacer le parchemin par une couche de gomme. A cet effet, on fait fondre à froid de la gomme concassée dans un peu d'eau, de manière à avoir un liquide épais. On en couvre le bouchon et les bords du goulot avec un pinceau. Quand cette couche est sèche, on en met une seconde.

XXV. — Liqueurs de ménage.

Choix de l'esprit-de-vin. — L'esprit-de-vin doit être in-

colore et limpide, il doit avoir 33 degrés et être exempt de
toute espèce d'odeur étrangère. Pour s'en assurer, on en
verse quelques gouttes dans un verre d'eau et on déguste
ce mélange. Si l'esprit-de-vin porte une odeur ou un goût
étranger, on s'en aperçoit facilement dans cette épreuve.

Lorsqu'une ménagère prend la peine de faire ses liqueurs
elle-même, et qu'elle en fait une assez ample provision
pour ne les faire boire que plusieurs années après leur confection, elles lui coûtent très peu d'argent et sont très
bonnes. La plupart des liqueurs ne sont pas agréables,
quelque bien faites qu'elles soient, lorsqu'elles sont nouvelles, et la qualité que leur donne le temps ne peut être
remplacée par rien. Il convient donc de faire d'abord une
provision pour plusieurs années, après cela il suffira d'en
faire chaque année pour la consommation présumée d'un
an. En étiquetant et datant avec soin toutes ses bouteilles,
on saura toujours quelle est la plus ancienne, et on la fera
consommer la première.

Les liqueurs par infusion sont, en général, préférables à
celles par distillation : elles sont moins blanches, mais ce
léger défaut est indifférent dans un ménage.

A. — Liqueur de noyaux de pêches.

Cassez 50 noyaux de pêches, mettez les amandes et les
coquilles avec 4 litres de bonne eau-de-vie dans un bocal
dont l'ouverture ne soit pas trop large, afin qu'elle puisse
être mieux fermée, bouchez et couvrez avec du parchemin
mouillé, comme je l'indique à l'article *Fruits à l'eau-de-vie*.
Laissez infuser deux mois en exposant le bocal au soleil ;
faites fondre 1,800 grammes de sucre avec deux verres
d'eau, moins de sucre si vous voulez une liqueur plus forte.
Passez l'eau-de-vie dans un tamis fin pour en séparer les
noyaux, mêlez parfaitement avec le sirop. Mettez en bouteille, mieux en cruche ; bouchez avec soin. Un ou deux
mois après on peut commencer à boire cette liqueur, qui
se bonifie beaucoup en vieillissant. Elle a un excellent goût
de vanille.

B. — Noyau d'abricots.

Cassez 200 noyaux d'abricots, séparez les coquilles de la moitié, laissez les autres, mettez le tout dans 4 litres de bonne eau-de-vie. Procédez comme pour la liqueur de noyaux de pêches. Cette liqueur est très agréable et gagne beaucoup en vieillissant.

C. — Anisette.

Concassez 60 grammes d'anis vert, mettez à infuser 24 heures dans 2 litres d'esprit-de-vin bien blanc, passez, faites fondre 1,800 grammes de très beau sucre dans 2 litres d'eau bien claire, mêlez avec l'infusion, mettez en bouteille, mieux en cruche de grès. Deux mois après, cette anisette peut se boire. On peut la sucrer plus ou moins et la filtrer.

D. — Liqueur ou crème de fleurs d'oranger.

Épluchez 250 grammes de fleurs d'oranger, c'est-à-dire séparez les pétales des calices, faites infuser dans 2 litres d'esprit-de-vin pendant une demi-heure, faites fondre 1,800 grammes de très beau sucre dans 2 litres d'eau bien claire, passez l'infusion de fleurs, mêlez-la avec le sirop. Mettez en bouteille. Cette liqueur est très délicate.

E. — Crème d'angélique.

Prenez 500 grammes de tiges d'angélique bien fraîches, coupez-les en petits morceaux, mettez à infuser pendant 24 heures dans 2 litres d'esprit-de-vin, agitez de temps en temps, faites fondre 1,800 grammes de beau sucre dans un litre et demi d'eau bien claire, passez l'infusion et mêlez avec le sirop. Mettez en bouteille, mieux en cruche, etc.

F. — Crème de thé.

Faites infuser pendant 2 heures 125 grammes de très bon

thé, mêlé comme je l'indique dans son article, dans 2 litres d'esprit-de-vin, décantez ou passez, ajoutez 1,800 grammes de sucre fondu dans 2 litres d'eau bien limpide. Mêlez.

Lorsque le thé est très bon, c'est une excellente liqueur qui gagne beaucoup en vieillissant.

G. — Crème de café.

Choisissez 250 grammes de café moka, mettez le cru et concassé dans un bocal de verre avec 2 litres d'esprit-de-vin. Laissez infuser 24 heures, passez, faites fondre 1,800 grammes de très beau sucre dans 2 litres d'eau bien limpide, mêlez à l'infusion, etc.

On peut faire cette liqueur avec le café légèrement brûlé, elle est fort agréable aussi.

H. — Ratafia de merises ou guignolet.

Mettez un kilogramme de merises bien mûres, dont vous ôtez les queues, dans un bocal de verre ou une cruche de grès avec 4 litres d'eau-de-vie forte, bouchez, exposez au soleil pendant 2 mois. Faites fondre 1 kilogramme de sucre si vous voulez le ratafia doux, ou 500 grammes pour l'avoir plus fort, dans très peu d'eau : que le sucre soit seulement bien humecté. Passez votre liqueur, ajoutez-y le sucre; mettez en bouteille, etc.

I. — Ratafia de cassis.

Il se fait de la même manière que celui de merises, mais on y ajoute une poignée de feuilles d'œillets rouges simples, et 4 à 5 clous de girofle.

Certaines personnes préfèrent le cassis et le guignolet nouveaux; ils ont le goût du fruit plus prononcé.

K. — Ratafia de groseilles.

Comme celui de merises. Employez des framboises bien

mûres. On peut le faire à l'esprit-de-vin, alors on ne laisse infuser que 12 heures, et on fait fondre le sucre dans une quantité d'eau égale à celle de l'esprit-de-vin.

XXVI. — Vin cuit.

On peut faire avec du moût de vin blanc du vin cuit qui, lorsqu'il est préparé avec soin, forme une espèce de liqueur, ou plutôt de vin de liqueur fort agréable à boire en famille, et sans danger pour les enfants, parce qu'il n'est pas très spiritueux, à moins que le terroir qui fournit le raisin ne produise des vins capiteux. Dans les grandes chaleurs même, cette boisson, étendue d'eau, offre aux enfants un rafraîchissement aussi salutaire qu'agréable, parce qu'ils peuvent tremper du pain dans ce breuvage, ce qui leur plaît beaucoup et remonte la fibre relâchée par la chaleur et la transpiration.

Dans les pays où le vin est de très bonne qualité, comme dans le midi de la France, il suffit de faire réduire le moût de vin d'un tiers, par la cuisson, et de le mettre ensuite dans un petit baril où il fermente. Comme la fermentation est lente, il convient de mettre une bonde percée à laquelle on adapte un tube de verre recourbé, et dont l'extrémité opposée à celle qui est placée dans la bonde plonge dans un vase plein d'eau.

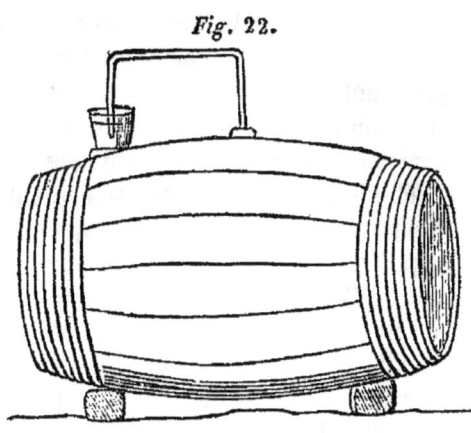

Fig. 22.

Par ce moyen il n'y a pas d'évaporation, le gaz, développé

par la fermentation, s'échappe seulement par le tube. A défaut de ce tube, on peut mettre une plume ou un jonc qui, à la vérité, ne trempera pas dans l'eau comme le tube, mais vaudra cependant mieux que la bonde ouverte simp'ement. Au surplus, il est très facile de donner à un tube de verre la courbure nécessaire à la petite organisation que je viens de décrire ; il suffit de mettre dans un feu très ardent la portion du tube qui doit être courbée, lorsqu'elle est rouge on prend le tube par les deux bouts et on le courbe à volonté.

Dans les contrées où le vin est de moins bonne qualité, il faut réduire le moût de moitié et enlever aux deux tiers de ce moût *réduit* son acide au moyen de marbre pilé, qui peut même être remplacé par de la pierre à chaux également réduite en poudre.

Pour réduire le moût qu'on destine au vin cuit, voici comment on procède, car il n'est pas présumable qu'on ait dans un ménage un vase assez grand et allant au feu, pour contenir tout le moût qu'on veut réduire à moitié. Je vais prendre 40 litres pour exemple.

On mesure 40 litres de moût et on en met sur le feu 20 ou 10, selon la capacité du chaudron dans lequel on doit le faire réduire. Il vaut mieux que le chaudron puisse contenir la moitié du moût, l'opération est plus facile. On remarque la hauteur à laquelle arrive le liquide au moment où on le met au feu. On fait bon feu et on amène le liquide à une forte ébullition qu'on entretient avec activité. Lorsque le moût a diminué un peu, on ajoute 1 ou 2 litres de celui qui est resté en réserve, mieux 1 litre que 2, parce que cette quantité n'arrête pas l'ébullition, elle la ralentit seulement un instant. Lorsque la quantité réservée a été toute ajoutée au moût en ébullition, et qu'il y en a dans le chaudron à la même hauteur qu'au moment où l'on a commencé l'opération, c'est qu'elle est arrivée à son terme ; en effet, la quantité totale est réduite de moitié. On retire du feu. On verse les deux tiers du moût cuit dans un grand vase de bois, et on le soumet à l'action du marbre pilé. Il ne faut pas jeter tout le marbre à la fois dans le moût, mais seulement par portions. On remue.

Lorsque l'effervescence, causée par le marbre, se ralentit, on en ajoute d'autre jusqu'à ce qu'il ne produise plus d'effet. Alors on laisse déposer, on décante et on passe au blanchet; puis on met les deux parties de moût ensemble dans le petit baril destiné à la fermentation; on laisse fermenter comme je l'ai indiqué ci-dessus. Ici le marbre produit le même effet que dans la préparation du raisiné; il enlève une partie de l'acidité du raisin. Sans cette précaution, le vin cuit est d'une acidité insupportable.

Lorsque la fermentation est achevée, ce qui s'aperçoit, parce qu'il ne se dégage plus de gaz par le tube, on bonde et on laisse reposer une couple de mois, après quoi on peut mettre en bouteille. Si on ne trouvait pas le vin assez capiteux, on pourrait y ajouter un peu d'eau-de-vie, dans la proportion environ d'un litre pour 10 de vin.

Si le raisin employé à faire le vin cuit était de très bonne qualité, il pourrait se faire qu'il fût un peu trop doux, en faisant subir l'action du marbre aux deux tiers du moût; alors on se bornerait à la moitié. Si, au contraire, le moût était très acide, on en soumettrait les trois quarts à l'action du marbre.

Aujourd'hui que le marbre est employé généralement partout à la confection des meubles et des cheminées, il sera facile de s'en procurer des fragments chez les marbriers.

On fera piler ces fragments à peu de frais chez un pharmacien ou un épicier droguiste; il suffit d'avoir un pilon et un mortier de fer. 2 à 300 grammes de marbre pilé suffisent à 20 ou 25 litres; si le marbre n'était pas réduit en poudre très fine, il en faudrait davantage. L'opération terminée, on lave à grande eau et à plusieurs reprises le marbre qui s'est déposé au fond du vase, on le fait sécher, et il est encore propre au même usage en le passant de nouveau au mortier, parce que c'est la partie la plus fine qui s'est dissoute. Le marbre blanc est préférable, mais non indispensable.

A défaut de marbre on peut employer de la pierre à chaux, mais quelquefois elle laisse un goût désagréable; quelquefois aussi la pierre calcaire est chargée de fer et colore le vin.

Pour s'assurer de son effet, on peut l'essayer sur une petite quantité et goûter le moût.

On peut aussi, après avoir réduit le moût, le faire fermenter ; cette fermentation dure près de deux mois ; puis opérer avec le marbre sur les deux tiers du vin fermenté ; quelquefois on obtient un meilleur résultat qu'en opérant sur le moût, c'est-à-dire que le vin fermenté conserve moins de goût de son mélange avec le marbre. J'engage notre ménagère à faire ces deux essais.

Il est préférable, pour faire le vin cuit, de prendre le moût qui s'égoutte lorsqu'on presse le raisin pour en extraire le jus qui ne s'est pas écoulé de lui-même pendant la manipulation qu'on lui fait subir dans le pressoir. Ce moût est plus clair, parce qu'il est dégagé de la pulpe du grain et ordinairement plus doux.

Pour décanter le moût qui surnage au-dessus du marbre, on peut employer un siphon. Le tube de verre qui doit être employé sur la bonde pour la fermentation peut en tenir lieu ; lorsqu'un des bouts est placé dans le vase qui contient le moût, il suffit d'aspirer par l'autre bout jusqu'à ce que le vin arrive ; dès qu'il a commencé à couler, il continue tant que le tube plonge dans le liquide.

XXVII. — Fruits secs.

Ce n'est pas assez de faire des confitures et des conserves, notre ménagère doit encore faire sécher certains fruits qui se prêtent à ce mode de conservation ; les frais en sont presque nuls dans un ménage, et cependant cette bonne provision offre une grande ressource. Dans les années abondantes, une grande partie des fruits seraient perdus s'ils n'étaient pas séchés pour l'hiver ; et lorsqu'on n'a à calculer que ses peines, la dépense doit se réduire à zéro pour une femme active et désireuse de procurer à sa famille toutes les douceurs de la vie.

XXVIII. — Poires tapées.

Les poires tapées forment un excellent dessert ; elles peuvent se manger sèches ou en compotes.

On peut préparer ainsi presque toutes les bonnes poires, à moins qu'elles ne soient très petites, parce qu'elles se réduisent pour ainsi dire à rien en séchant. Celles qui ne sont pas très sucrées conviennent moins. Les poires de doyenné, tous les beurrés, y compris les poires d'Angleterre, le martin sec, le rousselet, enfin toutes les poires d'automne sont propres à être séchées.

Lorsque les poires sont bien mûres, on les pèle entières, en leur conservant la queue, et on les met dans un plat creux ; on peut les entasser jusque par-dessus le bord du plat, on les couvre ensuite avec les pelures et on verse un demi-verre d'eau dans le plat, puis on met au four en même temps que le pain, et on ne les retire qu'après lui. On conserve avec soin, pour en faire usage plus tard, tout le jus qui s'est écoulé des poires, au fond du plat, pendant la cuisson. Il faut plus ou moins de temps pour cuire des poires, selon leur espèce. Lorsqu'elles sont bien cuites on les place, une à une, sur des claies en osier semblables à celles sur lesquelles on fait sécher les pruneaux, puis on les remet dans le même four jusqu'au lendemain ; la forme des claies est indifférente, il suffit qu'elles soient assez claires pour laisser circuler librement la chaleur au travers des fruits. Le lendemain on retire les claies du four, et on le fait chauffer de *nouveau*, mais seulement à la chaleur qui existe lorsqu'on en retire le pain. Puis on prend les poires une à une ; on les aplatit entre les doigts, on les trempe dans le jus qu'on avait réservé, et on les remet sur les claies et au four jusqu'au lendemain ; lorsque les poires sont petites, elles se trouvent quelquefois assez sèches après avoir été deux fois sur les claies, mais il faut ordinairement les remettre une troisième fois au four, après les avoir aplaties de nouveau et trempées dans le jus. Cependant il pourrait s'en trouver dans le nombre qui n'auraient pas besoin d'être remises au four. Pour que les poires soient assez sèches pour se garder, il faut qu'elles soient très fermes, mais il n'est pas nécessaire qu'elles soient dures. On mettra beaucoup de soins à ne pas trop chauffer le four pour la troisième fois, parce que les poires y brûleraient très facilement ; il doit l'être moins qu'aux premières fois ; il faut le laisser quelque temps fermé pour *abattre* la chaleur.

Si le jus qui s'était écoulé des poires dans les plats était très clair, ce qui peut avoir lieu selon l'espèce de fruit, on le ferait réduire un peu sur le feu, pour qu'il ait à peu près la consistance d'un sirop ; il s'attache mieux aux poires lorsqu'on les y trempe.

La dernière fois qu'on met les poires au four, il est bon de les examiner quelque temps après qu'elles y sont, parce qu'elles pourraient trop sécher. Au surplus, lorsque les poires paraissent un peu trop sèches au moment où on les retire du four pour la dernière fois, ce n'est pas un mal, parce qu'avec le temps elles se ramollissent. Lorsqu'elles sont sèches et froides, on les range dans des boîtes garnies de papier blanc, et on les place dans un lieu sec.

XXIX. — Pruneaux.

Toutes les espèces de prunes ne sont pas propres à faire de bons pruneaux, bien qu'on puisse les faire sécher toutes. Les prunes de reine-claude, par exemple, qui sont les meilleures à manger crues, font des pruneaux secs et aigres, parce qu'elles sont naturellement trop juteuses. Les prunes qui ont moins de jus, la pulpe plus serrée, et paraissent fades à manger, parce qu'elles ne sont que sucrées, sont bien préférables pour être converties en pruneaux ; les prunes d'Agen, celles dites de Sainte-Catherine, sont l'espèce la plus convenable.

On ne doit pas cueillir les prunes pour faire des pruneaux ; il faut secouer légèrement les branches de l'arbre, et ramasser les prunes qui tombent, en ayant soin de rebuter celles qui sont verreuses ou vertes ; elles feraient de très mauvais pruneaux. On les range ensuite sur des claies d'osier ; il ne faut pas en mettre un double rang en épaisseur. On place les claies dans le four après en avoir retiré le pain, et on les y laisse jusqu'au lendemain; on les retire, on retourne et rapproche les prunes, qui alors occupent beaucoup moins de place ; par exemple, de trois claies on en fait deux. On garnit de nouvelles prunes les claies vacantes ; on chauffe le four au même degré de chaleur qu'au moment de défourner le pain, et on remet de nouveau les claies.

Si ces deux cuissons ne suffisent pas, on recommence ; mais il faut se défier de la chaleur du four, car les pruneaux secs brûlent facilement.

Il ne faut pas que les pruneaux soient très durs, ni colorés par la chaleur ; si on trouve, en les ouvrant, des parties molles environnant le noyau, ils ne se conservent pas. Lorsqu'ils paraissent un peu durs à la sortie du four, ils se ramollissent bientôt ; lorsqu'ils sont bien secs, on les serre dans une boîte placée dans un lieu sec.

Les pruneaux dits de Tours sont ce qu'on appelle *fleuris*, c'est-à-dire parés d'une légère teinte blanche qui ajoute beaucoup à leur bonne mine, mais ne change rien à leur goût. Cette teinte s'obtient en mettant les pruneaux au feu à un certain degré de chaleur, et en répandant dans le four de l'humidité. Il faut beaucoup d'habitude pour réussir.

XXIX bis. — Pruneaux fourrés.

Si l'on veut avoir de très beaux pruneaux, surtout pour manger crus au dessert, après la première ou la seconde cuisson, selon que les prunes ont plus ou moins séché (il faut qu'elles soient encore molles), on choisit les plus belles, on les fend d'un côté dans le sens de la longueur, on les ouvre et on ôte le noyau ; on met à la place une autre prune plus petite, on referme avec soin la prune ouverte. On remet au four. Lorsque les pruneaux sont bien secs, on ne voit point l'ouverture. On les appelle *pruneaux fourrés*.

XXX. — Cerises sèches.

Les cerises séchées au four plaisent beaucoup aux enfants;

elles ont un goût aigrelet fort agréable en compotes, cuites comme les pruneaux avec un peu de sucre.

Les cerises aigres et celles à chair ferme, comme les griotes, sont les seules propres à être séchées. Il n'est pas nécessaire de les attacher en bouquets avant de les mettre au four. On les traite comme les pruneaux ; seulement, comme le fruit est très petit, il suffit de les mettre deux fois au four, et même la seconde fois il doit être très peu chaud. Souvent on peut se borner à les mettre une fois au four et achever de les faire sécher au soleil ; elles n'en sont que meilleures.

Les cerises sèches n'ont pas besoin d'être très fermes pour se conserver. On les serre dans un lieu sec.

XXXI. — Raisin sec.

On peut faire sécher le raisin au four comme les cerises, mais il est moins agréable. Il ne faut pas espérer avoir de ces excellents raisins secs qui nous viennent de l'Espagne, de l'Italie et de la Grèce ; il faut le beau ciel de ces contrées pour produire ces délicieux raisins, et leur brûlant soleil pour les faire sécher. Le raisin propre à la fabrication du vin ne peut pas faire de bons raisins secs ; il est trop juteux. Cependant notre meilleur raisin, bien mûr, est encore assez agréable séché au four ; les enfants l'aiment beaucoup.

XXXII. — Pommes sèches.

Les pommes sont de tous les fruits le moins propre à être séché au four. On peut les faire sécher entières, et on les traite comme les poires tapées, seulement il ne faut pas les entasser dans des plats creux pour les mettre au four, mais les faire cuire dans un plat ordinaire ; il suffit de les mettre au four lorsque le pain en est retiré. On achève de les faire sécher comme les poires, mais elles ne rendent pas de jus ; on ne peut donc pas les mouiller avant de les enfourner de nouveau. Ces pommes sèches, quoique un peu dures, ont un goût agréable ; mais il n'y a pas d'avantage à les faire sécher pour les mettre ensuite en compotes, car elles se gardent facilement fraîches.

On peut aussi couper les pommes en tranches pour les faire sécher; alors on ne les pèle pas. On en fait une boisson fort agréable, quoique légère.

XXXII bis. — Pâte de pommes.

Les reinettes, surtout celles de Canada, sont propres à faire de la pâte de pommes. On les pèle, on enlève les pepins et on les jette dans de l'eau. On met à cuire sur un feu vif dans un vase de cuivre couvert. Lorsqu'elles sont cuites, ce qui est prompt, on les remue vivement pour en former une espèce de marmelade épaisse. On la met dans des assiettes en couches d'environ 5 à 6 centimètres. On place ces assiettes dans un four après que le pain en est retiré. Le lendemain on détache la pâte avec un couteau. Le dessus forme une peau assez sèche, le dessous est encore mou. On place ces galettes sur une claie à pruneaux, le côté mou en dessus, et on y ajoute ce qui aurait pu rester dans l'assiette. On unit avec un couteau. On remet au four chauffé au même degré. Après cette cuisson, on peut serrer la pâte de pomme comme les autres fruits secs. Si on veut la rendre plus délicate, lorsqu'on fait cuire les pommes, on sucre et on ajoute de la cannelle. Lorsque la saison des pommes est passée, on peut faire de la marmelade avec cette conserve. On la *déchire* par morceaux et on la fait cuire dans beaucoup d'eau; on remue de temps en temps.

XXXIII. — Légumes frais séchés.

Bien que les légumes ne soient pas aussi bons séchés que conservés par les procédés Appert ou Masson, quelques-uns peuvent se conserver agréables si on les fait sécher au four.

A. — Fonds d'artichauts.

Les fonds d'artichauts séchés forment une agréable ressource pour la cuisine d'hiver. Ils sont excellents dans tous les ragoûts, surtout dans les fricassées. Pour les préparer, on cueille des artichauts; on les partage en quatre, on coupe les feuilles ras et on enlève le foin du fond; on jette les fonds dans de l'eau acidulée avec du vinaigre. On fait chauffer de l'eau de rivière ou de fontaine dans un vase de terre ou de cuivre ; le fer a l'inconvénient de noircir les artichauts. Lorsque l'eau bout, on y jette les fonds d'artichauts et on les laisse cuire à moitié ; on les retire de l'eau et on les place sur des tamis ou sur des claies, pour qu'ils s'égouttent et se refroidissent. Lorsqu'ils sont bien égouttés, on les enfile au moyen d'une aiguille à passer, et on en forme des chapelets que l'on suspend dans un endroit sec et aéré, à l'abri du soleil. Il faut que la ficelle soit presque tendue, afin qu'ils ne se réunissent pas sur un seul point, ce qui les empêcherait de sécher ; au contraire, on les espace entre eux. Ils sèchent assez promptement et se conservent bien dans un lieu sec. Lorsqu'on veut les employer, il suffit de les mettre à cuire dans le ragoût auquel on les destine.

On peut aussi faire sécher les fonds d'artichauts au four, et cette méthode serait préférable si le temps était assez humide pour qu'ils fussent longtemps à sécher ; ils pourraient moisir

B. — Haricots verts séchés.

Les haricots verts peuvent se préparer comme les artichauts, on les choisit petits et bien tendres ; ils ont, malgré tous les soins possibles, un goût de foin ; toutefois, ce goût n'est pas désagréable. On peut se dispenser d'enfiler les haricots en les mettant sur des claies très claires, ou sur des tamis placés de manière à ne pas gêner la circulation de l'air. Je crois plus convenable de les faire sécher au four. On fait sécher en Belgique, par le même procédé, des petits pois, des petites fèves de marais, du persil même ; mais je ne pense pas que ce soit aussi bon que les artichauts et les haricots. Je n'en ai pas fait usage.

XXXIV. — Cornichons.

Les cornichons sont un hors-d'œuvre peu coûteux et fort agréable. On peut mettre en cornichons, c'est-à-dire confire dans du vinaigre, beaucoup de jeunes fruits ou de tiges tendres de différentes plantes ; elles perdent leur goût naturel et ne prennent que celui du vinaigre et des aromates qu'on y ajoute. Je vais décrire divers procédés pour faire des cornichons, et indiquer quelques-unes des plantes qui conviennent le mieux.

Les cornichons proprement dits se font avec de jeunes concombres d'une espèce très verte quand ils sont jeunes ; on les choisit bien faits, tout au plus longs comme le petit doigt et bien verts. On coupe la queue, on les essuie avec un torchon rude pour enlever les petites aspérités dont ils sont couverts. On met du vinaigre froid dans un chaudron non étamé et parfaitement récuré ; *c'est la condition essentielle* pour obtenir des cornichons verts. On sale le vinaigre et on y jette les cornichons avec du poivre en grain, des clous de girofle, du thym, du laurier, des piments verts, bon nombre de petits oignons pelés, et deux ou trois gousses d'ail. En un mot, il faut qu'ils soient fortement assaisonnés. On anime le feu pour que l'ébullition arrive promptement et soit active ; il est nécessaire de remuer les cornichons pour qu'ils cuisent également et jaunissent moins. Il faut qu'ils nagent abondamment dans le vinaigre. D'abord ils jaunissent, mais quelques instants après ils reverdissent ; aussitôt qu'ils ont atteint une belle couleur verte, on les retire du feu et on les verse dans un vase de grès ou de porcelaine pour refroidir, puis on les range dans les bocaux de verre ou dans les pots en grès destinés à les recevoir, en intercalant entre eux de jeunes branches d'estragon et de passe-pierre ; on peut y mettre aussi quelques fleurs de capucines, et même quelques feuilles de rose. Il serait préférable d'enlever le vinaigre chaud et de le remplacer par du vinaigre froid dans lequel on mettrait les aromates que j'ai indiqués ci-dessus. Le vinaigre qui aurait servi à la cuisson pourrait être consommé par les domestiques qui le trouveraient très bon, parce qu'il serait haut en goût ; on peut aussi l'employer au récurage. En général, on épargne trop le vinaigre pour faire les cornichons, ce qui nuit à leur réussite.

AUTRE RECETTE.

On place les cornichons dans un grand vase, on jette dessus du vinaigre bouillant et on les couvre. Ils doivent rester vingt-quatre heures dans cette infusion où ils deviennent jaunes. Alors on met le tout dans un chaudron non étamé avec les ingrédients que j'ai indiqués dans l'autre recette. On presse le feu; lorsque le vinaigre bout à gros bouillons, on remue. Bientôt les cornichons verdissent; on les retire du feu et on les jette dans du vinaigre froid avec les aromates que j'ai indiqués précédemment. On pourrait à la rigueur se dispenser de changer le vinaigre.

Huit jours après que les cornichons ont été préparés par l'une de ces deux recettes, on peut les manger.

A. — Épis de maïs en cornichons.

Pour faire du maïs au vinaigre, il faut cultiver cette plante un peu en grand; mais dans une exploitation bien conduite, elle ne manquera pas; notre ménagère pourra s'approvisionner dans les champs de la ferme.

Lorsque les épis commencent à se former et qu'ils sont tout au plus gros comme le petit doigt, après avoir été dépouillés de leurs enveloppes, on cueille ceux qui sont placés vers le pied de la plante, et qui ne se développeraient pas assez bien pour en récolter le grain; on cueille également les épis qui se montrent dans le maïs destiné au fourrage. On découvre ces épis de leurs enveloppes et de la barbe qui les environne; on pèle la petite queue; on ajoute une certaine quantité de petits oignons et une ou deux gousses d'ail selon la quantité de maïs. On met le vinaigre dans un chaudron sur un feu clair et ardent; lorsqu'il bout, on le sale, et on y met les mêmes ingrédients que pour les cornichons, puis on y jette les maïs; on les y laisse faire quelques bouillons, on retire du feu et on verse dans une terrine *non vernissée* pour laisser refroidir. On place ensuite ces cornichons dans des bocaux, en y ajoutant de l'estragon, de la passe-pierre, des capucines, des feuilles de rose. Ces épis de maïs préparés ainsi font des cornichons fort jolis et très bons.

Si on était à court d'épis, on pourrait choisir parmi les enveloppes les parties les plus tendres, les couper en lanières à une certaine longueur et les ajouter aux épis ; elles sont agréables et tendres, et donnent aux cornichons un aspect oriental tout-à-fait original.

B. — Choux au vinaigre.

Pendant l'hiver, si on manquait de cornichons, on pourrait les remplacer par des choux au vinaigre. On choisit un beau chou blanc bien tendre et bien frais, on le coupe par quartiers, on enlève le cœur et les plus grosses côtes ; puis on jette de l'eau bouillante dessus, on le laisse infuser quelques instants et on sépare les feuilles les unes des autres. On fait bouillir du vinaigre avec du sel et du poivre, quelques petits oignons, clous de girofle, une gousse d'ail et de l'estragon, s'il est possible. Lorsque le tout est en ébullition, on y jette les feuilles de choux, on les laisse quelques minutes, puis on retire du feu pour mettre dans des pots.

C. — Haricots verts au vinaigre.

On jette dessus de l'eau bouillante et très salée, et on couvre. Il faut que les haricots soient tendres et bien verts. On aromatise ensuite du vinaigre comme il est dit pour les autres cornichons, et on y met les haricots ; on peut y joindre de petits oignons.

D. — Oignons au vinaigre.

De très petits oignons pelés avec soin, et auxquels on fait faire quelques bouillons dans un vinaigre bien aromatisé, sont aussi bons que tous les autres cornichons.

E. — Câpres de capucines.

Les câpres faites avec des graines et des boutons de capucines peuvent très bien remplacer les véritables câpres qui viennent du midi. Si le vinaigre dans lequel elles sont conservées est bien aromatisé, elles seront presque aussi bonnes.

On met dans un bocal du bon vinaigre blanc, auquel on ajoute de jeunes tiges d'estragon, de la passe-pierre, un peu de fleur de sureau, des clous de girofle, du poivre en grain, du sel et un peu d'ail. Tous les deux jours, on visite les capucines; lorsqu'elles sont en fleur, on récolte les boutons et les graines à peine formées, et on dépose sa petite récolte dans le bocal qu'on a le soin d'exposer bouché au soleil.

F. — Aschards.

Faites infuser pendant trois jours, dans 3 litres de bon vinaigre blanc, 15 grammes de curcuma ou safran des Indes ; ajoutez une poignée de jeunes tiges d'estragon, passez dans un tamis, mettez ce vinaigre dans un pot de grès, ajoutez-y 3 gousses d'ail, une vingtaine de petits oignons pelés, 50 grammes de piments *enragés*, 2 cuillerées à bouche de sel fin, 15 clous de girofle; laissez infuser 3 semaines. Épluchez, en la défaisant, une tête de chou-fleur; coupez les pointes d'une botte d'asperges, le cœur d'un chou pommé que vous coupez en tranches. Jetez ces légumes dans de l'eau bouillante et salée, retirez du feu après deux bouillons, faites égoutter, mettez le tout dans la préparation de vinaigre. Lorsque le temps du maïs est venu, choisissez de jeunes épis très tendres, épluchez-les, choisissez également les parties tendres de leurs enveloppes, mêlez-y des haricots verts bien tendres, faites blanchir comme les autres légumes, et mettez-les avec la première préparation. Deux mois après, on peut commencer à manger ces aschards qui se conserveront toute l'année.

XXXV. — Choucroute.

La choucroute est une excellente provision à faire dans une maison un peu nombreuse. Dans les départements où on n'est pas habitué à faire usage de cet excellent aliment, les domestiques font d'abord quelques façons pour en manger ; mais bientôt ils s'y accoutument, parce que c'est une nourriture saine et agréable, et ils l'adoptent d'autant plus volontiers lorsqu'ils voient les maîtres en manger. La choucroute est beaucoup plus facile à digérer que les choux sans préparation, à cause de la fermentation qu'elle subit ; de plus, elle est facile à préparer, se conserve longtemps et est peu coûteuse. Le plaisir avec lequel les Allemands la mangent, et la satisfaction qu'ils éprouvent à en retrouver lorsqu'ils sont hors de chez eux, est une preuve de la bonté de cet aliment simple.

Notre ménagère aura le soin, au printemps, de faire semer des choux propres à la choucroute ; elle en trouvera la culture dans le *Manuel du jardinage*. Tous les choux à grosse pomme et non frisés sont propres à faire de la choucroute.

Il faut se prémunir d'un petit baril qui soit peu cintré dans sa hauteur, il convient qu'il soit cerclé en fer. On ne le ferme que d'un bout, et on fait un couvercle qui puisse entrer dans le baril et qui ait une poignée en bois par-dessus. Si le baril est en chêne, ce qui vaut mieux, et que le bois en soit neuf, on aura besoin, longtemps à l'avance, de le remplir d'eau et de l'y laisser séjourner au moins 15 jours, afin de faire dégorger le bois qui colore l'eau, qu'on renouvelle jusqu'à ce qu'elle ne soit plus colorée.

Dans les pays où on fait un grand usage de la choucroute, chaque habitant a dans son ménage un instrument destiné à couper les choux. Cet instrument ressemble beaucoup à celui que les tonneliers emploient pour dresser les douves de barriques, et que l'on nomme *colombe ;* il en diffère cependant en ce qu'il a plusieurs lames, tandis que la colombe n'en a qu'une. Cet instrument est préférable à tous les autres moyens employés pour couper les choux destinés à la choucroute; il peut coûter 20 à 25 francs. Cependant, on peut rigoureusement s'en passer dans une maison où on ne fait pas une provision considérable de choucroute, soit au moyen d'un hache-paille bien affilé, soit avec un couteau long, mince et très tranchant. Les choux ainsi coupés le sont avec moins de régularité qu'avec l'instrument que j'ai cité; ils sont en filets moins minces aussi, mais cependant la choucroute en est encore fort bonne. Je ferai remarquer, en passant, que je n'ai nullement la prétention d'enseigner aux habitants de nos provinces voisines de l'Allemagne, et qui font un grand usage de la choucroute, une meilleure manière de la préparer que celle qu'ils emploient ; ce n'est pas pour eux que je donne cette recette, mais pour les ménagères des départements où la choucroute n'est pas en usage, et auxquelles je crois enseigner une fort bonne chose.

Au moment de préparer la choucroute, on fait sa cueillette de choux par un beau jour et on les apporte à la maison. On nettoie chaque chou en lui enlevant, non-seulement les feuilles vertes, mais même celles qui ne sont pas parfaitement blanches et qui cependant ne sont pas impropres à d'autres usages. Pendant qu'on prépare les pommes, une autre personne peut s'occuper de les couper. Si l'on est muni de l'instrument dont j'ai parlé, on coupe le chou en deux parties; puis on en prend une qu'on promène dessus l'instrument, exactement comme le font les tonneliers avec leurs douves de barrique. Le chou coupé tombe sous l'instrument, sur un linge qu'on a placé à dessein pour le recevoir. On aura le soin de dégorger les lames de temps à autre.

Lorsqu'on a une certaine quantité de choux coupés, on met au fond du baril une petite couche de sel de 5 millimètres environ; puis on y place une couche de choux en les parsemant de poivre en grain, de graine de genièvre et de quelques feuilles de laurier-sauce. Cette couche peut avoir 10 centimètres; on la foule, sans frapper, avec un fouloir plat à sa base et fait en forme de massue, de manière à la réduire environ de moitié, sans cependant écraser les choux; on en mettrait moins si on s'apercevait que la couche fût trop épaisse. On ajoute une nouvelle couche de sel, mais beaucoup moins épaisse que la première; puis des choux assaisonnés comme je l'ai déjà dit; on foule, et ainsi de suite jusqu'à ce que le baril soit rempli à plus des trois quarts de sa hauteur. Dans un baril de la contenance d'une feuillette de vin ordinaire, il faut mettre environ 2 kilogr. 500 grammes de sel, 125 grammes de poivre en grain, au moins autant de genièvre et une trentaine de feuilles de laurier; on place ensuite le baril à la cave ou dans un lieu frais. Pour achever l'opération, on taille un morceau de grosse toile neuve et bien propre en rond, un peu plus large que le baril; on le pose sur les choux qui sont recouverts d'une petite couche de sel, et on met le couvercle sur la toile; puis on le charge d'un poids de 40 à 50 kilogr. qu'on forme avec des cailloux bien lavés.

Peu de temps après la fermentation commence, l'eau surnage et le couvercle s'affaisse; il faut ôter une partie de cette eau, sans cependant laisser le couvercle à sec. Vingt-cinq à trente jours après la confection de la choucroute, on peut commencer à en manger, bien qu'elle n'ait pas encore atteint toute sa perfection.

Lorsqu'on veut prendre de la choucroute pour en faire cuire, on enlève les cailloux et le couvercle, puis l'eau qui surnage; et, lorsqu'on a pris la quantité de choucroute qu'on désire, on rince la toile et le couvercle, et on les replace sur la choucroute, puis on verse assez d'eau fraîche nouvelle pour qu'elle surnage par-dessus le couvercle, qu'on recharge avec les cailloux. Ces soins *sont indispensables* chaque fois qu'on prend de la choucroute.

Il ne faut pas s'effrayer de l'odeur désagréable qui s'exhale de la choucroute lorsqu'on découvre le baril et qu'on la remue; cette odeur est le résultat de la fermentation, elle disparaît aux lavages qu'on fait subir à la choucroute avant de la mettre à cuire. On trouvera dans le *Manuel de cuisine* la manière de la faire cuire.

XXXVI. — Oseille cuite.

L'oseille cuite se conserve très bien et perd peu à être conservée : on la prépare depuis la fin de septembre jusqu'à la fin d'octobre. On aura préalablement le soin de faire raser les pieds d'oseille en août, afin de n'employer que de jeunes feuilles, et on n'attendra pas pour les préparer qu'elles aient été atteintes par la gelée. On en cueille une bonne provision à la fois, on l'épluche avec soin, en retirant les queues et les côtes ; on la lave et on la jette dans un grand chaudron rempli d'eau salée. Il faut qu'elle cuise à grande eau. Lorsqu'elle a fait quelques bouillons, on la retire et on la fait égoutter, puis on la remet sur le feu dans un chaudron de cuivre étamé ou dans une casserole, selon la quantité ; on achève de la faire cuire en la remuant souvent, afin de l'empêcher de s'attacher au fond et pour la réduire en purée. Lorsqu'elle est arrivée à un certain degré de consistance, comme une bouillie épaisse, on la met dans des pots de grès et on laisse refroidir ; puis on la couvre avec une certaine quantité de beurre fondu qu'on verse tout chaud sur les pots, afin d'intercepter exactement le contact de l'air. On peut remplacer le beurre fondu par une couche d'huile d'olives, ce que je crois préférable. Lorsque l'on veut employer l'oseille, on fait écouler l'huile, on prend de l'oseille, on nivelle avec soin la surface, puis on remet l'huile, tandis qu'avec le beurre il serait difficile de le faire fondre chaque fois ; alors, lorsque le pot est entamé, l'oseille reste exposée au contact de l'air, et elle moisit facilement.

J'engage notre ménagère à mettre son oseille dans de petits pots, afin qu'ils restent moins de temps en consommation.

XXXVII. — Oignons brûlés pour colorer les sauces et le bouillon.

Vous choisirez de beaux oignons ; vous enlèverez les pellicules qui se détachent, mais pas celles qui tiennent à la pulpe ;

vous les mettrez au four dans un plat un instant après le pain ; au moment de le retirer, vous retournerez les oignons et les laisserez dans le four ; le lendemain, vous ferez chauffer le four de nouveau, mais non autant que pour le pain, et placerez les oignons sur une claie après les avoir aplatis ; vous veillerez à ce qu'ils ne brûlent pas, ce qui arriverait si la première cuisson les avait beaucoup desséchés. Il arrive quelquefois, au contraire, qu'ils ont répandu, en cuisant, dans le plat, un peu de jus dans lequel on les trempe avant de les mettre sur la claie ; au bout d'une heure, vous les retournez et les laissez au four jusqu'au lendemain. S'ils n'ont pas pris une couleur suffisante, vous les remettez une troisième fois au four. Il n'est pas nécessaire qu'ils soient aussi noirs que ceux qui se vendent ordinairement chez les épiciers, ils colorent néanmoins très bien le bouillon et sont plus appétissants étant faits chez soi.

XXXVIII. — Manière de conserver le beurre.

La confection du beurre demande beaucoup de soins, j'en parlerai plus loin à l'article laiterie ; je ne traiterai ici que de sa conservation, puisque je ne m'occupe que des provisions à faire dans le ménage ; et je crois que c'est une bonne précaution de faire sa provision de beurre dans les moments où il est abondant et a le moins de valeur.

Il y a deux manières de conserver le beurre : la première est de le saler, la seconde de le faire fondre.

A. — Beurre salé.

Pour le saler il faut le bien dégager de toutes ses parties caséeuses et de son petit-lait ; on doit donc le pétrir avec soin, soit avec les mains soit avec une cuiller de bois frottée de sel, et même le laver si on ne pouvait pas le bien purger sans cela. Lorsqu'il est prêt à être salé, on en met 1 kilogramme environ dans un plat creux et on l'étend, puis on met à la surface une certaine quantité de sel blanc et fin qu'on incorpore avec une cuiller ; on l'étale encore, on saupoudre de sel et on incorpore de nouveau ; on goûte pour s'assurer si le beurre est assez salé, et s'il ne l'est pas assez, on opère une troisième fois. On fait égoutter avec soin le plat dans lequel on sale le beurre, parce que le sel entraîne avec lui en fondant toutes les parties humides qui pourraient se trouver dans le beurre ; puis on prend le beurre par portion et on le met dans les pots destinés à sa conservation, et qui doivent être parfaitement secs ; on le foule avec soin au moyen de la cuiller, afin de ne laisser aucun vide. On prend successivement tout le beurre pour le placer dans le pot, puis on procède à la salaison d'une autre quantité qu'on traite de même, ainsi de suite. On termine par une couche de sel, qu'on recouvre d'un petit morceau de linge fin et blanc, puis d'un papier. Pour que le beurre se conserve bien, il faut qu'il soit plus salé que celui dont on fait un usage journalier. On ne sale pas les mets dans lesquels on emploie du beurre salé. Toutefois il ne faut pas non plus qu'il le soit trop ; 31 grammes de sel par kilogramme de beurre me paraissent une quantité suffisante.

Les beurres gras, c'est-à-dire qui ne s'émiettent pas lorsqu'on les coupe, qui ne se cassent pas facilement, et qui sont jaunes, conviennent beaucoup mieux à la salaison que ceux qui n'ont pas ces qualités, sans cependant être mauvais. Ces derniers se conserveront mieux fondus. Le beurre de Bretagne et celui de Flandre sont les plus propres à la salaison.

B. — Beurre fondu.

On peut faire fondre le beurre au bain-marie ou à feu nu ; je pense qu'il vaut mieux employer le premier procédé, qui n'est guère plus difficile. On met de l'eau dans un grand chaudron, et dans cette eau un grand vase en terre, dans lequel on met le beurre rompu en morceaux.

On allume le feu et on amène l'eau à l'état d'ébullition ; il faut veiller alors à ce qu'elle ne passe pas par-dessus le bord du vase dans lequel est le beurre. On le remue une ou deux fois, puis on le laisse fondre et cuire jusqu'à ce que le beurre soit transparent et ne fume plus. Toutes les parties étrangères au beurre se précipitent au fond. On le retire du feu, on laisse reposer et refroidir quelques instants, et l'on verse ensuite dans des pots en grès qui sont les plus propres à sa conservation. Lorsqu'on est arrivé près du dépôt qui s'est formé au fond du vase, on cesse de verser dans les pots et on passe cette partie dans une passoire très fine pour la mettre dans un pot particulier qui doit être consommé le premier. Le résidu peut être employé dans la nourriture des porcs : à la campagne rien ne doit être perdu, tout a un emploi utile.

Lorsque le beurre est froid, on couvre les pots et on les place dans un lieu sec et frais; la surface moisirait si le beurre était exposé à l'humidité.

XXXIX. — Conservation des œufs.

On emploie plusieurs moyens pour conserver les œufs. L'important est de les tenir dans un lieu frais et surtout de les priver d'air.

C'est une erreur presque généralement accréditée de croire que les œufs pondus entre telle ou telle Notre-Dame se conservent mieux que les autres ; ce sont les plus tardifs qui sont les meilleurs, surtout quand on se borne à les réunir et à les serrer dans une armoire. Comme les poules pondent peu vers la fin de l'année, il est bon de faire sa provision en août et septembre, ce qui explique la foi attachée aux Notre-Dame.

On peut conserver les œufs dans un vase de terre ou dans une boîte, rangés dans du son, de façon qu'ils en soient bien environnés. La sciure de bois peut remplacer le son. Quelques personnes emploient la cendre, tout cela dans le but de les priver d'air ; mais ces moyens sont souvent insuffisants, et les œufs se gâtent. Je crois que le meilleur moyen est celui que je vais décrire, bien qu'il ait aussi quelques inconvénients, comme celui de ramollir beaucoup la coquille, ce qui rend les œufs difficiles à manier. On range les œufs dans le vase de terre destiné à les recevoir, on fait un bon lait de chaux peu épais, et lorsque la dissolution est parfaite et froide, on la verse sur les œufs jusqu'à ce qu'ils baignent. A mesure qu'on emploie les œufs, on enlève une partie de l'eau qui surnage, afin qu'il soit facile de les prendre. Je puis affirmer que les œufs conservés par ce procédé facile et peu coûteux se gâteront moins que par tout autre, et qu'il sera même facile de les conserver jusqu'au printemps suivant. On met les vases qui les contiennent à la cave ou dans un lieu frais.

XL. — Porc.

La viande et la graisse de porc sont une des principales provisions d'un ménage de campagne; on doit donc, chaque année, tuer un ou plusieurs porcs, selon les besoins de la maison et les habitudes du pays. Cette provision sera commune à la maison de maître et à la ferme; cependant, si on voulait se rendre un compte exact de la dépense de l'une et de l'autre, on partagerait et pèserait les parties du cochon avant de les saler.

Je crois que lorsqu'on veut tuer un porc, il vaut toujours mieux faire venir un homme habitué à cette besogne que de la faire faire par une personne qui n'est pas familiarisée avec elle; du plus ou moins de perfection avec laquelle le cochon est saigné et de l'adresse avec laquelle la viande est découpée dépend en partie sa bonne conservation. Dans certains pays, ce sont les bouchers, dans d'autres les charcutiers qui se chargent de ce travail. Leur salaire est ordinairement fixé; on se conforme à l'usage.

A. — Manière de le préparer.

Lorsqu'on se prépare à faire tuer un cochon, il faut le laisser quarante-huit ou trente-six heures au moins sans manger. On choisit pour cette opération, autant que possible, un temps sec et frais, et surtout une époque où il n'y a pas de ces grosses mouches qui déposent sur la viande, malgré les plus grandes précautions, des œufs qui se transforment en vers quelques heures après.

Les uns échaudent le cochon mort avec de l'eau bouillante, pour pouvoir en arracher toutes les soies; cette méthode donne de la qualité à la couenne en ce qu'elle ne contient plus du tout de soies, mais elle ramollit la viande, ce qui peut l'altérer. Les autres font griller le cochon avec de la paille, je crois cette méthode meilleure. Lorsque le cochon est bien grillé, on le lave avec de l'eau froide et on le gratte avec un instrument fait exprès, qui enlève bien aussi une partie de la racine des soies, ou on le frotte avec une tuile, jusqu'à ce qu'il soit parfaitement propre. Il est bon de ne pas se fier entièrement aux personnes chargées de tuer le cochon, pour ce nettoyage, car elles ne demandent pas mieux que de l'abréger.

Le sang, recueilli avec soin, ordinairement dans une poêle, doit être mis aussitôt dans un autre vase, où on le remue pour éviter qu'il se coagule. On enlève et jette les caillots qui se forment dans la main de celui qui le remue. On le met au frais et à l'abri des animaux et des mouches.

B. — Nettoyage des intestins.

Lorsque le porc est ouvert, il faut s'occuper de laver les intestins. On enlève d'abord la graisse qui environne tous ceux destinés à faire les boudins; elle est mise à part et fondue, elle n'est propre qu'au graissage des essieux, c'est ce qu'on appelle *oing*. Puis on transporte tout cet intérieur dans un lieu où l'on a de l'eau en abondance, sur le bord d'une rivière ou d'un ruisseau, par exemple. On lave de suite les tripes à l'extérieur, puis au moyen d'un petit bois on les retourne par fractions pour les laver intérieurement; il faut diviser ces boyaux en bouts assez longs, parce que c'est plus commode pour faire le boudin. On emploie, pour racler l'intérieur des tripes, un couteau de bois, c'est l'instrument le plus convenable. Il faut que les boyaux destinés au boudin soit entièrement dégarnis de ce qui les enduit intérieurement, et qu'il ne reste exactement que l'épiderme qui doit paraître transparente lorsqu'on souffle dedans. On met ensuite ces boyaux à tremper dans un vase rempli d'eau, jusqu'au moment qu'on les emploie et qui est celui où l'on dépèce le cochon. Les autres portions d'intestins sont aussi parfaitement lavées, mais non grattées; elles sont destinées aux andouilles.

C. — Emploi de la fressure.

Quelques personnes sont friandes de ce qu'on nomme la fressure, qui se compose des poumons, du cœur, du foie, de la rate et des rognons. La meilleure manière de les accommoder est, je crois, à la sauce au vin (voir le *Manuel de cuisine*). Dans la fressure, les seules parties qui me semblent assez bonnes pour être servies sur la table du maître, sont le foie et les rognons; le reste doit être la part des gens de la ferme.

D. — Découpage du cochon et de sa salaison.

En général, on a l'habitude de découper le cochon le lendemain du jour où il a été tué; je considère cela comme une faute, il vaut mieux laisser la viande s'attendrir avant de la saler, et pour cela attendre deux ou trois jours si le temps est froid et sec, ce qui ajoute beaucoup à sa bonté.

Il y a plusieurs manières de découper le cochon pour le saler. Après l'avoir fendu dans sa longueur, on sépare les quartiers de derrière de ceux de devant, puis on peut, soit dégarnir le quartier de devant du lard en forme de pannes, que l'on sale d'une seule pièce, soit le découper par morceaux, dont on enlève aussi le lard pour le saler également, mais en morceaux. La viande se dépèce en morceaux plus ou moins forts, selon l'usage du pays ou les besoins du ménage, mais je crois qu'il y a avantage à ne pas les faire trop gros. Sur le quartier de derrière on lève les jambons en les découpant de bonne forme circulaire en dessus; la peau doit dépasser la chair plutôt que de ne pas la garnir jusqu'au bord ; il est important de ne pas attaquer la molette, qui est l'os de la cuisse qui s'emboîte dans celui de la hanche, cela nuirait à la conservation du jambon ; le reste du quartier se découpe comme celui du devant.

Lorsque toute la viande est découpée, on procède à la salaison ; on met du sel sur une table, puis on prend chaque morceau séparément, on le frotte fortement avec du sel dans toutes ses parties pour le ranger ensuite dans le saloir, au fond duquel on a préalablement placé une petite couche de sel. Tout le sel employé à la salaison doit être aromatisé avec du poivre en poudre et en grain. On met les morceaux un à un dans le saloir, avec soin, en évitant de laisser des vides entre eux, et pour cela en les serrant les uns près des autres ; puis, lorsqu'on en a placé une couche, on y répand du sel, auquel on ajoute du laurier, du thym et quelques grains de genièvre. On procède ainsi jusqu'à la fin, en conservant pour le dessus les morceaux qui sont de moins bonne garde, comme ceux qui avoisinent la saignée, le collet, la tête, les jambes de devant et ceux qui contiennent beaucoup d'os. On termine par une bonne couche de sel qui doit remplir tous les vides qui seraient à la surface.

E. — Lard.

Lorsque la viande est salée, on sale le lard de la même façon et on le met dans un saloir à part : il s'emploie ordinairement plus particulièrement à la cuisine des maîtres. On peut aussi le faire fondre pour en faire de la graisse dite *saindoux* pour le service de la cuisine ; dans tous les cas, il faut consacrer à cet usage tous les morceaux de lard trop petits ou qui ne seraient pas de forme convenable pour être salés. Ceux de la salaison doivent être de forme carrée ; ils sont plus propres aux usages auxquels on les destine. On réunit les découpures à la graisse qui se trouve dans l'intérieur du porc qui recouvre les rognons et qui ne peut être conservée autrement que fondue. Lorsqu'on veut conserver les pannes dans leur entier, il faut avoir un saloir de forme particulière, en auge, de la dimension des pannes et de la profondeur de 33 à 40 centimètres. On garnit le fond d'une couche de sel et d'aromates; on frotte fortement dans toutes ses parties la panne, puis on la place dans le saloir, la couenne en dessus; on garnit encore de sel et on pose l'autre planche de lard de même, et ainsi de suite. On recouvre de sel, puis on pose dessus une planche un peu forte et de dimension à entrer dans le saloir, et on la charge fortement soit avec des pierres, soit avec des poids; 50 à 60 kilogrammes ne sont pas de trop. On laisse ainsi le lard pendant quinze jours, après quoi on peut le retirer et le suspendre au plafond dans un endroit sec et aéré, en ayant bien soin de ne pas en détacher le sel, ou le laisser dans le saloir pour en prendre au besoin.

Certaines personnes préfèrent le lard conservé ainsi, d'autres coupé en morceaux, comme je l'ai dit précédemment; j'ai employé ce dernier mode ordinairement, je trouve que le lard n'est pas plus salé et rancit beaucoup moins, surtout dans un pays un peu chaud et où l'on a fort à redouter les mouches; cependant en Lorraine, le pays du lard, on le conserve toujours en planches.

F. — Saloir.

Je ne dois pas omettre de parler des saloirs. On emploie des vases de différentes formes et de différentes matières pour conserver le salé. Dans le pays que j'habite, on emploie des vases en grès appelés *jalles*, qui ont l'embouchure assez étroite et forment un gros ventre. Ces jalles ont un couvercle également en grès, dont une portion s'introduit dans l'ouverture que l'on garnit d'un gros linge double, puis on charge ce couvercle pour qu'il ne soit pas renversé par les animaux et qu'il ferme plus hermétiquement; dans d'autres pays on a des saloirs en bois en forme de tinette et qui conviennent aussi parfaitement, ils se bouchent avec un couvercle sous lequel on met aussi du linge. J'ai employé ces deux procédés sans savoir auquel donner la préférence. Je pense donc qu'il faut se conformer à l'habitude du pays qu'on habite. Le seul mérite qu'auraient les tinettes en bois, c'est celui d'être moins fragiles que les *jalles*, qui coûtent cher et se cassent facilement. Il est préférable d'avoir plusieurs saloirs lorsqu'on tue un fort cochon ou plusieurs en même temps, car il est important de ne pas laisser un saloir longtemps entamé. On ne doit jamais manier le salé avec les mains dans le saloir, il faut employer une fourchette pour choisir et prendre le morceau qu'on veut employer, ceux qu'on remettrait dans le saloir après les avoir touchés, pourraient se gâter.

Quelques jours après la salaison, on doit visiter les saloirs et les secouer avec précaution pour tasser la viande et introduire le sel dans les interstices qui pourraient exister entre les morceaux; alors, s'il se fait un vide à la surface, il faut le remplir avec de la saumure. A cet effet, on fait dissoudre du sel dans de l'eau, on en ajoute jusqu'à ce qu'il ne fonde plus, c'est-à-dire jusqu'à ce qu'après être resté quatre à cinq heures dans cette eau, il reste au fond sans se fondre; alors on remplit les saloirs avec cette saumure. On fait sécher au four ou au soleil le sel qui ne s'est pas dissous, il n'est nullement altéré.

C. — Graisse fondue ou saindoux.

Lorsqu'on a salé le porc, on procède à la fonte de la graisse. On commence par couper en petits morceaux toute celle qu'on a retranchée du lard; puis on y ajoute celle qui se trouve dans le corps du porc autour des rognons, et qui est quelquefois en quantité considérable; on met ces morceaux dans une chaudière de fer ou dans un chaudron de cuivre qu'on place sur un feu doux; on remue fréquemment avec une spatule de bois, parce que les morceaux qui seraient au fond s'y attacheraient et roussiraient; on ajoute à la graisse quelques feuilles de laurier, un peu de thym, même du poivre en grain, si tel est le goût. Il est inutile de mettre du sel dans la graisse, il ne s'y dissout pas.

Lorsqu'il commence à y avoir un peu de graisse à l'état liquide, on peut se dispenser de remuer. Alors on anime le feu, mais il ne faut jamais qu'il soit très ardent; les morceaux de graisse roussiraient et fondraient mal. Lorsque la graisse est bien fondue, qu'elle ne fume plus, qu'il ne reste plus que les parties insolubles qui ont pris une belle teinte dorée, elle est cuite, et on peut la mettre en pot en la faisant passer dans une passoire fine. Il faut remplir les pots autant que possible, parce que la graisse baisse beaucoup en refroidissant. Les résidus ou grattons se mettent également dans un vase pour les laisser refroidir; après quoi, on les prépare comme je le dirai plus loin.

Les pots les plus convenables pour mettre la graisse, sont ceux en grès.

Le saindoux qui se vend chez les charcutiers, et qui est d'une si admirable blancheur, n'est autre chose que la graisse fondue comme je viens de le dire, mais que l'on bat pendant qu'elle refroidit.

H. — Boudin.

Bien que le boudin ne puisse pas être mis au nombre des provisions de ménage, j'ai cru devoir en donner ici la recette, parce qu'on le fait nécessairement au moment où l'on s'occupe de la préparation de la viande du porc.

Lorsque les boyaux ont été préparés avec soin, comme je l'ai indiqué ci-dessus, on prend chaque morceau, on souffle dedans pour s'assurer s'il n'est pas percé, et on le coupe là où il l'est; puis on l'attache avec un fil par un des bouts, et on le met dans de l'eau, l'autre bout ouvert sur le bord du plat; on procède ainsi pour tous les boyaux. Il ne reste plus qu'à les remplir avec la préparation que je vais indiquer.

On pèle et on coupe par tranches douze à quinze gros oignons; cette quantité suffit pour le sang d'un cochon. On les met sur le feu dans une casserole avec un peu de beurre; on les couvre avec soin, et on les laisse cuire en remuant souvent, jusqu'à ce qu'ils forment une purée. Pendant ce temps, on lave 500 grammes de riz qu'on met à cuire dans 2 litres de lait environ jusqu'à ce qu'il soit parfaitement crevé, ce qui fait du riz au lait très épais On a réservé, en découpant le porc, les joues et les bajoues; si cette viande n'était pas bien grasse, on y ajouterait du lard; il faut que le boudin soit très gras. Le tout doit former environ 2 à 3 kilogr. On enlève la peau de ces viandes, et on les hache aussi menu que la chair à saucisse. On met ce hachis sur le feu dans un chaudron ou autre ustensile assez grand pour contenir tous les ingrédients qui doivent composer les boudins. On laisse cuire en remuant souvent. Lorsque la chair paraît suffisamment cuite, on y ajoute l'oignon; on laisse cuire encore quelques instants, et on retire du feu. Il ne faut cependant pas que la viande soit trop cuite, parce que la graisse s'en sépare. On met alors le riz, qu'on incorpore parfaitement à la viande; puis, après avoir laissé refroidir quelques instants, on verse le sang dans cette préparation en remuant avec vitesse pour que le premier versé ne cuise pas. Il faut passer le sang dans une passoire fine en le versant dans le chaudron. Ensuite on procède à l'assaisonnement : le sel doit être réduit en poudre ; on en met la quantité qu'on juge convenable, ce qui est assez difficile à préciser; on y ajoute du poivre et des épices en poudre : girofle, cannelle, piment, etc. Le boudin est un mets qui a besoin d'être relevé par son assaisonnement; il en faut beaucoup. On incorpore le tout, puis on prend un peu de la préparation qu'on met à cuire dans une petite casserole. Lorsque de rouge elle est devenue bien noire, on goûte pour s'assurer si l'assaisonnement est convenable, et on ajoute ce qu'on trouve y manquer. Alors on se dispose à remplir les boyaux. Pour cela, on prend un vase creux et assez grand, et on se place au-dessus. On prend le bout ouvert d'un boyau, on y introduit un petit entonnoir destiné à cet usage, dont la douille est assez large pour permettre à la préparation des boudins d'y passer, et taillée en pointe à la base pour en faciliter l'introduction dans le boyau qu'on enfonce jusqu'en haut de la douille, afin de le tenir avec sûreté pendant qu'on remplit le boyau. On verse alors la préparation dans l'entonnoir en la prenant avec une cuiller à pot; et s'il se présente quelques morceaux qui encombrent la douille, on les force à passer avec le manche d'une cuiller de bois.

Lorsque le boyau est plein, on retire le bout dans lequel était la douille, on le lie avec un fil en ayant le soin de laisser un peu de vide, et on range ce long bout de boudin en rond dans un grand vase, comme une terrine. On remplit successivement tous ces boyaux, en ayant soin de remuer la préparation en la prenant; après quoi, on reprend chacun des boyaux remplis pour le diviser, en le liant également avec un fil, à la longueur ordinaire des bouts de boudin. Il faut toujours se tenir, pour faire cette opération, au-dessus du vase dont j'ai parlé, parce qu'il arrive que des boyaux crèvent, et, dans ce cas, ce qu'ils contiennent n'est pas perdu. Si l'on a plus de préparation que les boyaux n'en peuvent contenir, on la met dans les gros boyaux destinés aux andouilles.

Les boudins ne sont pas encore terminés, il faut les faire cuire; on les met dans un chaudron assez grand pour qu'ils puissent baigner grandement dans l'eau destinée à cet usage. On met le chaudron sur le feu, on amène jusqu'au degré de chaleur qui précède celui de l'ébullition, et on laisse cuire doucement à cette chaleur. Ils ne doivent pas bouillir. On peut aussi les mettre dans l'eau, lorsqu'elle est très chaude, mais sans qu'elle bouille. Lorsqu'en piquant un boudin avec une épingle, il n'en sort pas de sang, mais bien un petit jet de graisse, c'est qu'il est cuit. On retire du feu, et on met à refroidir sur des torchons bien propres. Lorsqu'on veut manger le boudin, il faut le faire chauffer plutôt que cuire sur un gril ou dans une poêle.

On peut faire une excellente soupe à l'oignon ou aux choux avec l'eau qui a servi à la cuisson des boudins.

I. — Andouilles.

Les gros boyaux s'emploient à faire des andouilles. Après les avoir bien lavés à l'eau froide, mais sans les râcler, on les lave à l'eau chaude ; puis on choisit les mieux faits pour former l'enveloppe des autres ; on les met macérer 24 heures dans du sel assaisonné de poivre et d'épices. On prend alors les autres, et on les met cuire 5 ou 6 heures dans de l'eau bien assaisonnée jusqu'à ce qu'ils cèdent facilement sous le doigt. On les hache grossièrement en y ajoutant du lard haché ; on lie l'un des bouts de ceux conservés, et on y introduit ce hachis. Lorsque toutes les andouilles sont faites, on les fait bouillir à petit feu dans un pot avec de l'eau, quelques oignons, quelques carottes, du sel, poivre, thym, laurier, pendant une demi heure environ pour cuire l'enveloppe. On les retire de l'eau, on les fait égoutter et on les range à côté l'une de l'autre sur une planche ; on les couvre également d'une autre planche qu'on charge d'un poids d'un kilogramme environ. Elles refroidissent ainsi. Si on veut les rendre plus délicates, on y ajoute de la fraise de veau bien lavée, bien blanche et bien cuite.

K. — Saucisses.

Les boyaux de porc sont trop gros pour servir à faire des saucisses ; celles qui se vendent chez les charcutiers sont faites avec des intestins de mouton ; mais on en fait de plates, dites *crépinettes*, avec la coiffe, membrane grasse et transparente qui se trouve dans l'intérieur du cochon.

On choisit dans la viande, avant de la saler, des morceaux très entrelardés, ce qui avoisine le cou par exemple. On les hache assez menu, et on y ajoute du lard si la viande n'est pas assez grasse ; on sale et poivre convenablement, et lorsque ce hachis, appelé chair à saucisse, est préparé, on en prend une portion grosse comme un œuf, et on l'entoure dans un morceau de la crépinette en l'aplatissant.

L. — Riettes de Tours.

En mettant la graisse de porc à fondre on ne met pas autant de soin à enlever toutes les parties de chair, et on ne laisse pas fondre aussi complétement ; il faut que les riettes soient bien grasses ; pendant que la graisse fond, on y fait cuire le foie de porc. On le retire avant parfaite cuisson; on enlève les parties qui ne se hacheraient pas bien, et on hache très menu, puis on pile si c'est possible. On hache ensuite les résidus de la graisse, on mêle le tout et on sale fortement. Si on a peu de résidus, on ne met que la moitié du foie. On remet la préparation sur un feu doux et on fait cuire une demi-heure en remuant souvent, puis on laisse refroidir en remuant de temps en temps pour éviter que la graisse se sépare de la chair ; cela ajoute au mérite des riettes. Lorsque les riettes sont froides, on les met dans des pots très secs. Elles se conservent deux mois en hiver, moins en été. On peut y mettre du poivre et même des épices ; mais les riettes du commerce n'ont que du sel. On peut aussi ne pas y mettre le foie : elles sont encore fort bonnes.

M. — Rillons.

On coupe des morceaux de poitrine de 15 cent. de long sur 5 à 6 de large, et on les sale et poivre pendant 24 heures ; puis on les met à cuire dans la graisse en la faisant fondre. Lorsqu'ils sont bien cuits, on les met dans un pot *bien sec*, qu'on remplit de graisse. On couvre. Ces rillons réchauffés dans la poêle avec la graisse qui les entoure sont excellents.

N. — Fromage d'Italie.

On choisit de la viande de porc très entrelardée ; on y ajoute de la graisse et on hache menu. On fait bouillir de l'eau qu'on assaisonne de poivre, sel, oignons, carottes. Lorsqu'elle bout bien, on y jette le foie du cochon ; lorsqu'il est à peu près cuit, on le retire de l'eau et on le hache très menu, puis on le mêle au hachis de viande ; il faut que ce soit relevé. On assaisonne de sel, poivre ; on garnit un moule de terre, ou mieux de cuivre *bien étamé*, de bardes de lard minces ; on met dedans la préparation en y intercalant des lardons de place en place. On recouvre de bardes, on couvre le moule et on met au four en même temps que le pain ; après une heure et demie de cuisson on retire du four et on laisse refroidir dans le moule. Le lendemain on fait chauffer le moule extérieurement pour détacher le fromage, et on le vide sur un plat ; il se tient en forme et se sert en tranches.

O. — Jambons.

Il suffit d'avoir vu des jambons entiers pour être fixé sur la forme dont on doit les couper. Il faut mettre le plus grand soin à ne pas attaquer *la mollette*, je l'ai déjà dit. On retranche la jambe au-dessous du jarret qui doit rester au jambon.

Lorsque les jambons sont coupés, il convient d'attendre un jour ou deux avant de les saler, si le temps le permet, ils seront bien plus tendres ; ils ne seront donc salés que quatre à cinq jours après la mort de l'animal, puisque j'ai recommandé de ne découper celui-ci que deux jours environ après qu'il a été tué. S'il faisait chaud, il faudrait abréger beaucoup cet espace de temps, ou l'on courrait le risque de voir corrompre la viande qui ne doit pas avoir la plus petite altération avant la salaison.

Avant de procéder à la salaison, on pare le jambon, c'est-à-dire qu'on enlève toutes les parties qui nuiraient à sa forme ; puis on le frotte fortement dans toutes ses parties, d'abord avec un citron coupé en deux, ensuite avec du sel pilé et mêlé de salpêtre dans la proportion de 125 grammes pour tout le sel employé à la salaison de deux jambons ; de poivre et d'épices en poudre. Il serait mieux de mélanger ces divers ingrédients à l'avance.

On choisit un vase de terre ou de bois qui puisse contenir les deux jambons ; on en garnit le fond de sel préparé, comme je viens de l'indiquer, auquel on ajoute encore, dans d'assez fortes proportions, des feuilles de laurier, de petites branches de thym, du poivre en grain, des clous de girofle et même des grains de genièvre ; et lorsque le jambon est suffisamment frotté, on le place la couenne en dessous, on le couvre des mêmes assaisonnements et de sel ; puis on met le second jambon la couenne en dessus, de sorte que les deux parties dégarnies de couenne se trouvent l'une sur l'autre, et on les place de manière qu'ils se touchent par le plus de parties possible. On s'assure que le pourtour est bien garni de sel, et on couvre le dessus du second jambon de sel et d'assaisonnements ; puis on met sur le tout une planche qui puisse entrer dans le vase, si les jambons n'en dépassent pas les bords, et on charge cette planche de 25 à 30 kilogrammes au moins. Il serait plus convenable de faire, pour la salaison des jambons, une boîte de 35 à 40 centimètres de large sur la même hauteur, et de la longueur nécessaire pour y mettre de deux à six jambons, selon les besoins du ménage. Cette boîte, qui représenterait à peu près une auge, pourrait être en fort bois blanc ou mieux en chêne. On y adapterait un couvercle qui s'introduirait exactement dans la boîte dont on garnirait le fond des ingrédients indiqués. On placerait les jambons les uns à côté des autres, la couenne en dessus, en les serrant le plus possible l'un près de l'autre ; et après les avoir garni d'assaisonnements et de sel, comme je viens de l'indiquer, on mettrait une petite couche de thym et de laurier, puis le couvercle qu'on chargerait dans toute sa longueur, afin qu'il porte également sur tous les jambons. Les jambons restent ainsi dix à quinze jours selon leur grosseur, mais quinze jours suffisent pour les plus gros. Pendant la salaison, on place le vase contenant les jambons dans un lieu frais et à l'abri des mouches ; un endroit obscur convient très bien. Enfin, on les retire du sel, et on les suspend dans un lieu sec et aéré pour les faire sécher. La saumure qui se trouve au fond du vase qui a servi de saloir peut être employée à remplir ceux qui contiennent le salé.

Au bout de cinq à six jours, lorsque les jambons sont bien secs, on les fume. Pour cette opération, je ne puis pas indiquer de moyen plus commode que de les suspendre dans la cheminée, au-dessus de la gueule d'un four, parce que dans une maison particulière, il ne peut guère y avoir de chambre à fumer la viande comme il en existe dans les pays où l'on fait de la salaison un commerce spécial ; dans ces chambres la fumée arrive froide, ce qui convient mieux à la viande. Notre ménagère trouvera peut être quelques difficultés à employer mon procédé, c'est à elle de les vaincre ; une bonne ménagère ne doit jamais être embarrassée dans la conduite des affaires qui la concernent, la nécessité est un grand maître et elle sera souvent forcée d'en subir la loi.

Les jambons doivent être suspendus à une distance d'environ 3 à 4 mètres au-dessus de la gueule du four, afin que la fumée leur arrive moins chaude. Pour les placer, on peut planter deux forts clous de chaque côté de la cheminée et y attacher une traverse de bois, à laquelle on suspend les jambons, de sorte qu'ils ne touchent par aucun point à la cheminée et se fument mieux. On fait brûler dans le four des branchages verts, des herbages ou des arbrisseaux odoriférants, comme des sauges, des lauriers, du genièvre; on les étouffe en frappant dessus, afin de les forcer à se consommer sans faire de flamme, ce qui produit une bien plus grande quantité de fumée qui, alors, est épaisse et blanchâtre.

Cette première opération durera trois quarts d'heure environ; il vaut mieux fumer moins à la fois et y revenir à trois reprises. Lorsque les jambons ont reçu leur première fumée, on les retire de la cheminée, et pendant qu'ils sont encore chauds, on les assaisonne de nouveau avec du poivre, des épices, des feuilles de laurier et du thym hachés, qui s'attachent facilement à la chair, parce que la graisse est un peu ramollie, puis on les suspend dans le lieu où ils avaient été d'abord placés pour les laisser refroidir et sécher; on les fume de nouveau deux fois à deux jours d'intervalle, après quoi leur confection est terminée. Mais il faut attendre quelques temps avant de les mettre en consommation, parce qu'il faut qu'ils sèchent parfaitement. Il ne sont bons à manger qu'un mois au plus tôt après leur confection. Il est important de les suspendre dans un lieu où il y ait un courant d'air, et surtout à l'abri des rats. Pour les préserver des mouches qui, malgré la salaison et la fumée, viendraient peut-être encore y déposer leurs œufs, on fait un sac de canevas clair ou de cette grosse toile à coller le papier, et on les y enferme en attachant avec soin le haut du sac autour du jarret.

A défaut de four, on pourrait fumer les jambons en les suspendant dans la cheminée de la cuisine à trois ou quatre mètres au moins au-dessus du feu; on les y laisse environ trois à quatre semaines. Je préfère la fumée du four, parce que dans une cheminée ordinaire les jambons sont trop longtemps exposés à la chaleur.

Il y a bien des moyens d'employer le jambon, surtout lorsqu'il est tendre, qualité qu'on lui donne lorsqu'on le prépare comme je viens de le dire.

Je ne parlerai pas ici de la cuisson du jambon; on trouvera cet article ci-après dans le *Manuel de cuisine*.

P. — Poitrine de cochon fumée.

On peut fumer de la poitrine de cochon. Au lieu de la couper en carrés pour la mettre dans le saloir, on laisse chaque côté dans toute sa longueur, on sale comme le jambon, on charge de même. Sept à huit jours dans le sel suffisent, après quoi on fait sécher et fumer deux fois. La poitrine de cochon préparée ainsi est bien préférable pour mettre dans les ragoûts à celle qui n'est pas fumée, mais elle ne convient pas autant pour faire la soupe aux choux.

Q. — Fromage de hure de cochon.

Cette recette devrait être placée dans le *Manuel de cuisine*, mais comme le moment le plus ordinaire de l'appliquer est celui où l'on vient de tuer un cochon, j'ai cru devoir la donner à la suite des articles qui traitent de ce sujet, parce que c'est tirer un bon parti de la hure, qui souvent ne se conserve pas bien dans les salaisons, et qui, d'ailleurs, contient tant d'os qu'elle occupe plus de place dans le saloir qu'elle ne vaut. La hure de cochon préparée en forme de fromage peut se conserver une quinzaine de jours en hiver.

On casse le museau en travers, et on enlève les os et les dents, parce qu'il serait difficile d'avoir une marmite assez haute pour contenir la tête entière; on fend la gorge et la chair qui couvre la mâchoire inférieure, et on sépare la chair des os pour retrancher ces derniers : ce qui fait que toutes les dents incisives d'en haut et toutes celles d'en bas sont enlevées; on lave parfaitement et à plusieurs reprises surtout l'intérieur de la bouche et des oreilles avec de l'eau tiède. On attache en tous sens avec une ficelle et on met la tête dans une marmite, avec quelques carottes, deux ognons, quatre feuilles de laurier, deux branches de thym, une vingtaine de grains de poivre, quatre clous de girofle, on sale et on poivre assez fortement, et on laisse cuire huit à neuf heures devant un feu doux. Si l'eau se tarit trop on en ajoute de nouvelle, afin que la tête baigne toujours; cette eau devra être bouillante Lorsque la cuisson est parfaite on retire du feu; on prend un plat creux ou un saladier, on le garnit d'un linge blanc et mouillé, et après avoir retiré la tête du pot et l'avoir placée dans un très grand plat, on enlève avec soin, par morceaux, la couenne qui recouvre la tête; il est impossible de l'avoir d'un seul morceau, mais on cherche à la déchirer le moins possible ; on range cette couenne tout autour du plat creux garni de linge, puis on prend un autre plat creux, on enlève toute la viande qui se trouve sur la hure, le palais, les oreilles, les yeux, la cervelle, etc.; tout cela se détache des os avec la plus grande facilité. On coupe les morceaux qui seraient trop gros, et on réunit le tout dans ce plat, on sale, on poivre et on assaisonne avec des épices, le tout à assez forte dose, puis on remue avec une cuiller pour bien mélanger l'assaisonnement à toutes les parties de la viande; il est mieux encore d'assaisonner à mesure qu'on remue. Alors cette préparation se range dans le plat creux garni de la couenne. Lorsque tout est placé, on recouvre avec les coins du linge; on pose sur le plat une assiette ou un vase quelconque qui porte sur la viande couverte, et on charge cette assiette de 250 à 500 gram. On laisse refroidir. Le lendemain, en enlevant le linge, on retire le *fromage*, il est devenu ferme et a pris la forme du plat. Si on voulait le rendre plus délicat, on ferait cuire avec la hure une poule dont on joindrait la chair à celle de la hure ; et pour faire de ce fromage un mets tout-à-fait recherché, on pourrait y joindre quelques truffes. Après les avoir lavées et bien brossées pour ne pas laisser le plus petit gravier, on les pèle et on pile la peau ; on joint aux truffes du lard haché et on met le tout dans une casserole sur le feu pour laisser cuire une demi-heure, en remuant souvent et en assaisonnant de poivre et de sel ; on joint ces truffes et l'espèce de farce qui a cuit avec elles à la chair de la hure avant de la mettre en forme.

On peut faire une fort bonne gelée avec le bouillon dans lequel on a cuit la hure, en le faisant réduire dans une casserole ; on y ajoute un oignon brûlé pour le colorer ou un peu de caramel ; lorsqu'il est réduit de moitié, on le verse au travers d'un tamis, dans un plat creux, pour le faire refroidir. Il forme une belle gelée bien transparente, que l'on sert par morceaux autour du fromage. Si elle n'était pas bien claire, avant de la mettre à refroidir, on y jetterait, pendant qu'elle serait en ébullition, un blanc d'œuf avec moitié de la coquille brisée et battu en neige avec quelques gouttes d'eau ; on remue, et après quelques ébullitions on écume ; afin que la gelée ne soit pas trop salée, on sale peu la hure en la faisant cuire.

R. — Conclusions de l'article porc.

Avant d'employer la viande salée, j'engagerai notre ménagère à la faire dessaler une couple d'heures à l'avance.

Lorsqu'un saloir est fini, il reste au fond beaucoup de sel qui peut très bien s'employer pour la cuisine. On le lave promptement en jetant de l'eau fraîche dessus et ne l'y laissant pas séjourner, et on le met à sécher au four ou au soleil. Outre le sel, il se trouve beaucoup de saumure à laquelle on joint l'eau dans laquelle on a lavé le sel, on conserve cette saumure pour saler la nourriture des cochons à la fin de l'engraissement, lorsqu'ils ne mangent plus avec grand appétit ; ce moyen facilite leur digestion.

La viande du porc convient très bien aux gens de la campagne qui ne vivent presque que de légumes ; l'homme a besoin de manger de la viande, c'est dans sa nature, par conséquent elle est utile au maintien de sa santé D'ailleurs, la viande d'un cochon élevé dans la basse-cour s'obtient à bas prix, et sa graisse fondue peut être employée même en petite quantité pour assaisonner les légumes et remplacer le beurre.

XLI. — Cuisses d'oie.

On nomme ainsi les cuisses et les ailes d'oies conservées. Il faut se procurer des oies bien grasses, les tuer en les saignant et non en les étouffant, les plumer avec grand soin à l'instant même, puis leur enlever les intestins. On les laisse s'attendrir deux ou trois jours, on les découpe, puis on enlève toute la graisse. On range les membres dans un plat creux après les avoir assaisonnés un à un fortement avec sel pilé, poivre, épices, thym haché, laurier. On les serre fortement les uns sur les autres en les rangeant, de façon qu'il n'y ait pas de vides entre eux, et on les charge en mettant un poids de 2 ou 3 kilogrammes sur une assiette qu'on pose dessus. On les laisse dans cette salaison 24 à 30 heures, après quoi on met sur un feu doux, dans un chaudron, toute la graisse qu'on a mise à part, en y ajoutant un peu d'eau. On remue souvent; quand la graisse commence à fondre, on y met les membres après les avoir bien secoués pour faire tomber le sel et les épices. On laisse cuire jusqu'à ce que la graisse soit bien fondue et que les membres puissent se traverser facilement avec une fourchette. Alors on les range dans un pot de grès bien sec et on verse la graisse dessus en ayant soin de la passer. Si elle ne suffisait pas pour couvrir les membres, on y ajouterait un peu de graisse de porc.

Pendant la chaleur, on tient le pot à la cave.

On peut employer les résidus de la fonte de la graisse d'oie comme ceux de la graisse de porc.

Les cuisses d'oies se conservent un an. Lorsqu'on veut les manger, on les met réchauffer et rissoler un peu dans une poêle avec la graisse qui les environne. Il faut avoir soin de couvrir de graisse les membres qui restent, sans quoi ils se gâteraient.

FIN DE LA TENUE DU MÉNAGE DE MAITRE.

TABLE DES MATIÈRES.

INTRODUCTION. Des devoirs, des travaux et des plaisirs des femmes qui habitent la campagne........... 7
CHAPITRE I. Des devoirs d'une femme appelée à vivre a la campagne 11
CHAP. II. Manière de conduire et de traiter les domestiques............ 14
CHAP. III. Distribution du temps. 21
Section I. Occupations de la ménagère........... 21
Section II. Toilette de la ménagère............ 25
CHAP. IV. De la maison de maître. 32
Section I. Distribution et mobilier............. 32
I. Salon............. 34
II. Moyen d'empêcher les cheminées de fumer....... 34
III. Bureau........... 41
III bis. Encre......... 42
IV. Salle à manger...... 42
V. Cuisine........... 45
VI. Batterie de cuisine.... 46
VII. Office............ 52
VIII. Fontaine à laver les mains............. 54
IX. Vaisselle........... 55
X. Réchauds pour la table.. 57
XI. Verrerie........... 57
XII. Chambres de bains, baignoire, ustensile de bain. 59
XIII. Bassinoire, balais, brosses, etc., etc......... 63
XIV. Chambres à coucher.. 64
XV. Lits de maîtres et d'enfants............. 65
XVI. Lits des domestiques. 66
XVI bis. Destruction des punaises............ 66
XVII. Caves........... 67
XVIII. Manière de ranger les bouteilles pleines...... 68
XIX. Manière de ranger les barriques........... 69
XX. Pied à égoutter les bouteilles............ 69
XXI. Tapette et manière de boucher les bouteilles... 70
XXII. Caves, bouteilles vides. 71
XXIII. Conservation des vins. 71

XXIV. Eau gazeuse dite eau de Seltz............ 75
XXV. Vins mousseux artificiels, liqueurs gazeuses... 76
XXVI. Des greniers....... 76
XXVII. Du linge sale..... 76
XXVIII. Vidange des fosses d'aisance........... 77
Section II. De l'ordre dans la maison de maître.... 78
I. De l'ordre à établir.... 78
II. Règle pour le coucher et le lever........... 79
III. Paiement des domestiques............ 80
IV. Manière d'arranger les affaires d'argent...... 81
V. Comptabilité........ 82
VI. Repas............ 85
VII. Entretien et nettoyage des meubles......... 86
VII bis. Encaustique pour meubles et planchers... 87
VII ter. Encaustique pour les parquets ou les carreaux. 87
VIII. Nettoyage des vitres, glaces et verres de lampe. 88
IX. Composition et rebattage des matelas......... 88
X. Entretien de la table de cuisine, du panier à vaisselle, du billot, de la pierre à laver............ 91
XI. Récurage du cuivre et du fer............. 92
XII. Manière de laver la vaisselle et de nettoyer les ustensiles de fer-blanc... 95
XIII. Manière de laver les verres............. 95
XIV. Moyen de nettoyer l'argenterie et les cuivres dorés............. 95
XIV bis. Cirage anglais.... 96
XV. Eclairage......... 96
XVI. Boîte, planche et corbeille à ouvrage....... 99
XVII. Armoire à ouvrage.. 103
XVIII. Outils nécessaires à la campagne........... 104
XIX. De la nécessité et de la composition d'une bibliothèque............. 105

TABLE DES MATIÈRES.

	Pages.
Chapitre V. Du linge, confection, blanchissage, repassage, entretien	106
I. Draps de lit	104
II. Taies d'oreiller	111
III. Serviettes	112
IV. Torchons, tabliers de cuisine et essuie-mains	113
V. De la lessive dans tous ses détails	116
VI. Lessive de torchons	128
VII. Savonnage	128
VIII. Moyen d'enlever les taches du linge	131
IX. Moyen de nettoyer les soieries et les lainages	133
X. Manière de laver la flanelle et les laines	135
XI. Du repassage et de tous ses accessoires	135
Chap. VI. Des provisions	139
I. Bois de chauffage	140
II. Savon	142
III. Chandelle	145
IV. Huile à quinquet	146
V. Bougie	147
VI. Huile d'olive	147
VII. Vinaigre	148
VIII. Moutarde	151
IX. Boîte à serrer les légumes secs et certaines provisions	151
X. Riz, semoule, vermicelle	152
XI. Légumes secs	153
XII. Sucre	154
XIII. Café	155
XIV. Thé	156
XV. Chocolat	157
XVI. Manière de préparer la farine de maïs ou gaudes	158
XVI bis. Farine de sarrasin	158
XVII. Confitures. Manières de faire les Confitures et les Gelées	158
XVIII. Pâte de coings	176
XIX. — d'abricots	177
XX. Compotes de fruits en bouteille	178
XXI. Conserve de légumes	180
XXII. Sauce tomate	181
XXIII. Sirops de Sucre, Groseilles, Framboises, Fraises, Épine-Vinette, Oranges, Citrons ou Limon, Vinaigre framboisé, Fleurs d'oranger, Gomme arabique, Guimauve, Orgeat	182
XXIV. Fruits à l'eau-de-vie	185
A. Prunes à l'eau-de-vie	187
B. Abricots	188
C. Cerises	189
D. Poires	189
XXV. Liqueurs de ménage : Noyaux de Pêches, d'Abricots, Anisette, Crême de Fleurs d'oranger, d'Angélique, de Thé, de Café, Ratafia de Merises, de Cassis, de Groseilles	190
XXVI. Vin cuit	194
XXVII. Fruits secs	197
XXVIII. Poires tapées	198
XXIX. Pruneaux	199
XXX. Cerises sèches	200
XXXI. Raisin sec	201
XXXII. Pommes sèches	201
XXXII bis. Pâte de pommes	202
XXXIII Légumes frais séchés	202
A. Fonds d'artichauts	202
B. Haricots verts séchés	203
XXXIV. Cornichons	203
A. Épis de maïs en cornichons	205
B. Choux au vinaigre	206
C. Haricots verts au vinaigre	206
D. Oignons au vinaigre	206
E. Câpres de capucines	207
F. Aschards	207
XXXV. Choucroute	208
XXXVI. Oseille cuite	211
XXXVII. Oignons brûlés pour colorer les sauces et le bouillon	211
XXXVIII. Manière de conserver le beurre	212
XXXIX. Conservation des œufs	214
XL. Porc (Des différentes manières de le préparer.)	215
XLI. Cuisses d'oie	232

FIN DE LA TABLE DES MATIÈRES.

Paris. — Imprimerie d'E. Duverger, rue de Verneuil, 6.

EXTRAIT DU CATALOGUE DE LA LIBRAIRIE AGRICOLE.

Agriculture (Cours d'), par DE GASPARIN, cinq volumes in-8 et 233 gravures.. 37 50
Agriculture de l'ouest de la France, par Jules RIEFFEL, 5 vol. in-8 . . . . . 25 »
Amendements (Traité des), par PUVIS, 1 vol. in-12 de 520 pages. . . . . . . 5 »
Animaux domestiques, par David Low, 56 planches coloriées gr. in-4 et texte. 60 »
Animaux (Statique chimique des), emploi agricole du SEL, par BARRAL, 1 vol. in-12. 5 »
Bière (Traité de la fabrication de la), par ROBART, 2 vol. in-8 et 162 gravures. . 15 »
Bon Jardinier (Le) pour 1854, par POITEAU et VILMORIN, in-12 de 1658 pages. 7 »
Cactées (Monographie et Culture des), par LABOURET, 1 vol in-12 de 720 pages. . 7 50
Camellia (Monographie du), par l'abbé BERLÈSE, 340 pages in-8 et 7 planches. . 5 »
Camellias (Iconographie des), par l'abbé BERLÈSE, 3 vol. in-fol., et 300 pl. color. 275 »
Chevaline (de l'espèce) en France, par le général LAMORICIÈRE, in-4, 5 cartes color. 7 50
Chimie agricole, par Isidore PIERRE, 662 pages in-12 et 22 gravures. . . . . 4 »
Comptabilité agricole (Traité de), par DE GRANGES, 520 pages in-8 et tableaux. 5 »
Conseils aux Agriculteurs, par DEZEIMERIS, 3ᵉ édition, 651 pages in-12. . . 5 »
Drainage (Manuel du), par BARRAL, 700 pages in-12, 225 gravures et 7 planches. 6 »
Herbier général de l'Amateur, description, histoire, etc., des végétaux utiles et agréables, par Ch. LEMAIRE, 5 beaux vol. in-4, contenant 373 planches coloriées. 200 »
Horticulteur universel, par MM. CAMUZET, JACQUES, NEUMANN, PÉPIN, POITEAU, LEMAIRE, 7 vol. grand in-8 et 300 planches coloriées. . . . . 150 »
Jardinage (Manuel du), par COURTOIS-GÉRARD, 450 pages in-12 et 39 gravures. 3 50
Jardinier des fenêtres et des petits jardins, par Mme MILLET-ROBINET, 3ᵉ éd. 1 75
Journal d'Agriculture pratique, par les rédacteurs de la *Maison rustique*, Dr M. BARRAL. Un Nº de 41 p. in-4, avec gravures, les 5 et 20 du mois.—Un an. 12 »
Maison rustique des Dames, par Mme MILLET-ROBINET, 2 vol. in-12 et 128 gr. 7 »
Maison rustique du 19ᵉ siècle, cinq volumes in-4, et 2,500 gravures . . . 39 50
Le tome V (*Encyclopédie d'horticulture*), 512 pages in-4 et 500 gravures. . . 9 »
Plantes, Arbres et Arbustes (Manuel général des). Description et culture de 25,000 plantes indigènes d'Europe ou cultivées dans les serres. Tomes I à III... 30 »
Pomone française par LE LIEUR, 3ᵉ édition, 1 vol. in-8 de 600 pages et 15 pl. 7 50
Revue horticole, par MM. POITEAU, VILMORIN, DECAISNE, NEUMANN, PÉPIN, paraît le 1ᵉʳ et le 16 du mois. Un an (franco), avec 24 gravures coloriées. . 9 »
Roses (Choix des plus belles), 30 livr. de 2 planches coloriées et texte. Chacune. 6 »
Vers à soie (Manuel de l'Educateur de), par ROBINET, 332 p. in-8 et 51 gravures. 5 »

Bibliothèque du Cultivateur, *publiée avec le concours du Ministre de l'Agriculture.*
En vente : treize volumes à 1 fr. 25 c. le volume in-12, savoir :
L'Eleveur de Bêtes à cornes, par VILLEROY, 2ᵉ édition, 438 pages et 60 gravures.
Races bovines de France, Angleterre, Suisse, par DE DAMPIERRE, 240 p. et 15 gravur.
Oiseaux de basse-cour et Lapins, par Mme MILLET-ROBINET, 204 pages et 11 gravur.
Fermage (Estimation, Plans d'amélioration, Bail), par DE GASPARIN, 2ᵉ édition, 384 pages.
Métayage (Contrat, Effets, Améliorations), par DE GASPARIN, 2ᵉ édition, 166 pages.
Arithmétique et Comptabilité agricoles, par LEFOUR, 224 pages et 12 gravures.
Géométrie agricole (Dessin linéaire, Arpentage, Toisé), par LEFOUR, 216 p. et 150 gravures.
Sol et Engrais, par LEFOUR, 204 pages et 36 gravures.
Conservation des fruits, par Mme MILLET-ROBINET, 144 pages.
Houblon, par ERATH, traduit de l'allemand par Napoléon NICKLÈS, 127 pages et 22 grav.
Le Pêcheur à la mouche artificielle et à toutes lignes, par DE MASSAS, 204 pages et 27 grav.
Animaux domestiques, Zootechnie, hygiène, etc., par LEFOUR, 180 pages et 55 gravures.
Économie domestique, par Mme MILLET-ROBINET, 234 pages et 21 gravures.

Bibliothèque du Jardinier, *publiée sous la direction de MM. DECAISNE et VILMORIN.*
En vente : deux volumes à 1 fr. 25 cent. le volume in-12, savoir :
Asperge (Culture naturelle et artificielle), par LOISEL, 108 pages et 6 gravures.
Melon (Culture sous cloche, sur butte et sur couche), par LOISEL, 112 pages et 3 gravures.

Paris. — Imprimerie d'E. Duverger, rue de Verneuil, 6.

www.ingramcontent.com/pod-product-compliance
Lightning Source LLC
Chambersburg PA
CBHW071949160426
43198CB00011B/1604